Antropologia
do **Corpo**

Dados Internacionais de Catalogação na Publicação (CIP)
(Câmara Brasileira do Livro, SP, Brasil)

Le Breton, David
Antropologia do Corpo / David Le Breton ; tradução de Fábio Creder Lopes. 4. ed. – Petrópolis, RJ : Vozes, 2016.

Título original : *Anthropologie du corps et modernité*
Bibliografia.

4ª reimpressão, 2025.

ISBN 978-85-326-5185-3

1. Corpo humano – Aspectos sociais I. Título.

10-10370   CDD-304.2

Índices para catálogo sistemático:
1. Antropologia do Corpo :
Sociologia   304.2

DAVID LE BRETON

Antropologia do Corpo

Tradução de
Fábio Creder

Petrópolis

© 1990, Presses Universitaires de France, 3. ed., 2003

Tradução do original em francês intitulado *Anthropologie du corps et modernité*

Direitos de publicação em língua portuguesa – Brasil:
2011, Editora Vozes Ltda.
Rua Frei Luís, 100
25689-900 Petrópolis, RJ
www.vozes.com.br
Brasil

Todos os direitos reservados. Nenhuma parte desta obra poderá ser reproduzida ou transmitida por qualquer forma e/ou quaisquer meios (eletrônico ou mecânico, incluindo fotocópia e gravação) ou arquivada em qualquer sistema ou banco de dados sem permissão escrita da editora.

CONSELHO EDITORIAL

Diretor
Volney J. Berkenbrock

Editores
Aline dos Santos Carneiro
Edrian Josué Pasini
Marilac Loraine Oleniki
Welder Lancieri Marchini

Conselheiros
Elói Dionísio Piva
Francisco Morás
Teobaldo Heidemann
Thiago Alexandre Hayakawa

Secretário executivo
Leonardo A.R.T. dos Santos

PRODUÇÃO EDITORIAL

Anna Catharina Miranda
Eric Parrot
Jailson Scota
Marcelo Telles
Mirela de Oliveira
Natália França
Priscilla A.F. Alves
Rafael de Oliveira
Samuel Rezende
Verônica M. Guedes

Editoração: Elaine Mayworm
Diagramação: Sheilandre Desenv. Gráfico
Capa: Renan Rivero

ISBN 978-85-326-5185-3 (Brasil)
ISBN 978-2-130-52296-6 (França)

Este livro teve 3 edições com o título *Antropologia do Corpo e Modernidade*.

Este livro foi composto e impresso pela Editora Vozes Ltda.

Sumário

Introdução, 7

1 O inapreensível do corpo, 15
2 As fontes de uma representação moderna do corpo – O homem anatomizado, 35
3 Às fontes de uma representação moderna do corpo – O corpo-máquina, 77
4 Hoje, o corpo..., 101
5 Uma estesia da vida cotidiana, 111
6 Apagamento ritualizado ou integração do corpo, 149
7 O envelhecimento intolerável – O corpo desfeito, 173
8 O homem e seu duplo – O corpo *alter ego*, 185
9 Medicina e medicinas: de uma concepção do corpo a concepções do homem, 215
10 Os hieróglifos de luz: da imagética médica ao imaginário do corpo, 241
11 A via da suspeita – O corpo e a Modernidade, 273

Índice, 315

Introdução

Este estudo consiste em uma abordagem antropológica e sociológica do mundo moderno, que toma o corpo como fio condutor. Eis aqui, no espelho de uma sociedade dada, qual seja a nossa, alguns capítulos possíveis de uma antropologia do corpo. Trata-se também de uma antropologia do presente, que toma emprestado com frequência o "desvio"[1] da etnologia e da história para apreciar, sob um ângulo insólito, e proporcionalmente mais fértil, certo número de práticas, discursos, representações e imaginários que empregam o corpo na modernidade.

O corpo é um tema particularmente propício a uma análise antropológica, porquanto pertence de pleno direito à estirpe identificadora do homem. Sem o corpo, que lhe dá um rosto, o homem não existiria. Viver consiste em reduzir continuamente o mundo ao seu corpo, a partir do simbólico que ele encarna[2]. A existência do homem é corporal. E o tratamento social e cultural de que o corpo é objeto, as imagens que lhe expõem a espessura escondida, os valores que o distinguem, falam-nos também da pessoa e das variações que sua definição e seus modos de existência conhecem, de uma estrutura social a outra. Porquanto está no cerne da ação individual e coletiva, no cerne do simbolismo

---

1. Cf. BALANDIER, G. Le détour – Pouvoir et Modernité. Paris: Fayard, 1987.
2. Cf. LE BRETON, D. La sociologie du corps. Paris: PUF, 1992 [Col. Que sais-je?].

social, o corpo é um objeto de análise de grande alcance para uma melhor apreensão do presente.

Nada, sem dúvida, é mais misterioso aos olhos do homem do que a espessura do seu próprio corpo. E cada sociedade se esforçou, com seu estilo próprio, em dar uma resposta particular a este enigma primeiro no qual o homem se enraíza. O corpo parece óbvio. Mas a evidência é frequentemente o mais curto caminho do mistério. O antropólogo sabe que "no cerne da evidência, segundo a bela fórmula de Edmond Jabès, há o vazio", isto é, o crisol do sentido, que cada sociedade forja à sua maneira, com evidências que não são tais senão para o olhar familiar que suscitam. A evidência de um é o espanto do outro, senão sua incompreensão. Cada sociedade, no interior de sua visão de mundo, delineia um saber singular sobre o corpo: seus elementos constitutivos, suas *performances*, suas correspondências etc. Ela lhe confere sentido e valor. As concepções do corpo são tributárias das concepções da pessoa. Assim, numerosas sociedades não separam o homem do seu corpo, à maneira dualista, tão familiar ao ocidental. Nas sociedades tradicionais o corpo não se distingue da pessoa. As matérias-primas que compõem a espessura do homem são as mesmas que dão consistência ao cosmo, à natureza. Entre o homem, o mundo e os outros, um mesmo estofo reina com motivos e cores diferentes, os quais não modificam em nada a trama comum (capítulo 1).

O corpo moderno é de outra ordem. Ele implica o isolamento do sujeito em relação aos outros (uma estrutura social de tipo individualista), em relação ao cosmo (as matérias-primas que compõem o corpo não têm qualquer correspondência em outra parte), e em relação a ele mesmo (ter um corpo, mais do que ser o seu corpo). O corpo ocidental é o lugar da cesura, o recinto objetivo da soberania do *ego*. Ele é a parte insecável do sujeito, o "fator de individuação" (Durkheim) em coletividades nas quais a divisão social é admitida.

Nossas concepções atuais do corpo estão ligadas ao avanço do individualismo enquanto estrutura social, à emergência de um pensamento racional positivo e laico sobre a natureza, ao recuo progressivo das tradições populares locais, e ligadas ainda à história da medicina, que encarna em nossas sociedades um saber, de certa forma, oficial sobre o corpo. Estas são as condições sociais e culturais particulares que lhe deram origem (capítulos 2 e 3). Tentamos construir uma história do presente, abalizando o que nos parece mais significativo no estabelecimento da concepção e do estatuto atual do corpo. Uma espécie de genealogia do corpo moderno, com os tempos fortes de Vesalius e da filosofia mecanicista (capítulos 2 e 3). Entretanto, mesmo em nossas sociedades ocidentais, a unanimidade não reina sobre o que é o corpo. Concepções mais difusas, mais ou menos familiares ou coerentes, continuam a influenciar os atores, a alimentar as medicinas tradicionais (magnetismo, videntes etc.) ou medicinas "novas" (acupuntura, medicina auricular, osteopatia, homeopatia etc.) (capítulo 4).

O corpo da vida cotidiana implica ainda o emprego de uma sensibilidade. No início do século XX, G. Simmel esquematizou uma sociologia dos sentidos cujo princípio nós aqui retomamos ao lampejo das condições sociais e culturais que são as nossas. Qual estesia caracteriza hoje a vida cotidiana do homem moderno? (capítulo 5).

Um novo imaginário do corpo desenvolveu-se nos anos de 1960. O homem ocidental descobre-se um corpo, e a novidade segue seu curso, drenando discursos e práticas revestidos da aura das mídias. O dualismo contemporâneo opõe o homem ao seu corpo. As aventuras modernas do homem e de seu duplo fizeram do corpo uma espécie de *alter ego*. Lugar privilegiado do bem-estar (a forma), do bem-parecer (as formas, *body-building*, cosméticos, dietéticas etc.), paixão pelo esforço (maratona, *jogging*, *windsurfe*) ou pelo risco (escalada, "a aventura" etc.). A preocupação moderna com o corpo, no seio de nossa "humanidade sentada", é um indutor incansável de imaginário e de práticas. "Fator de individuação" já, o corpo redobra os sinais da distinção, exibe-se à maneira de um fazer-valer (capítulo 8).

Em nossas sociedades ocidentais, o corpo é, portanto, o signo do indivíduo, o lugar de sua diferença, de sua distinção; e, ao mesmo tempo, paradoxalmente, está frequentemente dissociado dele, devido à herança dualista que pesa sempre sobre sua caracterização ocidental. Fala-se assim, à maneira de um clichê, da "liberação do corpo", formulação tipicamente dualista, esquecida do fato de que a condição humana é corporal, de que o homem é indiscernível do corpo que lhe dá a espessura e a sensibilidade de seu ser no mundo. "A liberação do corpo", se nós aceitarmos provisoriamente a formulação, é muito relativa. Pode-se facilmente mostrar que as sociedades ocidentais permanecem fundadas em um apagamento do corpo que se traduz em numerosos ritualismos dispensados ao longo das situações da vida cotidiana. Um exemplo entre outros do apagamento ritualizado: a prevenção do contato físico com o outro, contrariamente a outras sociedades nas quais tocar o outro é, na conversação corrente, por exemplo, uma das estruturas elementares da sociabilidade. O *status* dos deficientes físicos em nossa sociedade, a angústia difusa que produzem, e a situação marginal do "louco" ou dos velhos (capítulo 7), por exemplo, permitem situar os limites da "liberação do corpo". Se existe um "corpo liberado", é um corpo jovem, belo, fisicamente impecável (capítulo 6). Só haverá, nesse sentido, "liberação do corpo" quando a preocupação com o corpo tiver desaparecido. Nós estamos longe disso.

A medicina clássica também faz do corpo um *alter ego* do homem. Ela aparta de suas preocupações o homem doente, sua história pessoal, sua relação com o inconsciente, para considerar apenas os processos orgânicos que se processam nele. A medicina permanece fiel à herança vesaliana: ela se interessa pelo corpo, pela doença, não pelo doente. Essa é a fonte dos numerosos debates éticos contemporâneos relacionados ao surgimento da importância da medicina no campo social e à particularidade de sua concepção do homem. A medicina repousa sobre uma antropologia residual, ela apostou no corpo, estimando possível cuidar da doença (percebida como estrangeira) e não de um doente enquanto tal. A fragmentação do homem, que presidia discretamente a prática médica há séculos, torna-se hoje um dado social que perturba as sensibilidades. Porque a medicina apostou no corpo, ela o separa do homem para tratá-lo, isto é, porque trata menos de um doente do que de uma doença, ela se confronta hoje, a partir dos debates públicos que suscita, com o retorno brutal do seu reprimido: o homem (eutanásia, acompanhamento de doentes e moribundos, pacientes em estado vegetativo crônico durante meses ou anos, pacientes aparelhados com os quais já não se sabe mais o que fazer, terapias por vezes mutilantes etc.). O questionamento radical da noção de pessoa que conhecemos hoje traduz essencialmente a repercussão social da medicina tornada uma das instituições farol da Modernidade. Dados antropológicos são perturbações cujo fio condutor consiste na disjunção do homem e de seu corpo. Numerosas questões éticas de nosso tempo, entre as mais cruciais, estão ligadas ao estatuto conferido ao corpo na definição social da pessoa (procriação assistida, explosão da parentalidade, retirada e transplante de órgãos, sequenciamento do genoma, manipulações genéticas, progresso das técnicas de reanimação e outros aparelhos de assistência, próteses etc.).

As questões debatidas hoje em praça pública são apenas o desenvolvimento dessa estrutura fundadora. Do que ela exclui o homem a montante do seu caminhar, a medicina se expõe a reencontrá-lo a vazante, sob a forma de um questionamento daquilo que a funda. A medicina é aquela do corpo, não é uma medicina do homem, como nas tradições orientais, por exemplo. Lembramo-nos dessa frase de Marguerite Yourcenar em *L' oeuvre au noir*[3], quando Zenão, o médico, infinitamente próximo de Vesalius, inclina-se com seu acompanhante, ele também médico, sobre o cadáver de um homem jovem, que é o filho do precedente: "No quarto impregnado de vinagre onde dissecamos esse morto, que não era mais o filho nem o amigo, mas somente um belo exemplar da máquina humana [...]". Frase programática, a medicina trata a "máquina humana", isto é, o corpo, e não o filho ou o amigo, isto é, o homem em sua singularidade (capítulo 9).

Outras medicinas tradicionais ou "novas" se esforçam, ao contrário, em ir além do dualismo para considerar o homem em sua indissolúvel unidade (capítulo 9). Os novos procedimentos de diagnóstico por imagem esquadrinham no real um segredo do corpo que pertence apenas à simbólica social das comunidades humanas, mas desencadeiam a réplica inesgotável do imaginário dos atores (capítulo 10).

A aura do corpo não tem mais curso, pelo menos desde Vesalius e os primeiros anatomistas. A ciência e a técnica, fiéis ao seu projeto de domínio do mundo, tentam, no mesmo movimento paradoxal, ao mesmo tempo eliminar o corpo e imitá-lo.

Por um lado, ultrapassar seus limites, reconstruí-lo, interferir em seus processos. Como se a condição humana se assemelhasse, em uma perspectiva gnóstica, a uma queda no corpo, este último tornando-se um membro supranumerário do homem, do qual convém livrar-se o quanto antes. Lugar da precariedade, da mor-

---

3. YOURCENAR, M. *L'oeuvre au noir*. Paris: Gallimard, [s.d.], p. 118 [Col. Poche].

te, do envelhecimento; aquilo que é preciso combater em primeiro lugar para conjurar a perda. Sem consegui-lo, sem dúvida, mas na insistência permanente da esperança. O corpo, lugar do inapreensível cujo domínio deve ser assegurado.

Por outro lado, simultaneamente, o corpo é paradigmático de uma medicina fascinada pelos processos orgânicos, de modo que suas pálidas imitações (concepção *in vitro* etc.) são consideradas eventos notáveis, e suscitam uma rivalidade excepcional entre os laboratórios de pesquisas ou os serviços hospitalares em vista da "estreia" (capítulo 11).

Se um livro é uma empresa solitária, ele também é alimentado com olhares e vozes que acompanharam de perto seu desenvolvimento. Eu gostaria de agradecer particularmente a Mary-José Lambert, cuja amizade me permitiu melhor apreender e observar a eficácia da cura tradicional. Seu próprio espanto em curar ou em aliviar não cessou de alimentar minha própria curiosidade acerca do corpo e da relação terapêutica. Agradeço ainda a Philippe Bagros, médico chefe de um serviço hospitalar em Tours, que me mostrou o caminho de uma medicina do homem. A colaboração que amarramos juntos em vista de introduzir as ciências humanas no ensino da faculdade de medicina é particularmente rica e estimulante. A Martine Pasquer e Philippe Grosbois agradeço pelas numerosas discussões, intervenções comuns em seções de formação permanente ou em cursos, e pela partilha de uma mesma sensibilidade e de um questionamento próximo.

Gostaria de agradecer também a Alain Gras, René Bureau e Margalit Emerique por me terem permitido, graças à sua confiança e à sua amizade, desbravar aspectos dessa pesquisa.

Manifesto ainda meu reconhecimento e minha afeição por Hnina Tuil, que conheceu todas as peripécias, os arrependimentos e os fervores de uma empresa que ela não cessou de estimular com sua presença.

Permaneço, evidentemente, o único responsável pelas análises desenvolvidas aqui.

1 O INAPREENSÍVEL DO CORPO*

1.1 O mistério do corpo

As representações sociais atribuem ao corpo uma posição determinada no seio do simbolismo geral da sociedade. Elas nomeiam as diferentes partes que o compõem e as funções que desempenham, explicitam-lhe as relações, penetram o interior invisível do corpo para aí registrar imagens precisas, elas situam seu lugar no seio do cosmos ou da ecologia da comunidade humana. Este saber aplicado ao corpo é imediatamente cultural. Mesmo se é apreendido de um modo rudimentar pelo sujeito, ele permite-lhe dar um sentido à espessura de sua carne, saber do que é feito, vincular suas doenças ou seus sofrimentos a causas precisas e conformes à visão de mundo de sua sociedade, permite, enfim, conhecer sua posição perante a natureza e os outros homens, a partir de um sistema de valor.

As representações do corpo, e os saberes que as alcançam, são tributários de um estado social, de uma visão de mundo, e, no interior desta última, de uma definição da pessoa. O corpo é uma construção simbólica, não uma realidade em si. Donde a miríade de representações que procuram conferir-lhe um sentido, e seu caráter heteróclito, insólito, contraditório, de uma sociedade a outra.

---

* As teses apresentadas nesta primeira parte foram propostas pela primeira vez, sob outra forma, em LE BRETON, D. "Corps et individualisme". *Diogène*, n. 131, 1985. • "Dualisme e Renaissance: aux sources d'une représentation moderne du corps". *Diogène*, n. 142, 1988.

O corpo parece evidente, mas, definitivamente, nada é mais inapreensível. Ele nunca é um dado indiscutível, mas o efeito de uma construção social e cultural. A concepção mais correntemente admitida nas sociedades ocidentais encontra sua formulação na anatomofisiologia, isto é, no saber biomédico. Ela repousa sobre uma concepção particular da pessoa, que faz o ator social dizer "meu corpo", segundo o modelo da posse. Essa representação nasceu da emergência e do desenvolvimento do individualismo no seio das sociedades ocidentais a partir do Renascimento, conforme veremos nos capítulos seguintes. As questões que iremos abordar nesta obra implicam essa estrutura individualista, que faz do corpo o recinto do sujeito, o lugar de seu limite e de sua liberdade, o objeto privilegiado de uma fabricação e de uma vontade de domínio.

A explosão atual dos saberes sobre o corpo[1], que faz da anatomofisiologia uma teoria entre outras, mesmo se esta permanece dominante, denota outra etapa do individualismo, aquela de um recolhimento ainda mais forte no *ego*: a emergência de uma sociedade na qual a atomização dos atores se tornou um fato importante, seja ela suportada, desejada ou ainda indiferente[2]. Trata-se aí de um traço bem significativo das sociedades nas quais o individualismo é um fato de estrutura: o desenvolvimento de um caráter

---

1. Pesquisas desmesuradas de outras teorias do corpo, tomadas do Oriente, da astrologia, do esoterismo, recurso cada vez mais frequente às formas tradicionais de cura, que igualmente veiculam teorias do corpo diversas e sem relação com o modelo anatomofisiológico da medicina, recurso às medicinas "suaves", desapreço pela medicina moderna e por sua visão um tanto quanto mecanicista do corpo, cf. infra.

2. A pesquisa atual de novas formas de sociabilidade, de troca e de tribalismo, é uma forma de resistência à atomização do social. Uma maneira de manter uma aparência de vida comunitária, mas de um modo controlado e voluntarista, como o ilustra bem o fenômeno associativo. Sobre este tema, duas visões diferentes: BAREL, Y. *La societé du vide*. Paris: Seuil, 1983. • LIPOVETSKI, G. *L'ère du vide*. Paris: Gallimard, 1985.

infinitamente plural, polifônico da vida coletiva e de suas referências. Nessas sociedades, com efeito, a iniciativa pertence antes aos atores, ou aos grupos, do que à cultura, que tende a se tornar um simples quadro formal.

Assistimos hoje a uma aceleração dos processos sociais sem que o nível cultural a acompanhe. Um divórcio é frequentemente detectável entre a experiência social do ator e sua capacidade de integração simbólica. Disso resulta uma carência de sentido que às vezes torna a vida difícil. Do fato da ausência de resposta cultural para guiar suas escolhas e suas ações, o homem é abandonado à sua própria iniciativa, à sua solidão, desprovido perante numerosos eventos essenciais da condição humana: a morte, a doença, a solidão, o desemprego, o envelhecimento, a adversidade... Convém na dúvida, e às vezes na angústia, inventar soluções pessoais. A tendência ao recolhimento em si, e a busca da autonomia, que mobiliza inúmeros atores, não são sem consequências sensíveis sobre o tecido cultural. A comunidade dos sentidos e dos valores se dispersa na trama social sem soldá-la realmente. A atomização dos atores acentua ainda o distanciamento dos elementos culturais tradicionais, que caem em desuso ou tornam-se indicações sem espessura. Eles tornaram-se pouco dignos de investimento e desaparecem, deixando um vazio que não preenche os procedimentos técnicos. Ao contrário, as soluções pessoais se proliferam, e visam suprir as carências do simbólico por empréstimos de outros tecidos culturais ou pela criação de novas referências.

No âmbito do corpo, uma mesma dispersão de referências se produz. A concepção, um tanto quanto desencantada, da anatomofisiologia, e os avanços recentes da medicina e da biotecnologia, além de favorecerem a denegação da morte, não tornam essa representação do corpo nem um pouco atraente. Inúmeros atores entregam-se a uma busca incansável de modelos destinados a atribuir aos seus corpos uma espécie de suplemento de alma. Assim justifica-se o recurso a concepções do corpo heteróclitas, frequentemente contraditórias, simplificadas, reduzidas por vezes a receitas. O corpo da Modernidade se torna um *melting pot* bem próximo das colagens surrealistas. Cada ator "bricola" a representação que faz de seu próprio corpo, de maneira individual, autônoma, mesmo se retira, para tanto, no ar do tempo, o saber vulgarizado das mídias, ou a casualidade de suas leituras e de seus encontros pessoais.

É a um reconhecimento do progresso do individualismo na trama social, e de suas consequências sobre as representações do corpo, que um estudo das relações entre o corpo e a Modernidade nos impõe imediatamente. Veremos inicialmente o quanto a noção de "corpo" é problemática, indecisa. A noção moderna de corpo é um efeito da estrutura individualista do campo social, uma consequência da ruptura da solidariedade que mescla a pessoa a um coletivo e ao cosmos por meio de um tecido de correspondências no qual tudo se entrelaça.

1.2 "Vocês nos trouxeram o corpo"

Um relato espantoso, contado por Maurice Leenhardt em um de seus estudos sobre a sociedade canaque, nos permitirá melhor colocarmos este problema de mostrar igualmente o quanto os dados estudados nesta obra são necessariamente solidários com uma concepção de corpo tipicamente ocidental e moderna. Mas, antes de chegar a isso, é preciso situar as concepções melanesianas do corpo[3], assim como aquelas que estruturam e dão um sentido e um valor à noção de pessoa.

---

3. Veremos com certeza que se trata apenas de uma maneira de falar. As concepções melanesianas do corpo jamais o autonomizam como uma realidade à parte.

Entre os canaques, o corpo recebe suas características do reino vegetal[4]. Parcela não destacada do universo, que o banha, ele entrelaça sua existência às árvores, aos frutos e às plantas. Ele obedece às pulsações do vegetal, confundido a essa *gemeinschaft alles lebendigen* (comunidade de tudo aquilo que vive), da qual Cassirer dizia outrora. *Kara* designa, ao mesmo tempo, a pele do homem e a casca da árvore. A unidade da carne e dos músculos (*pié*) remete à polpa ou ao caroço dos frutos. A parte dura do corpo, a ossatura, é nomeada com o mesmo termo que o coração da madeira. Essa palavra designa igualmente os cacos de coral lançados sobre as praias. São as conchinhas terrestres ou marinhas que servem para identificar os ossos envolventes, tais como o crânio. Os nomes das diversas vísceras vertem igualmente do seio de um vocabulário vegetal. Os rins e as outras glândulas do interior do corpo trazem o nome de um fruto cuja aparência seja próxima à sua. Os pulmões, cujo envoltório lembra a forma da árvore totêmica dos canaques, *Kuni*, são identificados sob esse nome. Quanto aos intestinos, são assimilados aos emaranhados de cipós que adensam a floresta. O corpo aparece aqui como outra forma vegetal, ou o vegetal como uma extensão natural do corpo. Não há qualquer fronteira discernível entre esses dois domínios. Apenas nossos conceitos ocidentais permitem essa divisão, sob o risco de uma confusão e de uma redução etnocêntricas das diferenças.

O corpo não é concebido pelos canaques como uma forma e uma matéria isoladas do mundo; ele participa em sua totalidade de uma natureza que, ao mesmo tempo, o assimila e o banha. A ligação com o vegetal não é uma metáfora, mas uma identidade de substância. Numerosos exemplos tomados da vida cotidiana dos canaques ilustram bem o jogo dessa semântica corporal. De

---

4. LEENHARDT, M. *Do Kamo*. Paris: Gallimard, 1947, p. 54-70.

uma criança raquítica, diz-se que ela "brota amarela", semelhante nisso a uma raiz cuja seiva escasseia, e que fenece. Um velho se insurge contra o policial que vem procurar seu filho para constrangê-lo aos trabalhos difíceis exigidos pelos brancos. "Veja esse braço, diz ele, é de água." A criança é idêntica "a um rebento de árvore, inicialmente aquoso, depois, com o tempo, lenhoso e duro" (p. 63). Numerosos exemplos podem assim suceder-se (p. 65-66); as mesmas matérias operam no seio do mundo e da carne; elas estabelecem uma intimidade, uma solidariedade entre os homens e seu ambiente. Na cosmogonia canaque, todo homem sabe de qual árvore da floresta provém cada um de seus ancestrais. A árvore simboliza a pertença ao grupo, enraizando o homem à terra de seus ancestrais e atribuindo-lhe, no seio da natureza, um lugar singular, fundido entre as inúmeras árvores que povoam a floresta. No nascimento da criança, lá onde se encontra enterrado o cordão umbilical, planta-se um rebento que, pouco a pouco, afirma-se e cresce segundo a medida do amadurecimento da criança. A palavra *karo*, que designa o corpo do homem, entra na composição das expressões que batizam: o corpo da noite, o corpo do machado, o corpo da água etc.

Compreende-se imediatamente que a noção ocidental de pessoa é sem consistência na sociedade melanesiana. Se o corpo está em ligação com o universo vegetal, entre os vivos e os mortos, não existem mais fronteiras. A morte não é concebida sob a forma do aniquilamento, ela marca o acesso a outra forma de existência, na qual o defunto pode tomar o lugar de um animal, de uma árvore ou de um espírito. Ele pode até mesmo voltar à aldeia ou à cidade e misturar-se aos vivos sob o aspecto do *bao* (p. 67ss.). Por outro lado, durante sua vida, cada sujeito só existe em suas relações com os outros. O homem é apenas um reflexo. Ele não tem sua espessura, sua consistência, a não ser na soma de suas ligações com seus parceiros. Traço relativamente frequente nas sociedades tradicionais, e que, de resto, remete-nos aos trabalhos da sociologia alemã do começo do século XX, na oposição que ela faz, com Tonnies, por exemplo, entre o vínculo comunitário e o vínculo social. A existência do canaque é aquela de um ambiente de troca no seio de uma comunidade onde nada pode ser caracterizado como indivíduo. O homem aí só existe pelas suas relações com outrem, ele não tira a legitimidade de sua existência de sua própria pessoa erigida em totem[5]. A noção de pessoa, no sentido ocidental, não é, portanto, perceptível na sociedade e na cosmogonia tradicional canaque. *A fortiori*, o corpo não existe. Pelo menos não no sentido em que o entendemos hoje em nossas sociedades. O "corpo" (o *karo*) é aqui confundido com o mundo; ele não é o suporte ou a prova de uma individualidade, porquanto esta não está fixada, uma vez que a pessoa repousa sobre fundamentos que a tornam permeável a todos os eflúvios do meio ambiente. O "corpo" não é fronteira, átomo, mas elemento indiscernível de um todo simbólico. Não existe aspereza entre a carne do homem e a carne do mundo.

Eis agora o relato do qual falamos. Maurice Leenhardt, curioso por melhor delimitar a relação dos valores ocidentais sobre as mentalidades tradicionais, interroga um velho canaque e este responde, para grande surpresa de Leenhardt: "o que vocês nos trouxeram foi o corpo" (p. 263). A imposição da *weltanschauung* ocidental em certos grupos, aliada à sua evangelização[6], conduz aqueles que extrapolam o limite, aqueles que aceitam despojar-se de seus antigos

---

5. Segundo a fórmula de LÉVI-STRAUSS, C. *La pensée sauvage*. Paris: Plon, 1962, p. 285.
6. Sobre a importância do fato da individuação no cristianismo, cf. MAUSS, M. "La notion de personne". *Sociologie et anthropologie*. Paris: PUF, 1950. • DUMONT, L. *Essai sur l'individualisme*. Paris: Seuil, 1983.

valores, a uma individualização que reproduz, sob uma forma atenuada, aquela das sociedades ocidentais. O melanesiano conquistado, ainda que de maneira rudimentar, por esses valores novos, liberta-se do tecido de sentido tradicional que integra sua presença no mundo no seio de um *continuum*; ele se torna em germe *indivisum in se*. E as fronteiras delimitadas por seu corpo o distinguem doravante de seus companheiros, mesmo daqueles que perfizeram o mesmo percurso. Distanciamento da dimensão comunitária (e não desaparecimento, na medida em que a influência ocidental só pode ser parcial, citadina, antes que rural), e desenvolvimento de uma dimensão social na qual os vínculos entre os atores são mais lassos. Certo número de melanesianos acaba, portanto, por se sentir antes indivíduo em uma sociedade do que membro dificilmente discernível de uma comunidade, mesmo se, nessas sociedades um tanto quanto híbridas, a passagem não se estabelece de maneira radical. O estreitamento em direção ao eu, o *ego*, que resulta dessa transformação social e cultural, induz à verificação nos fatos de uma forte intuição de Durkheim, segundo a qual, para distinguir um sujeito de outro, "é necessário um fator de individuação, e é o corpo que desempenha esse papel"[7].

Mas essa noção de pessoa cristalizada em torno do eu, em que consiste o indivíduo, é ela mesma uma aparição recente no seio da história do mundo ocidental. Algumas reflexões se impõem aqui para mostrar a solidariedade que vincula as concepções modernas da pessoa e aquelas que, consequentemente, atribuem ao corpo um sentido e um estatuto. Desde logo importa sublinhar o curso dife-

---

[7]. DURKHEIM, É. *Formes élémentaires de la vie religieuse*. Paris: PUF, 1968, p. 386ss. De resto, Émile Durkheim encontra aí o princípio de individuação pela matéria que, na tradição cristã, remete a Santo Tomás de Aquino.

renciado do individualismo no seio de diversos grupos sociais. Já em *Le suicide*, É. Durkheim demonstra perfeitamente que a autonomia do ator nas escolhas que se lhe apresentam não é a mesma segundo o meio social e cultural no qual ele se enraíza. Em certas regiões francesas, por exemplo, a dimensão comunitária não desapareceu inteiramente; ela se verifica mesmo na sobrevivência e na vivacidade de certas concepções do corpo postas em jogo pelas tradições populares de curandeirismo, onde a tutela simbólica do cosmo, da natureza, é ainda perceptível. Ela se confirma também, nessas regiões, pela desconfiança testemunhada em relação a uma medicina tributária de uma concepção individualista do corpo. Voltaremos a isso na sequência deste texto[8].

A noção de individualismo, que serve de base a esta argumentação, é, aos nossos olhos, mais uma tendência dominante do que uma realidade intrínseca às nossas sociedades ocidentais. Em contrapartida, é justamente essa visão de mundo que põe em seu centro o indivíduo (o *ego cogito* cartesiano), que está na origem de nossas concepções dominantes do corpo[9].

Uma novela de V.S. Naipaul[10] ilustra, por um atalho compreensível, os propósitos do velho canaque interrogado por Maurice Leenhardt. Em alguns meses de estadia nos Estados Unidos, um

---

8. Vemos, p. ex., na feitiçaria, que as fronteiras do sujeito transbordam os limites de seu próprio corpo, para englobar sua família, seus bens, à maneira de um emaranhamento típico da estruturação comunitária na qual o homem não é uno (*indiviso*), mas um homem-em-relação, ou, antes, um tecido de relações.

9. Todo campo conceitual, qualquer que seja o objeto, contém certa visão do mundo e atribui ao homem (ainda que apenas no oco, em negativo) certa posição, sobretudo no âmbito das práticas que ele sustenta. É o que permite dizer que certas concepções (a medicina, p. ex.) contêm um importante coeficiente de individualismo.

10. NAIPAUL, V.S. "Um parmi d'autres". *Dis-moi qui tuer*. Paris: Albin Michel, 1983, p. 42 [Trad. de Annie Saumart].

empregado doméstico de Bumbai vai viver o processo de sua "individuação" e descobrir-se possuidor de um rosto, e, em seguida, de um corpo. Em Bumbai, esse homem vivia à sombra de seu patrão, um funcionário do governo. À noite, ele encontra seus amigos, os outros empregados domésticos da rua. Sua mulher e seus filhos estão longe, ele raramente os vê. Seu patrão é subitamente nomeado para um posto em Washington. Após algumas dificuldades, este obtém do governo que seu criado o siga. A viagem de avião o confronta a uma primeira experiência intercultural. Suas más vestimentas atraem sobre si a atenção, e ele se vê relegado ao fundo do avião. Prepara para si uma mistura de bétel, mas se vê obrigado a engoli-la para não ter que cuspir no carpete ou nos assentos. Serve-se dos toaletes, subindo sobre o assento, e suja a cabine etc. Ele vivia em Bumbai, em um armário da casa de seu mestre; em Washington, ele se vê destinado ao mesmo espaço.

Em um primeiro momento, nada muda da relação de submissão que ele nutre em relação ao seu patrão. A cidade inicialmente o apavora. Mas nela ele dá, angustiadamente, seus primeiros passos, e acaba por se encorajar. Com o tabaco trazido de Bumbai, que vende aos *hippies*, ele compra um terno. E pela primeira vez esconde algo de seu patrão. Descobre um dia, com espanto, seu rosto no espelho:

> Eu tinha ido me olhar no espelho da sala de banho, simplesmente para estudar meu rosto no vidro. Atualmente, eu dificilmente consigo crê-lo, mas, em Bumbai, uma semana ou mesmo um mês se podia passar sem que eu me olhasse no espelho. E quando eu me olhava, não era para ver com quem eu parecia, mas para assegurar-me de que o barbeiro não me tinha cortado os cabelos curtos demais, ou para me abotoar. Aqui, pouco a pouco, eu fiz uma descoberta: eu tinha um rosto agradável, eu nunca me tinha visto assim, ao contrário, eu me via ordinário, com traços que apenas serviam para me identificar (p. 42).

Simultaneamente à descoberta de si como indivíduo, o homem descobre seu rosto, sinal de sua singularidade, e seu corpo, objeto de uma posse. O nascimento do individualismo ocidental coincidiu com a promoção do rosto.

Em outras palavras, ele compreende, cada vez melhor, os "truques" da sociedade americana. Um dia, símbolo de sua emancipação crescente da *einstellung* de sua sociedade, ele tem uma aventura amorosa com uma faxineira do edifício onde vive. Envergonhado de seu ato, ainda sobre a linha de transição, ele passa horas se purificando e orando. Logo em seguida ele deixa seu patrão, sem avisá-lo, e vai trabalhar em um restaurante. Meses se passam, no curso dos quais ele perfaz o processo de individuação, o qual percorre a despeito de si mesmo. Desposa então a faxineira e, por conseguinte, torna-se um cidadão americano cada vez mais integrado a um modo de vida que lhe pareceu insólito nos primeiros tempos de sua estadia. Significativas são as últimas linhas do texto, que voltam a fechar a história desse homem, a descoberta da posse de um corpo e o retraimento em si, que corta com o sentimento experimentado antes de sua partida para os Estados Unidos, de ser confundido ao mundo, formado das mesmas matérias. "No passado, escreve o homem, eu estava dissolvido na água do grande rio, eu jamais estive separado, com uma vida minha, mas eu me contemplei em um espelho e decidi ser livre. A única vantagem dessa liberdade foi a de me fazer descobrir que eu tinha um corpo, e que eu devia, durante certo número de anos, alimentar e vestir esse corpo. E depois tudo estará terminado" (p. 68). Se a existência se reduz a possuir um corpo à maneira de um atributo, então, com efeito, a própria morte não tem mais sentido: ela não é senão o desaparecimento de um ter, isto é, pouca coisa.

1.3 Polissemia do corpo

De uma sociedade a outra, as imagens que tentam reduzir culturalmente o mistério do corpo se sucedem. Uma miríade de imagens insólitas delineia a presença em pontilhado de um objeto fugaz, inapreensível e, no entanto, aparentemente incontestável[11]. A formulação da palavra corpo como fragmento de certa maneira autônomo em relação ao homem, cujo rosto ele porta, pressupõe uma distinção estrangeira a numerosas comunidades humanas. Nas sociedades tradicionais, de composição holista, comunitária, nas quais o indivíduo é indiscernível, o corpo não é o objeto de uma cisão, e o homem está misturado ao cosmos, à natureza, à comunidade. Nessas sociedades, as representações do corpo são, de fato, representações do homem, da pessoa. A imagem do corpo é uma imagem de si, alimentada das matérias-primas que compõem a natureza, o cosmos, em uma espécie de indistinção. Essas concepções impõem o sentimento de um parentesco, de uma participação ativa do homem na totalidade do vivente, e, ademais, encontramos ainda traços ativos dessas representações nas tradições populares de curandeirismo (capítulo 4: "Hoje, o corpo..."). Por vezes uma língua continua a guardar raízes precisas unindo o microcosmo do corpo aos elementos da natureza, enquanto as tradições populares ainda vivas não mais retêm em suas crenças senão uma parte dessas correspondências. O *Euskara*, a língua basca, uma das mais antigas das línguas indo-europeias, com cinco mil anos de idade, sem dúvida o testemunha. Cinco categorias, que correspondem aos elementos naturais dos antigos bascos, cinco divindades igualmente atestadas pela antropologia e pela história do

---

11. Cf. LE BRETON, D. *La sociologie du corps*. Paris: PUF, 1992 [Col. Que sais-je? – 3. éd. cor., 1996].

povo basco, ordenam os componentes da pessoa humana: a terra, a água, o ar, a madeira e o fogo. Os cinco princípios da cosmogonia fornecem as cinco raízes lexicais que engendram todo um vocabulário anatômico que inscreve nas veias da língua a correspondência entre o corpo humano e o cosmo[12].

O corpo como elemento isolável do homem, ao qual empresta seu rosto, não é pensável senão nas estruturas sociais de tipo individualista, nas quais os homens estão separados uns dos outros, relativamente autônomos em suas iniciativas, em seus valores. O corpo funciona à maneira de um marco de fronteira para delimitar perante os outros a presença do sujeito. Ele é fator de individuação. O vocabulário anatômico estritamente independente de qualquer outra referência marca bem igualmente a ruptura de solidariedade com o cosmo. Nas sociedades de tipo comunitário, em que o sentido da existência do homem marca uma submissão fiel ao grupo, ao cosmo e à natureza, o corpo não existe como elemento de individuação, uma vez que o próprio indivíduo não se distingue do grupo, sendo, no máximo, uma singularidade na harmonia diferencial do grupo. Ao contrário, o isolamento do corpo no seio das sociedades ocidentais (cf. infra) testemunha uma trama social na qual o homem é separado do cosmo, separado dos outros e separado de si mesmo. Fator de individuação no plano social, no plano das representações, o corpo é dissociado do sujeito e percebido com um de seus atributos. As sociedades ocidentais fizeram do corpo um ter, mais do que uma estirpe identificadora. A distinção do corpo e da presença humana é a herança histórica do retraimento na

---

12. Sobre esse ponto, cf. PEILLEN, D. "Symbolique de la dénomination des parties du corps humain en langue basque". *Le corps humain, nature, culture et surnaturel* [110e Congrès National des Societés Savantes. Montpellier, 1985]. Um exemplo da mesma ordem: THERRIEN, M. *Le corps inuit* (Quebec Arctique). Paris: Selaf/PUB, 1987. Cf. tb. as tradições budistas, hinduístas etc.

concepção da pessoa, do componente comunitário e cósmico, e o efeito da divisão operada no seio mesmo do homem. O corpo da Modernidade, aquele que resulta do recuo das tradições populares e do advento do individualismo ocidental, marca a fronteira entre um indivíduo e outro, o encerramento do sujeito em si mesmo.

A especificidade do vocabulário anatômico e fisiológico, que não encontra qualquer referência, qualquer raiz, fora de sua esfera, ao contrário de alguns exemplos citados anteriormente, traduz igualmente a ruptura ontológica entre o cosmo e o corpo humano. Um e outro são postos em uma exterioridade radical. Os entraves epistemológicos alçados pelo corpo perante as tentativas de elucidação das ciências sociais são múltiplos; estes pressupõem frequentemente um objeto que existe apenas no imaginário do pesquisador. Herança de um dualismo que dissocia o homem de seu corpo. A ambiguidade em torno da noção de corpo é uma consequência da ambiguidade que cerca a encarnação do homem: o fato de ser e de ter um corpo.

A antropologia bíblica também ignora a noção de um corpo isolado do homem. Muito afastada do pensamento platônico ou órfico, ela não considera a condição humana sob a forma de uma queda no corpo, de uma ensomatose. O dualismo típico da *episteme* ocidental não se deixa aí perceber... "O hebraico, diz Claude Tresmontant, é uma língua concreta, que só nomeia aquilo que existe. Portanto, ela não tem palavra para significar a 'matéria', e tampouco o 'corpo', uma vez que esses conceitos não visam realidades empíricas, contrariamente ao que nossos velhos hábitos dualistas e cartesianos nos levam a crer. Ninguém nunca viu a 'matéria', nem um 'corpo', no sentido em que o compreende o dualismo substancial"[13]. No universo bíblico o homem é um corpo, e seu corpo não é outra coisa

---

13. TRESMONTANT, C. *Essai sur la pensée hébraïque*. Paris: Cerf, 1953, p. 53.

senão ele mesmo. O próprio ato de conhecer não é o ato de uma inteligência separada do corpo[14]. Para essa antropologia, o homem é uma criatura de Deus, ao mesmo título que o conjunto do mundo; a divisão entre o homem e seu corpo, tal como existe na tradição platônica ou órfica[15], é para ela um não sentido. O mundo foi criado pela palavra, "pela boca de *Yhwh* os céus foram feitos, e pelo sopro de sua boca, todo o seu exército [...] pois ele disse e tudo foi feito; ele ordenou e tudo existiu" (p. 33). A matéria é uma emanação da palavra, ela não é estática, morta, fragmentada, não solidária com as outras formas de vida. Ela não é indigna como no dualismo. A encarnação é o ato do homem não sem artefato.

> Eu não percebo um "corpo", o qual conteria uma "alma"; eu percebo imediatamente uma alma viva, com toda a riqueza da sua inteligibilidade que eu decifro no sensível que me é dado. Essa alma é para mim visível e sensível porque está no mundo, porque assimilou elementos dos quais se alimenta, os quais ela integrou e que fazem com que ela seja carne. A essência dessa carne, que é o homem, é a alma. Se se retira a alma não sobra nada, não sobra um "corpo". Nada resta senão a poeira do mundo. Também o hebraico emprega indiferentemente, para designar o homem vivo, os termos "alma" ou "carne", que visam uma única e mesma realidade, o homem vivo no mundo (p. 95-96).

Algures, a palavra corpo pode existir assim em numerosas sociedades africanas, mas recobrir, de um lugar a outro, noções mui-

---

14. Ibid.
15. Da mesma forma entre os canaques, o conhecer é uma modalidade física de apropriação e não um ato puramente intelectual. Assim, Maurice Leenhardt observa que o costume melanesiano de consultar alguém passa pela questão "qual é teu ventre?" Um canaque, conhecendo alguma migalha de francês, que se interroga sobre a opinião de alguém de sua cidade, responde: "Eu, não conheço o ventre para ela". O conhecer melanesiano é corporal, não é feito de um espírito, de um eu ontologicamente distinto, mais exatamente o conhecer canaque é existencial.

to diferentes. Nas sociedades rurais africanas, a pessoa não está limitada pelos contornos de seu corpo, fechada em si. Sua pele, e a espessura de sua carne, não delineiam a fronteira de sua individualidade. O que entendemos por pessoa é concebido nas sociedades africanas sob uma forma complexa, plural. A oposição essencial reside na estrutura holista dessas sociedades, nas quais o homem não é um indivíduo (i. é, indivisível e distinto), mas nó de relações. O homem é fundido em uma comunidade de destino, em que o seu relevo pessoal não é o índice de uma individualidade, mas uma diferença favorável às complementaridades necessárias à vida coletiva, um motivo singular na harmonia diferencial do grupo. A identidade pessoal do africano não se encerra em seu corpo, este não o separa do grupo, mas, ao contrário, o inclui.

> Não que os etnólogos neguem a diversidade dos indivíduos, afogando-os todos em uma comunidade que seria primeira, que seria a única realidade verdadeira, nota Roger Bastide. Ele reconhece que há gente tímida e gente audaciosa, gente cruel e pessoas amáveis, mas essas características se organizam em um mesmo universo, constituindo a unidade última das coisas, qual seja a unidade de uma ordem. Uma ordem na qual a pessoa se apaga por detrás do personagem, porquanto é aquele que se estabelece entre *status* diferenciados e não aquele da complementaridade contingente de temperamentos múltiplos[16].

O homem africano tradicional está imerso no seio do cosmos, de sua comunidade, ele participa da linhagem de seus ancestrais, de seu universo ecológico, e isso nos fundamentos mesmos do seu ser[17]. Ele permanece uma espécie de intensidade, conectada a di-

---

16. BASTIDE, R. "Le principe d'individuation". *La notion de personne em Afrique Noire*. Paris: CNRS, 1973, p. 36.
17. Cf., p. ex., THOMAS, L.-V. "Le pluralisme cohérent de la notion de personne em Afrique Noire tradicionelle". In: BASTIDE, R. *La notion de personne en Afrique Noire*. Op. cit., p. 387.

ferentes níveis de relações. É deste tecido de trocas que ele tira o princípio de sua existência.

Nas sociedades ocidentais de tipo individualista, o corpo funciona como interruptor da energia social; nas sociedades tradicionais ele é, ao contrário, a conexão da energia comunitária. Pelo seu corpo, o ser humano está em comunicação com os diferentes campos simbólicos que dão sentido à existência coletiva. Mas o "corpo" não é a pessoa, porque outros princípios concorrem para a fundação desta última. Assim, é entre os dogons[18], onde a pessoa é constituída da articulação de diferentes planos, incluindo, de maneira muito singular, aquilo que o ocidental tem o costume de denominar o corpo. Entre os dogons, a pessoa é composta:

a) De um corpo: a parte material do homem e "o polo de atração de seus princípios espirituais", um "grão de universo", sua substância mescla os quatro elementos, como todas as coisas que existem: a água (o sangue e os líquidos do corpo), a terra (o esqueleto), o ar (o sopro vital) e o fogo (o calor animal). O corpo e o cosmos estão indistintamente mesclados, constituídos dos mesmos materiais, segundo as diversas escalas de grandeza. O corpo não encontra, portanto, seu princípio nele mesmo, como na anatomia e na fisiologia ocidentais; os elementos que lhe dão um sentido devem ser buscados alhures, na participação do homem no jogo do mundo e de sua comunidade. O homem existe por ser parcela do cosmo, não por si mesmo, como na tradição tomista ou ocidental, na qual a imanência do corpo, porquanto ele é matéria, funda a existência do sujeito. A anatomia e a fisiologia dogons arti-

---

18. Nós nos apoiamos aqui no livro clássico de CALAME-GRIAULE, G. *Ethnologie et langue* – La parole chez les Dogon. Paris: Gallimard, 1965, p. 32s. • DIETERLEN, G. "L'image du corps et les composantes de la persone chez les Dogon". In: BASTIDE, R. *La notion de personne en Afrique Noire*. Op. cit., p. 205s.

culam igualmente o homem ao cosmo por todo um tecido de correspondências.

b) "Oito grãos simbólicos estão localizados nas clavículas. Esses grãos simbólicos, principais cereais da região, constituem a base da alimentação dos dogons, que são essencialmente agricultores; esse símbolo exprime a "consubstancialidade" do homem e do grão, sem a qual ele não poderia viver" (Germaine Calamé-Griaule, p. 34). As crianças recebem em seu nascimento os mesmos grãos que seus pais. A bissexualidade inerente ao ser humano é aqui marcada pelo fato de que geralmente o dogon recebe em sua clavícula direita quatro grãos "masculinos" de seu pai e de seus ascendentes ignáticos, e em sua clavícula esquerda, quatro grãos "femininos" de sua mãe e de seus descendentes uterinos. Por esses grãos, a pessoa é marcada na filiação do grupo, e também se enraíza no princípio ecológico que funda a vida dos dogons. Os grãos compõem uma espécie de pêndulo vital, a existência do homem está ligada à sua germinação.

c) A força vital (*nàma*), cujo princípio reside no sangue. Marcel Griaule a definiu como "uma energia potencial, impessoal, inconsciente, repartida entre todos os animais, vegetais, nos seres sobrenaturais, nas coisas da natureza, e que tende a fazer perseverar em seu ser, suporte ao qual ela está afetada temporariamente (ser mortal), eternamente (ser imortal)"[19]. O *nàma* resulta da soma dos *nàmas* dados por seu pai, sua mãe e o ancestral que renasce nele.

d) Os oito *kikinu*, princípios espirituais da pessoa, divididos em dois grupos de quatro (eles são machos ou fêmeas, inteligen-

---

19. GRIAULE, M. *Masques dogons*. Paris: Institut d'Ethnologie, 1938, p. 160.

tes ou bestas), gêmeos dois a dois. Eles contribuem, segundo sua determinação, para delinear a psicologia da pessoa, seu humor. Estão organizados em diversos órgãos do corpo, e pode-se ainda tê-los reservados em diversos lugares (um poço, um altar, um animal...), segundo os momentos psicológicos vividos por aqueles que os trazem.

Outras representações da pessoa em terra africana podem ser evocadas. Mas já se pressente o número de percepções do "corpo" que podemos encontrar. A definição de corpo é sempre dada no vazio da definição de pessoa. Não é absolutamente uma realidade evidente, uma matéria incontestável: o "corpo" existe apenas construído culturalmente pelo homem. É um olhar lançado sobre a pessoa pelas sociedades humanas, que lhe balizam os contornos sem o distinguir, na maior parte do tempo, do homem que ele encarna. Donde o paradoxo de sociedades para as quais o "corpo" não existe. Ou sociedades para as quais o "corpo" é uma realidade tão complexa, que desafia o entendimento do ocidental. Da mesma forma, a floresta é evidente à primeira vista, mas há a floresta do índio e aquela de quem procura ouro, aquela do militar e aquela do turista, aquela do herbolário e aquela do ornitólogo, aquela da criança e aquela do adulto, aquela do fugitivo e aquela do viajante... Da mesma maneira, o corpo só adquire sentido com o olhar cultural do homem.

A compreensão das relações entre o corpo e a Modernidade impõe uma genealogia, uma espécie de "história do presente" (M. Foucault), um regresso à construção da noção de corpo na *einstellung* ocidental. Uma reflexão também sobre a noção de pessoa, sem a qual não seria possível apreender os riscos dessa relação. Veremos pouco a pouco, ao longo do tempo, instaurar-se uma concepção do corpo paradoxal. Por um lado, o corpo como suporte do indivíduo, fronteira de sua relação com o mundo; e, em outro nível, o corpo dissociado do homem ao qual confere a sua presença, e isso por meio do modelo privilegiado da máquina. Veremos os vínculos estreitos que se estabeleceram entre o individualismo e o corpo moderno.

2 As fontes de uma representação moderna do corpo

O homem anatomizado

2.1 O corpo popular

A civilização medieval, e mesmo a renascentista, é uma mistura confusa de tradições populares locais e de referências cristãs. É um "cristianismo folclorizado", segundo a feliz expressão de Jean Delumeau, que alimenta as relações do homem com seu meio social e natural. Uma antropologia cósmica estrutura os quadros sociais e culturais. O homem não está distinguido da trama comunitária e cósmica na qual está inserido, mas, ao contrário, está misturado à multidão de seus semelhantes, sem que sua singularidade faça dele um indivíduo no sentido moderno do termo. Ele toma consciência de sua identidade e de seu enraizamento físico no interior de uma estreita rede de correspondências.

Para que "a individualização pela matéria", isto é, pelo corpo, seja admitida, no plano social, é preciso esperar o desenvolvimento do individualismo. Então, efetivamente, o corpo será a propriedade do homem, e não mais sua essência. No plano das representações, uma teoria do corpo como objeto independente do homem, conquanto estando ligado a ele, e encontrando nele seus próprios recursos (especificidade do vocabulário anatômico e fisiológico), adquirirá então uma importância social crescente. Mas nas coletividades humanas de tipo tradicional, holista[1], reina uma espécie de identidade de substância entre o homem e o mundo, uma conivência sem defeito, na qual os mesmos componentes intervêm. Não mais do que o homem dessas sociedades é não discernível de seu corpo; o mundo não é discernível do homem. É o individualismo e a cultura erudita que introduzem a separação.

Para distinguir quais representações do homem (e de seu corpo) precedem aquelas que nos caracterizam hoje, impõe-se um retorno à festa popular medieval. Sabe-se o quanto esta se encontra então no cerne da sociabilidade, especialmente no século XV. Mas apreender o sentido da festa medieval exige o abandono de nossas referências contemporâneas. Os regozijos do carnaval e as festas aparentadas: aquelas dos loucos, do asno, dos inocentes etc., os mistérios, as sotias, as farsas, o "riso pascal", os charivaris, pertencem a uma região esquecida da história.

Nos regozijos do carnaval, por exemplo, os corpos se misturam, indistintamente, participam de um mesmo estado da comunidade levado à sua incandescência. Nada é mais estrangeiro a essas festividades do que a ideia de espetáculo, de distanciamento e de apropriação somente pelo olhar. No fervor da rua e da praça pública é impossível manter-se arredio, cada homem participa da efusão coletiva, da mistura confusa que zomba dos usos e das coisas da religião. Os princípios mais sagrados são ridicularizados pelos bufões, os loucos, os reis do carnaval; as paródias, os risos irrompem de toda parte. O tempo do carnaval suspende provisoriamente os usos costumeiros e favorece seu renascimento e sua renovação gra-

---

1. Adotamos aqui a definição de holismo (a noção de comunidade é aqui utilizada no mesmo sentido estrutural) fornecida por Louis Dumont: "Uma ideologia que valoriza a totalidade social e negligencia ou subordina o indivíduo humano" (DUMONT, L. *Essais sur l'individualisme* – Une perspective anthropologique sur l'idéologie moderne. Paris: Seuil, 1983, p. 263).

ças a essa passagem ao paradoxal. É a busca de um segundo fôlego, depois que o grande riso da praça pública purificou o espaço e os homens. O carnaval institui a regra da transgressão, conduz os homens a uma liberação das pulsões habitualmente reprimidas. *Intervallum mundi*, abertura de outro tempo no tempo dos homens e das sociedades onde vivem. O sério da vida voa em estilhaços perante o riso irrepreensível da coletividade unida no mesmo sacrifício ritual das convenções. Festa tipicamente comunitária, na qual o conjunto dos homens tende provisoriamente à comunhão, além das tensões de toda vida social. É preciso de tudo para fazer um mundo: o carnaval leva essa consciência ao seu máximo de intensidade. Os prazeres do carnaval celebram o fato de existirem, de viverem juntos diferentes, e até mesmo desiguais, ao mesmo tempo frágeis e fortes, felizes e tristes, comovidos e frívolos, mortais e imortais.

Em contrapartida, as festas oficiais, instituídas pelas camadas dirigentes, não se distinguem das convenções habituais; elas não oferecem escapatórias para um mundo fusional, pelo contrário. Elas estão fundadas na separação, hierarquizam os atores, consagram os valores religiosos, sociais e afirmam assim o germe de uma individualização dos homens. O carnaval desliga e confunde justamente onde a festa oficial fixa e distingue. As inversões operadas pelas festividades de carnaval, tempo de excesso e de dispêndio, ilustram o fim e o renascimento do mundo, a nova primavera da vida.

O corpo grotesco dos regozijos carnavalescos se opõe de maneira radical ao corpo moderno. É um revezamento, o vínculo dos homens entre eles, o sinal da aliança. Não é um corpo separado, e, portanto, a noção de "corpo grotesco" deve evitar os equívocos. O corpo na sociedade medieval, e, *a fortiori*, nas tradições do carnaval, não é distinguido do homem, como o será, ao contrário, o corpo da Modernidade, considerado como fator de individuação. O que a cultura popular da Idade Média, e do Renascimento, recusa é justamente o princípio de individuação, a separação do cosmos, o alheamento do homem e de seu corpo. O recuo progressivo do riso e das tradições da praça pública marca o advento do corpo moderno como instância separada, como marca de distinção de um homem em relação a outro.

O corpo grotesco é formado de relevos, de protuberâncias, ele transborda de vitalidade, está mesclado à multidão, indiscernível, aberto, em contato com o cosmo, insatisfeito com os limites que ele não cessa de transgredir. É uma espécie de "grande corpo popular da espécie" (Bakhtin), um corpo eternamente renascente: grávido de uma vida a nascer ou de uma vida a perder, para renascer ainda.

> O corpo grotesco, diz Bakhtin, não é demarcado do resto do mundo, não é fechado, consolidado, nem totalmente pronto, mas ultrapassa-se a si mesmo, supera seus próprios limites. Enfatizam-se as partes do corpo onde este está, seja aberto ao mundo exterior, seja ele mesmo no mundo, isto é, nos orifícios, nas protuberâncias, em todas as ramificações e excrementos: bocas abertas, órgãos genitais, seios, falos, intestino grosso, nariz[2].

Quer dizer, em todos os órgãos que suportarão a vergonha na cultura burguesa.

As atividades nas quais se compraz o homem carnavalesco são justamente aquelas onde os limites são transgredidos, aquelas onde o corpo transborda, vive na plenitude sua expansão para fora: o acasalamento, a gravidez, a morte, o comer, o beber, a satisfação das necessidades naturais. E isso com uma sede tanto maior quanto a existência popular seja precária, os períodos de penúria frequentes, e o envelhecimento precoce. É uma espécie de corpo provisório, sempre a ponto de transfigurar-se, sem repouso. Um corpo sem

---

2. BAKHTIN, M. *L'oeuvre de François Rabelais et la culture populaire au Moyen Age et à la Renaissance*. Paris: Gallimard, [s.d.], p. 35 [Col. Tel].

cessar escancarado, que não pode estar senão na abundância, do excesso que ele invoca sem se enfastiar. Inúmeras ilustrações percorrem a obra de Rabelais ou aquelas, mas em um nível diferente, de Cervantes ou de Boccaccio. Enfatizam-se as atividades de um homem indiscernível de seu corpo, de sua comunidade e do cosmo.

Já no século XVI, nas camadas eruditas da sociedade, debuta-se o corpo racional, que prefigura nossas representações atuais, aquele que marca a fronteira de um indivíduo em relação a outro, a clausura do sujeito. É um corpo liso, moral, sem aspereza, limitado, reticente a toda transformação eventual. Um corpo isolado, separado dos outros, em posição de exterioridade com o mundo, fechado em si mesmo. Os órgãos e as funções carnavalescas serão pouco a pouco depreciados, tornados objetos de pudor, privatizados. As festas serão mais ordenadas, fundadas mais sobre a separação do que sobre a confusão[3].

2.2 Uma antropologia cósmica

O carnaval é o revelador de um regime do corpo que não se restringe somente ao sujeito, mas transborda sua inserção para verter seus elementos constitutivos e sua energia no mundo que se avizinha. O homem, indiscernível de seu enraizamento físico, é percebido em sua inclusão no seio das forças que regem o universo. A separação permanece limitada às novas camadas dirigentes no plano econômico e ideológico; ela ainda não operou nas camadas populares, onde se mantém vivo um saber tradicional. A burguesia e os protestantes são os propagadores mais ardentes da visão de

---

3. Sobre a repressão das festividades populares a partir do remanejamento cultural que então se inicia, e começa a dar resultados a partir do século XVII, e visa, sob o controle da Igreja e do Estado, a estigmatizar o saber popular, ler MUCHEMBLED, R. *Culture et culture des élites*. Paris: Flammarion, 1978.

mundo nascente, que põe em seu centro o indivíduo, e olha a natureza com olhos cheios de uma racionalidade nascente.

Nas camadas populares, a *persona* permanece subordinada a uma totalidade social e cósmica que a ultrapassa. As fronteiras da carne não demarcam os limites da mônada individual. Um tecido de correspondências mescla sob um destino comum os animais, as plantas, o homem e o mundo invisível. Tudo está ligado, tudo ressoa junto, nada é indiferente, todo evento é significativo. Lévy-Bruhl falava outrora, a respeito das sociedades tradicionais, de uma mentalidade "primitiva" governada pelas leis da participação, vinculada simpaticamente a todas as formas animadas ou inertes que se pressente no meio onde vive o homem. E. Cassirer também evocou esse sentimento de continuidade, de "comunidade de tudo aquilo que vive", que torna impossível o destacamento de uma forma de vida do resto do mundo.

A partir dessa representação, infinitamente diversificada em suas formas culturais, mas que deixa facilmente entrever sua estrutura antropológica, não há qualquer ruptura qualitativa entre a carne do homem e a carne do mundo. O princípio da fisiologia humana está contido na cosmologia. O corpo humano é, nas tradições populares, o vetor de uma inclusão, não o motivo de uma exclusão (no sentido de que o corpo vai definir o indivíduo e o separar dos outros, mas também do mundo); ele é o vinculador do homem a todas as energias visíveis e invisíveis que percorrem o mundo. O corpo não é um universo independente, fechado em si mesmo, à imagem do modelo anatômico, dos códigos de saber-viver ou do modelo mecanicista. O homem, bem em carne (no sentido simbólico), é um campo de força em poder de ação sobre o mundo, e sempre a ponto de ser influenciado por ele.

É isso o que mostra também a feitiçaria popular: uma inscrição do homem em um tecido holista no qual tudo está em inter-relação, onde um gesto ameaça o cosmo e desencadeia forças deliberadamente (feitiçaria) ou por inadvertência. Em *Les évangilles des quenouilles*, um apanhado de saberes tradicionais de mulheres publicado em 1480, em Bruges, encontramos um repertório organizado de crenças sobre a doença, a vida cotidiana, a educação das crianças, os remédios, o corpo humano etc.; isto ilustra esse poder envolvente que rege o mundo. Graças a um conjunto de conhecimentos tradicionais, é possível conciliá-lo, utilizá-lo em vantagem própria, ou desencadeá-lo sobre qualquer um a quem se queira prejudicar. Demos alguns exemplos disso: "Se alguém urina entre duas casas ou contra o sol, adquire o mal dos olhos chamado *leurieul*"[4]. "Para evitar ter a cabeça ou os rins paralisados é preciso se abster de comer da cabeça ou da carne de um gato ou de um urso" (p. 75). "Quando os cachorros uivam, devemos tapar os ouvidos, porque eles trazem más notícias. Em compensação, devemos ouvir o cavalo quando ele bufa ou relincha" (p. 76). "Aquele que bebe água-benta aos domingos, na grande missa, afastará o diabo mau, que não poderá se aproximar dele a mais de sete pés durante toda a semana" (p. 78). "Quando uma criança é recém-nascida, se for um menino, é preciso levá-lo ao pai e pôr-lhe os pés contra o seu peito, então jamais a criança terá má morte" (p. 106). Cada proposta contida em *Les évangilles des quenouilles* evoca a correspondência simbólica que subordina estreitamente todos os componentes animais, vegetais, minerais, climáticos ou humanos a veias sutis de energia, a causalidades singulares em que parece que jamais o acaso ou a indiferença têm a possibilidade de um acometimento.

A partir de belas páginas, L. Febvre evocou nesse sentido "a fluidez de um mundo onde nada está estritamente delimitado,

---

4. *Les évangilles des quenouilles*. Paris: Imago, 1987 [traduzidos e apresentados por Jacques Lacarrière].

onde os próprios seres, perdendo suas fronteiras, mudam em um piscar de olhos, sem provocar qualquer objeção de forma, aspecto, dimensão, ou até mesmo de reino", como diríamos: eis tantas histórias de pedras que se animam, tomam vida, se movem e progridem; eis as árvores tornadas vivas; eis, enfim, as bestas se comportando como homens e os homens, por sua vez, se mudando em bestas. Casos típicos, aquele do lobisomem, do ser humano que pode se encontrar ao mesmo tempo em dois lugares distintos sem que com isso ninguém se mostre surpreso: "Em um ele é homem, no outro, ele é besta"[5].

Considerada pelo viés da separação, a categoria do corpo é uma abstração, um não senso. Não se pode então considerar o homem isoladamente de seu corpo. Mesmo depois de ser surpreendido pela morte. Assim, pensa-se que os restos mortais da vítima sangrem quando são postos em presença do assassino. Se um homicida, enquanto está vivo, escapa da justiça, desenterra-se seu cadáver e se lhe inflige o castigo que ele mereceria. Lucien Febvre, para sustentar sua proposição de que o significado do impossível não é uma categoria da mentalidade renascentista, fala desse decapitado que toma sua cabeça entre as mãos e põe-se a caminhar pela rua. Todo mundo o vê: ninguém o duvida. Aí também percebemos o quanto o corpo permanece solidário com a pessoa. Donde a profusão de metáforas orgânicas para então designar o campo social ou algumas de suas instâncias: o corpo social é unitário, como o é o homem. De um a outro, um *continuum* se estende, englobando a condição humana e o mundo natural sob os auspícios da Revelação.

Acontece, entretanto, que criminosos sejam desmembrados. Mas se trata então de homens que romperam deliberadamente

---

5. FEBVRE, L. *François Rabelais et le problème de l'incroyance au XVIe siècle*. Paris: Albin Michel, 1968, p. 404-405.

com as leis da comunidade. O criminoso é um homem desprovido de laço social, ele impõe sua individualidade de encontro à vontade e aos valores do grupo. *La colonie pénitentiaire*, de F. Kafka, delineia aqui uma parábola do destino que o espera em reparação de seu crime. Nesta novela, um viajante assiste com horror ao suplício de um condenado. O oficial encarregado da justiça fala da clemência com que beneficiam os acusados: "Simplesmente gravamos, com a ajuda do rastelo, o parágrafo violado sobre a pele do culpado"[6]. Tal é então o destino do criminoso: sua dissidência realiza em miniatura um desmembramento do corpo social, eis por que ele é punido, de um modo metafórico, pelo desmembramento de seu próprio corpo. Por meio dos delitos pelos quais foi considerado culpado, ele fez a prova de seu desligamento da comunidade humana. A tortura visa nele essa falta às regras fundadoras do pacto social. Não é, pois, anódino que os primeiros despojos ofertados à felicidade dos anatomistas sejam precisamente aqueles de condenados à morte. Mas, apesar de tudo, desmembrado pelo carrasco ou pelo escalpelo do anatomista após sua execução, o homem permanece ontologicamente inteiro. E a Igreja, mesmo se ela autoriza a dissecção[7] de maneira muito ciosa, vela por que o homem "anatomizado" tenha direito a uma missa (à qual também assiste o anatomista e seu assistente) antes de ser cristãmente sepultado. Apesar de seus crimes, o condenado não deixa de pertencer ao corpo místico da Igreja. Aniquilado socialmente, ele

---

6. KAFKA, F. *La colonie pénitentiaire*. Paris: Gallimard, [s.d.], p. 16 [Col. Folio – Trad. de Alexandre Vialette].

7. Não nos esqueçamos, no entanto, de que numerosos anatomistas ou artistas, Vesalius, Miguelangelo, Leonardo da Vinci, p. ex., procediam ao contrabando de cadáveres, escavando os cemitérios ou os cadafalsos para procurar os corpos que precisavam. Cf. LE BRETON, D. *La chair à vif*: usages médicaux et mondains du corps humain. Paris: Métailié, 1993.

permanece um homem sob o olhar de Deus. Não é a um amontoado de carne desmembrada que o ritual religioso se dirige, mas a um homem, a um membro da *universitas*[8].

2.3 As relíquias

Os despojos dos santos, também eles, são desmembrados, despedaçados, e suas relíquias dispersadas a partir da Cristandade. Mas, no fragmento do corpo santificado, uma espécie de metonímia da glória de Deus é celebrada. As relíquias contêm poderes favoráveis: curar os doentes, favorecer as colheitas, premunir epidemias, proteger os homens em seus empreendimentos etc., mas esse poder de intervenção sobre o curso das coisas é somente o índice da presença de Deus neles. O órgão removido do corpo do santo, ou da santa, é o mais curto caminho terrestre para o Reino. Na relíquia, o corpo místico da Igreja se dá a pressentir sob uma forma tangível e simples, que responde aos votos do maior número. Essas *memoriae* favorecem uma proximidade mais tangível da comunidade com aquele que ela considera como seu criador. Elas não são adoradas por si mesmas, não mais do que o são os santos, dos quais o dominicano Jacques de Voragine evoca os cruéis destinos em *La légende dorée*. A individualidade do santo é simplesmente uma voz consonante no concerto de louvores dirigidos a Deus. Ele não é um homem vivo por si, sua existência é de parte a parte atravessada pela comunidade. Ele não é senão por ela e para ela. Ele pode assim, sem dor, fazer o sacrifício de sua vida. Os santos e as relíquias subtraídas de seus despojos mortais são figuras de

---

8. Sobre a noção de *universitas*, cf. MICHAUD-QUENTIN, P. *Universitas, expressions du mouvement communautaire dans le Moyen Age latin*. Paris: Vrin, 1970, sobretudo p. 11-57.

intercessão, lembranças, expressões de submissão fiel a Deus em torno das quais comunga a coletividade. Um traço de individuação nesses fatos, sem dúvida, mais profundamente nuançado pelo uso que é feito da relíquia[9].

Por vezes não é mais sob a forma da metáfora que o corpo desmembrado do santo desvela sua essência metafísica de templo do Espírito Santo. Assim, Piero Camporesi evoca, não sem humor, o esquartejamento meticuloso com que beneficia, em 1308, a Irmã Chiara de Monfalco, morta em odor de santidade no convento dos agostinianos. As diferentes vísceras são cuidadosamente arrumadas em uma tigela de barro, enquanto o coração é posto à parte. As irmãs, que procedem elas mesmas a esta singular organização, para não deixar um homem tocar uma carne que permaneceu virgem, admiram o coração tão pleno do amor do Senhor. E algumas irmãs se lembram então de ter frequentemente ouvido sua companheira lhes dizer que ela tinha "Jesus Cristo crucificado no coração". Cedendo a uma intuição, elas mergulham uma lâmina na víscera da bem-aventurada e descobrem, com emoção, a forma da cruz desenhada por vários nervos. Um exame mais minucioso permite descobrir outro nervo figurando a chibata com a qual bateram no Cristo. O milagre não para aí. Perante uma assembleia de teólogos, juízes, médicos e religiosos convocados para a ocasião, o coração inesgotável da Irmã Chiara desvela, perante os olhos estupefatos das testemunhas, os objetos da Paixão, como "a coluna, a coroa de espinhos, os três cravos, a lança e a vara com a esponja, represen-

---

9. Sobre as relíquias, cf. HERMANN-MASCARD, N. *Les reliques des saints*: la formation coutoumière d'un droit. Paris: Klincksiek, 1975. Lembremos aqui simbolicamente de São Paulo: "Com efeito, o corpo é um e, não obstante, tem muitos membros, mas todos os membros do corpo, apesar de serem muitos, formam um só corpo. Assim também acontece com Cristo. Pois fomos todos batizados num só Espírito para formarmos um só corpo" (1Cor 12,12).

tados de maneira tão vívida que Bérangario, tocando a ponta da lança e dos três cravos, se espeta, como se eles tivessem realmente fogo"[10]. A relíquia destacada do santo não é o sinal de um fracionamento da unidade do sujeito, ela não singulariza o corpo. Ela é uma metonímia, e encarna, à sua maneira, o "corpo místico da Igreja", no qual todos estão confundidos, malgrado suas diferenças. Nesse sentido, o despedaçamento dos despojos do santo não traduz sua redução a um corpo. O órgão subtraído dos despojos significa a pessoa do santo, testemunha sempre suas ações passadas. Nós estamos nas antípodas das dissecções operadas pelos primeiros anatomistas, a fim de conhecer o interior invisível do corpo humano (desta vez, destacado do sujeito que ele encarnou), para quem a identidade do sujeito pouco importa.

2.4 O corpo intocável

Em um mundo situado sob o signo da transcendência cristã, e onde as tradições populares ainda mantêm seu enraizamento social, o homem (indiscernível de seu corpo) é uma cifra do cosmos, e fazer correr o sangue, ainda que se o faça como terapia, equivale a rasgar a aliança, a transgredir um tabu.

Em seu artigo sobre os ofícios lícitos e ilícitos da Idade Média, Jacques Le Goff enfatiza o opróbrio que associa o cirurgião, o barbeiro, o açougueiro e o carrasco[11]. Equívoco companheirismo a atestar que, durante muito tempo, aqueles que tratam, infringindo os limites do corpo, não gozam de uma estima muito grande. Como todo homem cujo *status* social põe regularmente em pre-

---

10. Cf. CAMPORESI, P. *La chair impassible*. Paris: Flammarion, 1986, p. 7ss.
11. Cf. LE GOFF, J. *Pour un autre Moyen Age*. Paris: Gallimard, 1977, p. 93. • POUCHELLE, M.-C. *Corps et chirurgie à l'apogée du Moyen Age*. Paris: Flammarion, 1983, p. 119ss.

sença de um tabu, os cirurgiões são personagens perturbados, inquietantes, aos olhos de seus contemporâneos. O Concílio de Tours, em 1163, proibiu aos médicos monásticos fazer correr o sangue. A profissão médica muda no século XII[12], decompondo-se em diferentes categorias: aquela dos médicos universitários, clérigos mais hábeis em especulações do que em eficácia terapêutica. Eles intervêm apenas para os doentes "externos", sem tocar no corpo do doente. Aquela dos cirurgiões, que começa verdadeiramente a se organizar no final do século XIII, e agem no âmbito do interior do corpo, ousando transgredir o tabu do sangue. São frequentemente leigos, desprezados pelos médicos, por causa de sua ignorância do saber escolástico. Ambrósio Paré, mestre cirurgião que descobre a ligadura das artérias para evitar as hemorragias, e salva assim inúmeras vidas, é ridicularizado pela casta dos médicos clérigos por não conhecer o latim. Somente ao fim de sua vida seus métodos começam a ser aplicados, mas a faculdade de medicina ainda se opõe à reimpressão de sua obra. Importa menos ao médico tratar e curar do que conhecer o latim. E, finalmente, aquela dos barbeiros, rivais dos cirurgiões, que deviam conhecer o uso do pente e da navalha, mas também os diferentes pontos de sangramento. O médico ocupa a posição, sob todos os aspectos, privilegiada, daquele que supostamente sabe, mas que não se contamina com a impureza do sangue e desdenha das necessidades baixas. O *status* das três profissões se estabelece desde o século XIII. Sutil hierarquia que faz da maior distância do doente e do corpo a marca da posição social mais invejável e aquela do melhor prestígio. É, com efeito, o distanciamento do corpo que mede o *status* respectivo dessas diferentes visões sobre o homem doente. O movimento epistemológico e ontológico que conduz à invenção do corpo está em marcha.

---

12. Cf., p. ex., JACQUARD, D. *Le milieu medical du XIIe au XVe siècle*. Genebra: Droz, 1981.

2.5 Nascimento do indivíduo

É o avanço do individualismo ocidental que vai pouco a pouco permitir discernir, segundo um modo dualista, o homem de seu corpo, não em uma perspectiva diretamente religiosa, mas no plano profano. É isso que é preciso agora interrogar: o vínculo social entre indivíduo e corpo, a fim de liberar as fontes da representação moderna do corpo.

As premissas da aparição do indivíduo em uma escala social significativa são perceptíveis no mosaico italiano do *Trecento* e do *Quatrocento*, nos quais o comércio e os bancos desempenham um papel econômico e social de uma grande importância. O comerciante é o protótipo do indivíduo moderno, o homem cujas ambições extrapolam os quadros estabelecidos, o homem cosmopolita por excelência, que faz de seu interesse pessoal o móbile de suas ações, ainda que em detrimento do "bem geral". A Igreja não se deixa enganar, e tenta opor-se à sua influência crescente antes de ceder terreno na medida em que a necessidade social do comércio se faz mais proeminente. Malgrado certas lacunas, J. Burckhardt mostra o advento dessa noção nova de indivíduo, que manifesta para certas camadas sociais privilegiadas, no plano econômico e político, o começo de uma distensão do *continuum* dos valores e dos vínculos entre os atores. No seio desses grupos, o indivíduo tende a se tornar o domicílio autônomo de suas escolhas e de seus valores. Ele não mais é levado pela preocupação da comunidade e o respeito das tradições. Certamente, essa tomada de consciência, que confere uma margem de ação quase ilimitada ao homem, toca apenas uma fração da coletividade. Essencialmente homens da cidade, comerciantes, banqueiros. A precariedade do poder político nesses Estados italianos leva igualmente o príncipe a desenvolver um espírito de cálculo, de insensibilidade, de ambição, de voluntarismo, bem próprio a colocar à frente sua individualidade. Louis Dumont enfatiza, a justo título, que o pensamento de Maquiavel, expressão política desse individualismo nascente, marca uma "emancipação da rede holista dos fins humanos"[13].

A imagem moderna da solidão, na qual se amofina o homem de poder, manifesta, então, sua versão mais proeminente, no medo e na desconfiança nutridas, a todo instante, pelo príncipe contra as intenções pessoais de seus próximos[14]. À sombra do soberano, sob sua proteção, irrompe outra grande figura do individualismo nascente, aquela do artista. O sentimento de pertencer ao mundo, e não mais somente à comunidade de origem, é intensificado pela situação de exílio, na qual se encontram mergulhados milhares de homens em razão das vicissitudes políticas ou econômicas dos diferentes estados. Imponentes colônias de exilados se criam nas vilas italianas, a dos Florentins, em Ferrara, por exemplo. Longe de se abandonar à tristeza, esses homens apartados de suas cidades natais, de suas famílias, desenvolvem o sentimento novo sua pertença a um mundo mais amplo. O espaço comunitário se tornou demasiadamente estreito aos seus olhos para pretender encerrar suas ambições exclusivamente no interior de seus limites. A única fronteira admitida por esses homens do Renascimento é aquela do mundo. São, com efeito, indivíduos, mesmo se continuam, sob muitos aspectos, a pertencer a uma sociedade na qual os vínculos comunitários permanecem poderosos. Eles adquiriram, comparado aos vínculos anteriores, um grau de liberdade antes impensável.

A divina comédia, de Dante, é contemporânea desse relaxamento ainda imperceptível do campo social, que confere de forma

---

13. DUMONT, L. *Essai sur l'individualisme*. Op. cit., p. 79.
14. BURCKHARDT, J. *La civilisation de la Renaissance en Italie*. Tomo I. Paris: Denoël, p. 9 [Col. Médiation].

mesurada, a milhares de homens, o sentimento de ser cidadão do mundo, antes que de uma cidade ou de uma região. A aventura de Virgílio no inferno é aquela de um indivíduo; ela, com efeito, postula a valoração do poeta, do artista. Essa grande obra é escrita em língua vulgar como que para reiterar o exílio interior de Dante, constrangido a viver fora de Florença. Mas, malgrado seu despeito, este pode dizer com exaltação: "Minha pátria é o mundo em geral". O Deus da revelação, a comunidade, as tradições locais tornam-se referências formais, elas não mais ordenam de maneira decisiva os valores e as ações de um homem cada vez mais emancipado da regência da *universitas*. O *uomo universale* começa a sortear, em suas convicções pessoais, a orientação totalmente relativa de suas ações sobre o mundo. Ele pressente sua importância social: não mais as vias obscuras da providência podem decidir acerca de sua própria vida, ou da vida de sua sociedade; ele sabe doravante que é ele mesmo quem fabrica seu destino, e quem decide a forma e o sentido que pode tomar a sociedade em que vive. A emancipação do religioso conduz à consciência da responsabilidade pessoal, logo ela conduzirá à emancipação do político no nascimento da democracia.

2.6 Invenção do rosto

A geografia do rosto se transforma. A boca deixa de ser aberta, *gourmande*, lugar do apetite insaciável ou dos gritos da praça pública; ela se torna agora tributária de significação psicológica, expressiva à imagem das outras partes do rosto. Verdade única de um homem único, epifania do sujeito, do *ego cogito*. O corpo da Modernidade deixa de privilegiar a boca, órgão da avidez, do contato com os outros pela palavra, o grito ou o canto que a atravessa, a bebida ou a comida que ela ingere. A incandescência social do carnaval e das festas populares se faz mais rara. A axiologia corporal se modifica. Os olhos são os órgãos beneficiários da influência crescente da "cultura erudita". Todo interesse do rosto se concentra neles. A visão, sentido menor para os homens da Idade Média, e mesmo do Renascimento, é chamada a uma fortuna crescente no curso dos séculos porvires. Sentido da distância, ela é tornada o sentido-chave da Modernidade, porquanto autoriza a comunicação, deixando os interlocutores sobre sua reserva.

É no século XV que o retrato individual se torna, de maneira significativa, uma das primeiras fontes de inspiração da pintura, invertendo em alguns decênios a tendência, até então bem-estabelecida, de não representar a pessoa humana sem o recurso a uma figuração religiosa. À expansão do cristianismo corresponde uma rejeição do retrato[15], ligada ao receio de que a apreensão da imagem do homem não seja aquela do homem mesmo. O retrato não é percebido como um sinal, um olhar, mas como uma realidade que captura a pessoa. Na Alta Idade Média, somente os altos dignitários da Igreja ou do Reino deixam retratos de suas pessoas, mas protegidos dos malefícios pela consonância religiosa das cenas em que figuram, cercados de pessoas celestes. O exemplo do papa leva ricos doadores a desejar a inserção de sua imagem nas obras religiosas (afrescos, manuscritos, posteriormente retábulos), para cuja realização eles contribuem generosamente. A doação, sob o encobrimento de um santo patrocínio, autoriza o doador a assegurar sua própria perenidade, mesclando sua presença àquela dos altos personagens da história cristã. No século XIV outros suportes acolhem os retratos: os retábulos, os frontispícios de palácio e as primeiras pinturas de cavalete. Sobre esses retábulos, o doador é o mais frequentemente representado na companhia de santos, mas,

---

15. Mas estes eram então muito estilizados, sem marca real de individuação.

por vezes, e notadamente sobre os painéis exteriores, lhe acontece de ser figurado isoladamente. É, sobretudo, com Jan Van Eyck que a afiliação necessariamente religiosa da presença do doador se esvaece. *A Virgem do chanceler Rolin* (1435 aproximadamente) põe face a face, à maneira de uma discussão cortês entre esposos, a Virgem e o doador. A topografia da tela não distingue a Virgem do homem profano: o espaço partilhado é igual para os dois interlocutores. *O retrato dos Arnolfini* (1434) celebra, sem consonância diretamente religiosa, a intimidade doméstica de dois esposos. Aos seus pés, um cachorrinho está estendido e reforça a dimensão pessoal da cena. Da celebração religiosa dá-se um resvalamento para a celebração do profano. Por volta de 1380, no entanto, Girard d'Orléans havia aberto o caminho, assinando um dos primeiros quadros de cavalete onde somente o perfil de Jean Le Bon figurava.

No século XV, o retrato individual, dissociado de toda referência religiosa, se desenvolve na pintura, tanto em Florença ou em Veneza quanto em Flandres ou na Alemanha. O retrato se torna um quadro por si só, suporte de uma memória, de uma celebração pessoal sem outra justificação. A preocupação com o retrato, e, portanto, essencialmente com rosto, tomará uma importância crescente ao longo dos séculos (a fotografia substituindo a pintura: assim a quantidade de documentos de identidade, cada qual adornado por uma foto, dos quais dispomos hoje. A individuação pelo corpo se afinando aqui pela individuação pelo rosto).

Para compreender esse dado é preciso recordar que o rosto é a parte do corpo mais individualizada, a mais singularizada. O rosto é a cifra da pessoa. Donde seu uso social em uma sociedade na qual o indivíduo começa lentamente a se afirmar. A promoção histórica do indivíduo assinala paralelamente aquela do corpo e, sobretudo, aquela do rosto. O indivíduo não é mais o *membro* inseparável da comunidade, do grande corpo social; ele se torna um *corpo* exclusivamente seu. A nova preocupação com a importância do indivíduo leva ao desenvolvimento de uma arte centrada diretamente na pessoa, e suscita um afinamento da representação dos traços, uma preocupação com a singularidade do sujeito, que os séculos precedentes tinham socialmente ignorado. O individualismo assinala a aparição do homem encerrado em seu corpo, marca de sua diferença, e isso, sobretudo, na epifania do rosto[16].

2.7 O avanço do individualismo

Corolário desse desenvolvimento do individualismo na Europa Ocidental, a glória se vincula a homens cada vez mais numerosos: os poetas gozam, ainda em vida, de um renome considerável. Dante ou Petrarca o ilustram. Outro traço revelador: a aparição da assinatura nas obras dos pintores. Os criadores da Idade Média permaneciam no anonimato, fundidos na comunidade dos homens, tais como os construtores de catedrais. Em compensação, os artistas do Renascimento estampam suas obras com seu selo pessoal. Em sua obra sobre *O grande atelier da Itália*, André Chastel nota que

> na segunda metade do século XV, o autor de quadros tende a se apresentar a si mesmo com menos discrição do que outrora. É o momento em que a assinatura começa a ser propriamente afixada sob a forma do *cartellino* (cartão ou plaquinha apresentando o nome do artista ou outras indicações sobre a execução da obra). Encontramos também a inserção frequente do retrato do autor no ângulo direito da composição, como o fez Botticelli em *A adoração dos Magos*, dos Médici (1476 aproximadamente). Esses traços novos, que abundam

---

16. Cf. LE BRETON, D. *Des visages* – Essai d'antropologie. Paris: Métailié, 1992.

após 1460, revelam aparentemente uma consciência mais clara da personalidade[17].

Vasari fez-se o louvador desses homens promovidos subitamente a um reconhecimento social considerável. O artista não é mais a onda de superfície trazida pela espiritualidade das massas, o artista anônimo dos grandes desenhos coletivos; ele se torna um criador autônomo. A noção de artista se carrega de uma valência social que a distingue das outras corporações.

As cidades italianas do Renascimento se honram de ter abrigados homens célebres entre seus muros: santos, mas também políticos, poetas, eruditos, filósofos, pintores etc. O sarcasmo, cujas formas se desenvolvem cada vez mais a partir do *Quattrocento*[18], é o corretivo de uma glória e de ambições que nada mais limita. Forma de compensação, mas também de resistência do grupo em face de uma autonomização dos indivíduos que se efetua em seu detrimento. Mas o sarcasmo não se compara ao riso da cultura popular, de essência comunitária. Ele é, de certa maneira, uma ideologia do rosto, marca uma preocupação com a medida, supõe a distância individual. Ao contrário, o riso popular recolhe a essência carnavalesca de um corpo que se quebra como ondas sobre as galhofas, um corpo transbordando sem cessar sobre a natureza, o cosmos, a massa, o excesso (cf. infra).

O movimento de autonomização relativa dos atores de certos grupos sociais não cessa de se acentuar, na medida em que os quadros sociais da economia medieval se despedaçam, com a proliferação dos interesses privados. Com efeito, a economia medieval

---

17. CHASTEL, A. *Le grand atelier d'Italie (1500-1640)*. Paris: Gallimard, 1965, p. 177ss.
18. BURCKHARDT, J. *La civilisation de la Renaissance en Italie*. Op. cit., p. 118ss.

se opõe estruturalmente ao enriquecimento de um em detrimento dos outros. Ela se funda na mesura, na preocupação em controlar, da maneira mais justa, as somas adjudicadas em troca de um serviço. Esse *justum pretium* traduz a noção "de um sacrifício razoável demandado ao consumidor" (Henri Hauser), suficiente para manter a casa do produtor. As regras canônicas em vigor proíbem o empréstimo com juros. É Calvino, em 1545, que distingue as leis celestes e as leis humanas, a fim de justificar o crédito, e dar assim uma legitimidade decisiva ao empreendimento comercial ou bancário. Paralelamente, aliás, os protestantes, opondo-se às instituições eclesiásticas, recusando o magistério do sacerdote, fazem da religião um problema de consciência pessoal, colocando cada homem perante Deus, sem outro intermediário. Momento importante do avanço individualista. É nesse contexto que o capitalismo se desenvolve, no final do século XV e no século XVI, e dá ao individualismo uma extensão crescente ao longo dos séculos.

2.8 O corpo, fator de individuação

Com o sentimento novo de ser um indivíduo, de ser si mesmo, antes de ser o membro de uma comunidade, o corpo se torna a fronteira precisa que marca a diferença de um homem em relação a outro. "Fator de individuação", ele se torna o alvo da intervenção específica: a mais notável é a pesquisa anatômica por meio da dissecção operada no corpo humano. O tecido comunitário, que reunia há séculos, malgrado as disparidades sociais, as diferentes ordens da sociedade sob a égide da teologia cristã e das tradições populares, começa, portanto, a se distender. A estruturação individualista caminha lentamente no seio do universo das práticas e das mentalidades do Renascimento. Limitado inicialmente, e por vários séculos, a certas camadas sociais privilegiadas, a certas zonas geográficas, essencialmente às cidades..., o indivíduo se distingue de seus semelhantes. Simultaneamente, o recuo, em seguida o abandono da visão teológica da natureza, leva-o a considerar o mundo que o cerca como uma forma pura, indiferente, uma forma ontologicamente vazia que, doravante, somente a mão do homem tem a autoridade de fabricar. Essa mudança de afetação do lugar do homem no seio do cosmo singulariza as camadas burguesas. A individuação do homem vai de par com a dessacralização da natureza. Neste mundo da divisão, o corpo se torna fronteira entre um homem e outro. Perdendo seu enraizamento na comunidade dos homens, afastando-se do cosmo, o homem das camadas eruditas do Renascimento considera o fato de sua encarnação sob um ângulo contingente. Ele se descobre entulhado de um corpo. Forma ontologicamente vazia, senão depreciada, acidental, um obstáculo ao conhecimento do mundo circundante (infra). Porque, conforme veremos, o corpo é um resto. Ele não é mais o sinal da presença humana, indiscernível do homem: ele é sua forma acessória. A definição moderna do corpo implica que o homem esteja separado do cosmo, separado dos outros, separado de si mesmo. O corpo é o resíduo desses três retiros.

2.9 O homem anatomizado

Índice fundamental dessa mudança de mentalidade, que autonomiza o indivíduo e projeta uma luz particular sobre o corpo humano: a constituição do saber anatômico na Itália do *Quattrocento*, nas universidades de Pádua, Veneza e Florença essencialmente, marca uma mutação antropológica proeminente. Com as primeiras dissecções oficiais, no começo do século XV, seguida da banalização relativa dessa prática na Europa dos séculos XVI-XVII, acontece um dos momentos-chave do individualismo ocidental. Na ordem do conhecimento, a distinção feita entre o corpo e a pessoa humana traduz simultaneamente uma mutação ontológica decisiva. É na invenção do corpo, na *episteme* ocidental, que desembocam esses diferentes procedimentos[19].

Anteriormente o corpo não está singularizado do sujeito ao qual empresta um rosto. O homem é indissociável de seu corpo, ele ainda não está submetido a esse singular paradoxo de *ter* um corpo. Durante toda a duração da Idade Média, as dissecções são proibidas, impensáveis mesmo. A introdução violenta do utensílio nos corpos seria uma violação do ser humano, fruto da criação divina. Além disso, seria atentar contra a pele e a carne do mundo. No universo dos valores medievais e renascentistas, o homem está tomado pelo universo, ele condensa o cosmo. O corpo não é isolável do homem ou do mundo: ele é o homem e é, na devida proporção, o cosmos. Com os anatomistas, e, sobretudo, a partir do *De corporis humani fabrica* (1543) de Vesalius, uma distinção implícita nasce na *episteme* ocidental entre o homem e seu corpo. Aí nasce o dualismo contemporâneo que, de um modo igualmente implícito, considera o corpo isoladamente, em uma espécie de indiferença em relação ao homem ao qual empresta seu rosto. O corpo está associado ao ter e não ao ser. Mas as ambiguidades que se disseminam pela obra de Vesalius são a surpreendente ilustração da dificuldade dessa passagem.

As primeiras dissecções, praticadas pelos anatomistas para fins de formação e de conhecimento, testemunham uma mudança considerável na história das mentalidades ocidentais. Com os anatomistas, o corpo deixa de se esgotar totalmente na significação da presença humana. O corpo é posto em suspensão, dissociado do homem; ele é estudado por si mesmo, como realidade autônoma.

---

19. Sobre a história da dissecção e suas consequências antropológicas, cf. LE BRETON, D. *La chair à vif...* Op. cit.

Ele deixa de ser o signo irredutível da imanência do homem e da ubiquidade do cosmo. Se definirmos o corpo moderno como o indício de um rompimento do homem consigo mesmo, de um rompimento entre o homem e os outros, e de um rompimento entre o homem e o cosmo, encontramos pela primeira vez esses diferentes momentos no empreendimento iconoclasta dos primeiros anatomistas, e, singularmente, a partir de Vesalius. Entretanto, essa distinção operada entre a presença humana e o corpo, concedendo a este último o privilégio de ser cientificamente interrogado de maneira específica, indiferentemente a qualquer outra referência (ao homem, à natureza, à sociedade...), só o é em seu período nascente, ainda assombrado, por um longo tempo, pelas representações anteriores, como o ilustram de maneira estranha as gravuras da grande obra de Vesalius, ou aquelas de numerosos tratados de anatomia dos séculos XVI-XVII. "A princípio, escreve R. Caillois a esse respeito, não deveria existir imagens mais sujeitadas a serem estritamente documentárias, uma vez que, neste domínio, toda fantasia é culpada e perigosa"[20]. À objetividade almejada da figura anatômica, durante muito tempo, com efeito, ajuntam-se suplementos saídos de um imaginário inquieto, e até mesmo torturado.

A dissecção aplicada ao homem não é um empreendimento desconhecido antes do Renascimento. Raramente, sem dúvida, mas parece que os antigos a praticavam. Talvez Galeno tenha aberto alguns cadáveres. Entretanto, Vesalius, irônico, sublinha que as retificações trazidas às suas obras por uma prática mais regular da anatomia humana "nos demonstram claramente que ele próprio jamais procedeu à dissecção de um cadáver humano ainda fresco. Induzido a erro por suas dissecções de macacos (admitamos que ele

---

20. CAILLOIS, R. "Au coeur du fantastique". *Cohérences aventureuses*. Paris: Gallimard, [s.d.], p. 166.

os tenha tomado por cadáveres humanos ressecados e preparados para um exame dos ossos), aconteceu-lhe frequentemente de taxar indevidamente de erro os antigos médicos que tinham praticado dissecções de seres humanos. Além disso, poderíamos encontrar nele numerosas conclusões errôneas no que concerne aos próprios macacos"[21]. Até o século XVI, o conhecimento do interior invisível do corpo é fornecido pelos comentários feitos em torno da obra de Galeno. Mesmo Vesalius, malgrado os arranhões que não soube poupar, permanece em certos pontos influenciado por seu ilustre precursor. De fato, os tratados de anatomia anteriores ao século XVI apoiam-se, sobretudo, na anatomia suína, então considerada pouco distante estruturalmente daquela do homem. Se o corpo humano é intocável, é que o homem, fragmento da comunidade e do universo, é intocável. Ainda em 1300, o Papa Bonifácio VIII se insurge contra as cruzadas, que fazem cozinhar a carne dos altos personagens mortos em terra estrangeira, para transportar mais comodamente o esqueleto até sua terra natal para serem inumados. Sinal, aliás, de que, para os contemporâneos, o homem está sempre associado ao seu corpo, de que não saberíamos distinguir um do outro. Mas Bonifácio VIII, em sua bula *De Sepulturis*, condena rigorosamente, em nome do dogma da ressurreição, a redução do cadáver ao estado de esqueleto. O cadáver não pode ser desmembrado, deteriorado, dividido, sem comprometer as condições da salvação do homem que ele sempre encarna. Prova também, mas de outra forma, de que o corpo permanece o signo do homem. Colocar o corpo em pedaços é quebrar a integridade humana, é arriscar comprometer

---

21. VESALIUS, A. *La fabrique du corps humain* – Actes Sud-Inserm. [s.l.]: [s.e.], 1987, p. 37. Essa pequena obra bilíngue (latim-francês) infelizmente só retoma o prefácio de Vesalius à sua obra. Prefácio que permanece apaixonante para uma história da anatomia e, portanto, também sobre o pensamento do corpo no mundo ocidental.

suas chances na perspectiva da ressurreição. O corpo pertence ao registro do ser (o homem é seu corpo, mesmo se é também outra coisa), ele não está ainda estabelecido segundo o registro do ter (ter um corpo, eventualmente distinto de si).

Mas sob a égide de um emaranhado de fatores sociais, econômicos, políticos, demográficos etc., cujos detalhes das circunstâncias ultrapassam o quadro deste estudo, a trama cultural se transforma, as tradições populares são combatidas pelas camadas dirigentes, o empreendimento da teologia sobre os espíritos se desnuda pouco a pouco, abrindo caminho a uma secularização do olhar sobre o mundo, e a uma busca de racionalidade que se persegue ainda hoje. A partir de Galileu, as lógicas intelectuais movimentadas em uma constelação de domínios pelas camadas eruditas dos séculos XVI-XVII não cessam de ampliar seu progresso. Ao encontro das tradições populares e das posições cristãs, a racionalidade segue seu curso. E a abertura dos corpos terá desempenhado um papel na dinâmica da civilização que não se pode negligenciar. Uma das fontes de nossa atual representação do corpo (e, portanto, do homem) se cristaliza aí. Com Vesalius, uma antropologia de outra ordem se anuncia, a qual inaugura um rompimento (não ainda completamente consumado) com aquela anterior, fazendo do homem (e, portanto, de seu corpo) uma parcela do cosmos. A anatomia vesaliana está um tanto quanto afastada daquela que caracteriza hoje as ciências biomédicas, mas não é isso, para nós, o essencial. A ruptura epistemológica de Vesalius torna possível o pensamento moderno do corpo, ainda que ele seja apenas seu anunciador.

2.10 Leonardo da Vinci e Vesalius

"Ó tu que te entregas a especulações sobre essa máquina que é a nossa, não te entristeças por conhecê-la pela morte de outrem, mas rejubila-te de que nosso criador tenha provido o intelecto de tal excelência de instrumento." Tais são as palavras significativas conservadas por Leonardo em seus *Quaderni*. E, com efeito, as vias da anatomia moderna são desbravadas por dois homens bem dessemelhantes. Mesmo se a história concede sua boa fortuna a Vesalius (1514-1564), Leonardo (1452-1519) o precede nessa aventura, dissecando uma trintena de cadáveres e realizando inúmeras notas e relatórios sobre a anatomia humana. Mas os manuscritos de Leonardo têm apenas uma influência reduzida em sua época, e depois, por um longo tempo, quase secreta, devido à incúria de seu herdeiro, Francisco Melzi, que se contenta, por cinquenta anos, em copiar somente alguns fragmentos do manuscrito consagrado à pintura. Leonardo da Vinci jamais imprimiu suas ideias ou seus desenhos. Inapreensível pela extensão de suas curiosidades e de seus talentos, não o foi menos para os pesquisadores dos séculos ulteriores. Conforme observa Georges Sarton, Leonardo desdenhou de duas invenções maiores de sua época: a tipografia e a gravura[22], que teriam podido fazer a sua obra entrar no século e perenizá-la, ao invés de deixá-la dispersa e ao abandono. Os tratados projetados por Leonardo sobre a pintura ou a anatomia não veem mais o dia do que numerosas das suas invenções recolhidas somente em seus *Quaderni*. Por ocasião da morte de Melzi, estes últimos passaram de mão em mão antes de conhecer difusão mais ampla, sobretudo a partir de 1796, quando Chamberlaine reproduz uma parte dos desenhos anatômicos em um volume. Foi, sobretudo, a possibilidade de os impressores reproduzirem os manuscritos em fac-símile (no final do século XIX) que tornou definitivamente conhecidas

---

22. SARTON, G. "Léonard de Vinci ingénieur et savant". *Léonard de Vinci et l'expérience scientifique du XVIe siecle*. Paris: PUF, 1953. Cf. tb. nesse mesmo volume, BELT, E. "Les dissections anatomiques de Léonard de Vinci".

a amplitude e a qualidade do trabalho de Leonardo em matéria de anatomia. Vesalius, sem dúvida, jamais teve conhecimento desses desenhos e desses comentários, e é a ele que compete o privilégio de introduzir o saber anatômico no *corpus* da ciência moderna.

As primeiras dissecções oficiais aconteceram nas universidades italianas, no começo do século XIV, tomando por objeto o cadáver de condenados. Elas se sucedem, seguidas de intervalos regulares, sob o controle da Igreja, que mede com rigor as autorizações conferidas. Donde a solenidade dessas primeiras dissecções: lentas cerimônias desdobradas em vários dias, realizadas com fins pedagógicos para um público de cirurgiões, barbeiros, médicos e estudantes. Elas se generalizam no século XVI, e transbordam então sua intenção original para ampliarem-se à maneira de um espetáculo à curiosidade de um auditório heterogêneo. Os teatros anatômicos são mencionados nos guias de viagem. M. Veillon[23] cita um texto de 1690, que relata a presença regular de quatrocentos a quinhentos espectadores por ocasião das sessões públicas de anatomia nos jardins do rei. Lembramo-nos, aliás, da proposta de Diafoirus à Angélique, em *O doente imaginário*: "Com a permissão também do senhor, eu vos convido a vir ver um dia desses, para vos divertir, a dissecção de uma mulher, sobre a qual eu devo refletir" (Ato II, cena v). As mentalidades desse século tornaram-se hospitaleiras a fatos que teriam enchido de horror os homens das épocas anteriores, entre os quais aqueles discípulos de Galeno, que exercem a profissão de tratar. O corpo não fala mais para o homem cujo rosto ele porta: um e outro são distintos. Os anatomistas partem à conquista do segredo da carne, indiferentes às tradições, aos

---

23. VEILLON, M. "La naissance de la curiosité anatomique en France (milieu du XVIe-XVIIe siècles)". *Ethique médicale et droits de l'homme* – Actes Sud-Inserm. [s.l.]: [s.e.], 1988, p. 233-250.

interditos, relativamente livres em relação à religião; eles penetram o microcosmo com a mesma independência de espírito que Galileu, revogando com um golpe matemático o espaço milenar da Revelação. M.C. Pouchelle tem razão em sugerir que, ao abrir o corpo humano, os anatomistas "desbravavam talvez o caminho de outras descobertas, fendendo, com as fronteiras do corpo, aquelas do mundo terrestre e do macrocosmo"[24].

As primeiras lições de anatomia, efetuadas a partir de um cadáver, organizam-se à maneira de um comentário de Galeno, e a distância em relação ao corpo dissecado traduz uma sutil hierarquia social. Uma miniatura do tratado de Guy de Chauliac (1363) capta admiravelmente essa topografia simbólica, toda articulada em torno da relação com o corpo. A cena se passa na Universidade de Montpellier, onde a dissecção é praticada, a título excepcional, desde 1315. Um pouco afastado da mesa onde repousam os despojos, *le magister*, com uma obra de Galeno à mão, contenta-se em ler em voz alta o texto consagrado. Em sua outra mão, a distância, ele designa os órgãos aos quais se refere. Aqueles que retalham o corpo pertencem a duas categorias diferentes de barbeiros. O que corta a carne é iletrado, e o segundo, que extrai os órgãos para sustentar as intenções do mestre, é mais instruído. Nessa miniatura, vários eclesiásticos estão presentes. Desde a bula de Bonifácio VIII, a Igreja comanda as autorizações para se proceder ao ato anatômico. Uma religiosa, as mãos juntas em gesto de oração, e um padre estão lá para velar pela salvação da mulher assim exposta à curiosidade pública. Nota-se ainda a gravidade dos rostos, a solenidade das posturas.

---

24. POUCHELLE, M.-C. *Corps et cirurgie à l'apogée du Moyen Age.* Op. cit., p. 137.

Outra ilustração, tirada da *Anatomie de Mondo de Luzzi* (1532), de Latrian e Janot, ilustra melhor ainda a preocupação com a distância do *magister*. No alto da tribuna este último lê uma obra de Galeno, designando vagamente, com a mão, os órgãos que um barbeiro se apressa em descobrir, sob as ordens de um letrado, que repete as palavras do mestre. Nessa prancha, os religiosos desapareceram. Entre os dois tratados é deflagrada uma mudança de mentalidade.

2.11 A fábrica de Vesalius

"Enfim, em Pádua, na escola mais célebre do universo [...], consagrei minhas preocupações diligentes às pesquisas sobre a estrutura do homem, e, rejeitando os métodos ridículos em uso nas outras universidades, ocupei-me da anatomia e a ensinei de maneira a que nada daquilo que nos transmitiram os antigos permanecesse na sombra"[25]. Em 1543, é publicado na Basileia o *De humani corporis fabrica*, de Vesalius. Um enorme tratado de 700 páginas, contendo 300 ilustrações gravadas, sem dúvida, por Jean de Calcar, um aluno de Ticiano. Desde o início Vesalius afirma sua independência de espírito em relação à tradição galênica. O frontispício da obra (realizado talvez por Ticiano) mostra simbolicamente Vesalius procedendo, ele mesmo, à intervenção em um cadáver. A gravura seguinte o mostra de novo, convidando o leitor a aprender a lição de sua obra. Ele toma o braço, posto a nu, de um esfolado, dispondo ao seu lado uma pena e um papel para anotar o detalhe de sua observação. Com André Vesalius a anatomia livra-se de sua sujeição a Galeno. A aparição da *Fabrica*, no mesmo ano em que *De Revolutionibus*, de Copérnico, situa uma data importante

---

25. VESALIUS, A. *La fabrique...* Op. cit., p. 35. Sobre a via e a obra de Vesalius, cf. O'MALLEY, C.D. *Andreas Vesalins of Brussels, 1514-1564*. Berkeley: University of California Press, 1964.

desse processo que acarreta a invenção do corpo no pensamento ocidental. E, no entanto, a *Fabrica* discorre longamente sobre os obstáculos mentais que é preciso ainda suprimir para que o corpo seja considerado, de maneira definitiva, como virtualmente distinto do homem.

Vesalius nasceu em Bruxelas, em 1514. A casa de seus pais não é muito afastada dos lugares onde acontecem as execuções capitais.

Historicamente, aliás, uma parte da ciência anatômica nascente se perfila à sombra dos cadafalsos (ou na solidão noturna dos cemitérios). Os cadáveres permanecem instalados aí até seu esfolamento. As primeiras observações de Vesalius sobre a anatomia humana encontram suas fontes neste olhar distanciado, que esquece metodologicamente o homem para considerar somente o corpo. Vesalius faz seus estudos em Lovaina, depois em Paris, onde, segundo a lenda, ele volta e meia frequenta os cemitérios e os patíbulos para procurar os cadáveres dos quais precisa para suas dissecções clandestinas. Ele parte em seguida para o norte da Itália, então propício às experiências iconoclastas. Em 1537, torna-se doutor em medicina pela Universidade de Pádua.

As ilustrações da *Fabrica* esboçam uma mutação epistemológica carregada de consequências, mas elas rendem um tributo significativo às representações anteriores do homem e do cosmos. O anatomista e o artista não decalcam nas pranchas uma observação objetiva do interior tornado visível do corpo humano. A transposição da espessura do corpo sobre o espaço em duas dimensões da página torna toda duplicação impossível. O artista, traçando as figuras anatômicas sob o olhar exigente e cúmplice de Vesalius, inscreve-se no interior de uma convenção, de um estilo. Ele opera uma transposição simbólica, em que a preocupação com a exatidão, com a fidelidade ao objeto, emaranha-se no jogo confuso do desejo, da morte, da angústia. A pintura dos esfolados está longe de ser efetivamente neutra nesse momento, ainda nascente, de sua reprodução pela mão do gravador. O inconsciente do artista, aquele do anatomista, que vela pela fidelidade do detalhe, intervém no traçado das figuras, na escolha de suas posturas, do fundo que as acolhe. Além desse aspecto individual, e a comandando, intervém em negativo a trama sociocultural, isto é, a soma dos interditos, das resistências enraizadas nos espíritos ao olhar do ato anatômico. A angústia e a culpa cercam as dissecções e suscitam numerosas objeções em relação a essa violação da integridade humana, e a esse voyeurismo mórbido do interior do corpo. Por muito tempo, até o século XVIII, e mesmo além, cada tratado de anatomia é uma resolução particular desse debate interior, que opõe a sede de conhecimento do anatomista ao seu próprio inconsciente, e às ressonâncias afetivas dos valores implícitos da época ancorados nele.

As ilustrações da *Fabrica*, e aquelas de numerosos outros tratados até o século XVIII, apresentam corpos supliciados, ou alternam imagens carregadas de angústia ou de horror tranquilo[26].

---

26. Roger Caillois, buscando uma definição do fantástico fora dos caminhos batidos, fora da pesquisa intencional dos escritores ou dos artistas, consagra belas páginas a esses tratados de anatomia: CAILLOIS, R. *Au coeur du fantastique*. Op. cit., p. 165ss. Evocando imagens carregadas de angústia, pensamos em certas ilustrações de Vesalius, de T. Bertholin (o frontispício de sua *Anatomia Reformata* (1651) é um modelo do gênero), de G. Bilos, d'Albinus (assim seus esqueletos meditando, subitamente confrontados a hipopótamos em seus *Tabulae sceleti et musculorum corporis humani*); quanto ao horror tranquilo, os exemplos seriam numerosos: Gauthier d'Agauty, p. ex., com seu famoso "anjo da anatomia" muito aproveitado pelos surrealistas; outras ilustrações ainda nas quais ele "escancara o dorso ou o peito de sorridentes jovens mulheres, admiravelmente penteadas e vestidas, para investigar a economia dos tecidos de seus corpos" (CAILLOIS, R. *Au coeur du fantastique*. Op. cit., p. 172) ou Juan Valverde (1563), Charles Estienne (1546) etc. Para um apanhado sobre os tratados de anatomia, remetemos a BINET, J.-L. & DESCARGUES, P. *Dessins et traités d'anatomie*. Paris: Chêne, 1980. • CHOULANT, L. *History and bibliography of anatomie illustration*. Nova York: Hoffner, 1962. • MAYOR, A.H. *Artists and anatomists*. Nova York: Metropolitan Museum, 1984.

Elas oferecem, ao longo de suas páginas, as situações insólitas de um museu imaginário da tortura, um catálogo onírico do insustentável. A necessidade do anatomista não é indene de culpa, e esta não deixa de transparecer através das figuras. O corpo cavado, dilacerado, testemunha assim, simbolicamente, o homem que ele figuraria, e lembra sua inviolabilidade passada. "Nestes documentos, nos quais o que conta é a precisão, aflora mais de verdadeiro mistério do que nas mais delirantes invenções de Jerônimo Bosch", nota Roger Caillois[27]. Vesalius representa seus esfolados, ou seus esqueletos, sob uma forma humanizada, em atitude, e não inerte e desprovida dos sinais da vida. O corpo se apaga perante a presença humana, que transparece na estilização dos gestos do cadáver. Em Vesalius, e muitos outros, o corpo epistemologicamente dissociado do homem, tornado autônomo, é contradito pelo corpo figurado, esfolado, mas homem, antes de tudo. A preocupação do anatomista com a exatidão é sobrecarregada pela repressão cultural de sua pesquisa. Certas ilustrações dizem infinitamente mais do que seu autor acreditava. O corpo protesta contra o gesto que o isola da presença humana. Por sua insistência em ser, ele testemunha que é sempre um homem. O corpo dissecado realmente pelo anatomista realiza sua revanche simbólica por meio do corpo figurado, que afirma sua condição de homem.

Contrariamente às aparências, Vesalius não retalha um cadáver, mas o que permanece um homem indissociável de seu corpo, um homem que urra sob a incisão do escalpelo, que medita sobre sua própria morte, e desvela, em seus gestuais de supliciado, a recusa (já votada ao fracasso, porquanto a dissecção aconteceu) desse deslize ontológico, que faz do corpo um puro artifício da pessoa, e vota esta última a um destino solitário, separado do mundo, se-

---

27. CAILLOIS, R. *Au coeur du fantastique*. Op. cit., p. 173.

parado dos outros, e órfão de si mesmo, afligido que é por esse apêndice de carne que modela seu rosto. "O homem de Vesalius, constata G. Canguilhem, permanece um sujeito responsável por suas atitudes. A iniciativa da postura, segundo a qual ele se oferece ao exame, lhe pertence, e não ao espectador"[28]. Melhor ainda, os esfolados de Vesalius assumem as poses dos atores convencionais da *Commedia dell'arte*[29].

A antiga inserção do homem como figura do universo não aparece mais do que em negativo nas figuras de Vesalius. Reduzido à condição de esfolado e de esqueleto, o homem dá simbolicamente férias ao cosmos. A significação do corpo não remete a nada mais. O microcosmo é tornado para Vesalius uma hipótese inútil: o corpo não é outra coisa senão o corpo. E, no entanto, como anteriormente, uma transição se impõe ao inconsciente pessoal e cultural do anatomista. Destacado do corpo humano, o cosmos é relegado negligentemente ao segundo plano, ele se degrada em paisagem destinada a adocicar a exposição demasiadamente crua dos esfolados: então aparecem esses campos trabalhados, esses campanários, esses vilarejos minúsculos, essas colinas. Um universo socializado cerca as figuras e tempera sua solidão, mas a presença dos outros homens, como aquela do cosmos, reduz-se apenas a esses sinais. A partir de Vesalius, o homem cosmológico da época anterior não é mais do que a caricatura de si mesmo: um cosmos em retalhos se oferece como o mundo por detrás do homem anatomizado, ele se tornou decoração (de-corpo, se poderia dizer brincando com a assonância).

---

28. CANGUILHEM, G. "L'homme de Vesalius dans le monde de Copernic, 1543". *Estudes d'histoire et de philosophie des sciences*. Paris: Vrin, 1983.
29. Segundo a advertência de GANDELMAN, C. "L'art comme *Mortificatio carnis*". *Le regard dans le texte*. Paris: Méridiens-Klincksieck, 1986, p. 54-56.

Vesalius torna possível o caminho, mas ele permanece no limiar. Ele testemunha, por um período, a prática e a figuração anatômica, no curso do qual aquele que ousa a dissecção não está inteiramente liberado das antigas representações, enraizadas não somente na consciência, na qual podem ser combatidas, mas também e, sobretudo, no inconsciente cultural do pesquisador, em que elas prosseguem, por um longo tempo, sua influência[30].

Objetivamente cindido de si mesmo, reduzido ao estado de corpo, o esfolado de Vesalius não cessa de manifestar, pela humanidade de suas posturas, a recusa desse estado de fato. Objetivamente distinto dos outros homens, tornado indivíduo, a estilização de suas atitudes mostra, no entanto, uma ancoragem social intacta: ele permanece um homem sob o olhar. E enfim, objetivamente separado do cosmos, ele banha em uma paisagem natural, caricatura do microcosmo, mas prova de que Vesalius não pode ainda fazê-lo desaparecer totalmente[31].

---

30. Richard Selzer, cirurgião americano, evoca um retrato de Vesalius que orna o foyer de uma célebre faculdade de medicina. Ele nota o quanto "seu rosto está impregnado de uma expressão de culpa, de melancolia e de medo. Ele sabe que se dispõem ao mal, à transgressão, mas ele não pode se impedir porque é um fanático [...] eu compreendo Vesalius. Hoje ainda, após tantas viagens para dentro, experimento o mesmo sentimento de transgressão de um interdito quando contemplo o interior do corpo, o mesmo medo irracional de cometer uma má ação pela qual serei castigado. Desde que pensemos nela, a visão dos nossos órgãos nos é recusada. A quantos dentre nós é dado contemplar sua própria vesícula, seu coração, e sobreviver. A geografia secreta de nosso corpo é uma cabeça de medusa, que cega o olho, um tanto quanto presunçoso, para olhá-la no rosto" (SELZER, R. *La chair et le couteu* – Confessions d'un chirurgien. Paris: Seuil, 1987, p. 17 [traduzido do inglês].

31. Georges Canguilhem adverte que o homem de Vesalius inscreve seu destino em um mundo, em vários aspectos, pré-copernicano: "Sobre a terra, que ele pode ainda crer imóvel, o homem de Vesalius conserva a postura aristotélica: ele está de pé, cabeça erguida para o alto do mundo, em correspondência com a hierarquia dos elementos, análogo e espelho à hierarquia dos seres" (CANGUILHEM, G. "L'homme de Vesalius dans le monde de Copernic, 1543". Op. cit., p. 29).

O homem de Vesalius anuncia o nascimento de um conceito moderno: aquele de corpo, mas que permanece, em certos aspectos, sob a dependência da concepção anterior de homem como microcosmo. Penetrando sua carne, isolando o corpo, distinguindo-o do homem, ele também toma distância da tradição. Mas ele se atém ainda ao limite do individualismo e em um universo pré-copernicano. Apesar de tudo, a baliza posta por Vesalius é essencial para que o homem aprenda a fazer o luto do cosmos e de sua comunidade, e para que se descubra logo subsumido pelo *cogito*. O *cogito* que funda precisamente a legitimidade do indivíduo, do homem que se autoriza, antes de tudo, a si mesmo. De Vesalius a Descartes, da *Fabrica* ao *Discours de la méthode*, fez-se o luto no pensamento ocidental: em certo nível, o corpo é purificado de toda referência à natureza e ao homem que ele encarna.

Em Descartes o corpo está submetido a uma metáfora mecânica, fato revelador do resvalamento que se operou. Ao contrário, a metáfora orgânica se faz mais rara para designar o campo social. O individualismo ganhou um terreno considerável. O corpo, "modelo por excelência de todo sistema finito", segundo a justa observação de Mary Douglas[32], não é mais apropriado para figurar uma coletividade humana cuja dimensão holista começa a se distender. Entre os séculos XVI e XVIII nasce o homem da Modernidade: um homem cindido de si mesmo (aqui sob os auspícios da divisão ontológica entre o corpo e o homem), cindido dos outros (o *cogito* não é o *cogitamus*) e cindido do cosmos (doravante o corpo não pleiteia mais do que por si mesmo; desenraizado do resto do universo, ele encontra seu fim em si mesmo, ele não é mais o eco de um cosmos humanizado).

---

32. DOUGLAS, M. *De la souillure*. Paris: Maspero, [s.d.], p. 131.

Ligado ao individualismo, isto é, ao relaxamento dos vínculos entre os atores e ao aspecto mais voluntário dos contatos, com a valorização crescente da vida privada oposta à vida pública, emerge no século XVI um sentimento novo: a curiosidade[33]. Contemporâneos da legitimação da dissecção para fins de pesquisa médica ou de ensino, particulares instalam em seu domicílio cabines anatômicas onde reúnem as curiosidades que o corpo humano é suscetível de conter, ou mesmo os despojos de homens anatomizados, com uma predileção por toda "monstruosidade". Na possibilidade de reunir, para uso pessoal, cadáveres humanos, por mera curiosidade, e para coleção, da mesma forma que se reúnem outros objetos, sem que se perceba nesta prática a menor ruptura axiológica, repara-se de novo o resvalamento do corpo para fora da pessoa, e sua caracterização como fim em si mesmo, suscetível de alimentar investigações particulares: objeto anatômico para perscrutar sua estrutura interna, objeto de estudos estéticos para definir as proporções ideais, o corpo também se afigura objeto de exibição[34].

Colecionam-se os despojos ou os fragmentos anatômicos por causa de sua particularidade, ou para melhor se impregnar, à imagem de Ambrósio Pare, de um conhecimento direto e mais metódico do corpo, a fim de melhor nutrir a prática médica. Cindido do homem que ele encarna, e do qual não é mais do que o signo privado de valor, vestígio tornado indiferente de alguém que não é mais, torna-se lícito, a partir dessa representação, procurar e guar-

---

33. Sobre a curiosidade, cf. POMIAN, K. *Collectionneurs, amateurs et cu-rieux, Paris, Venise*: XVIe-XVIIIe siècles. Paris: Gallimard, 1987.

34. É preciso ainda sublinhar os tráficos de múmias entre o Egito e a França (de fato amiúde confeccionadas pouco tempo antes da venda com cadáveres de miseráveis e doentes) que caracterizam os séculos XVI e XVIII. Certos médicos, contra os quais se insurge A. Pare, recomendam, com efeito, tomar da "múmia" para se defender contra inúmeros males e para o prolongamento da vida, cf. LE BRETON, D. *La chair à vif...* Op. cit., p. 118ss.

dar, para sua edificação pessoal, os tumores, as pedras, os fetos, os membros malformados, ou conservar despojos anatomizados. Em 1582, Ambrósio Pare assim relata a posse de um despojo humano do qual se serve para revisar sua anatomia, de certa forma:

> Posso dizer que tenho um corpo em minha casa, o qual me foi dado pelo tenente criminal chamado Seguier, barão de La Verrière, após ter sido executado pela justiça, há vinte e sete anos passados, que eu anatomizei: levantei quase todos os músculos do corpo da parte destra [...] a parte sinistra eu deixei inteira: para melhor conservá-la, furei-o com uma agulha em vários lugares, a fim de que o licor penetrasse no profundo dos músculos e em outras partes: e veem-se ainda presentes os pulmões inteiros, coração, diafragma, mediastino, estômago, rins, aparentemente os pelos da barba, e outras partes, até mesmo as unhas, as quais eu percebi evidentemente crescerem de novo, após tê-las, por diversas vezes, cortado[35].

A invenção do corpo como conceito autônomo implica uma mutação do *status* do homem. A antropologia racionalista anunciada por certas correntes do Renascimento, e que se realiza nos séculos seguintes, não está mais inclusa no interior de uma cosmologia; ela propõe a singularidade do homem, sua solidão, e paralelamente atualiza um resto que se chama o corpo. O saber anatômico consagra a autonomia do corpo e a espécie de suspensão do homem que ele, no entanto, encarna[36]. Em *L' oeuvre au noir*,

---

35. Apud VEILLON, M. *La naissance de la curiosité...* Op. cit., p. 237.

36. A hiperespecialização da medicina atual em torno de certas funções ou certos órgãos persegue hoje a mesma lógica. Tal é a contradição maior de toda medicina que não é aquela da pessoa: É o homem que está doente ou algum de seus órgãos, alguma de suas funções? É o doente ou a doença que é preciso tratar? Considerando frequentemente o homem como um epifenômeno de uma alteração que toca apenas seu corpo, uma grande parte da medicina atual proclama sua fidelidade a essa divisão da qual Vesalius é o anunciador. O argumento regular que é oposto à medicina moderna é o de que ela se interessa pela doença (pelo corpo, pelo órgão doente) mais do que pelo doente mesmo. A história pessoal do sujeito é considerada como passível de ser negligenciada.

Marguerite Yourcenar conta a história de Zenão, personagem fictício, mas plausível, ao mesmo tempo médico, alquimista, filósofo, nascido em 1510. No curso de suas peregrinações, ele se entrega a dissecções clandestinas, notadamente com um confrade cujo filho acaba de morrer. Zenão se lembra: "No quarto impregnado de vinagre onde dissecamos, esse morto não era mais filho ou amigo, mas somente um belo exemplar da máquina humana [...]"[37]. A medicina moderna nasce nessa fratura ontológica, e a imagem que ela se faz do corpo humano nasce dessas representações anatômicas saídas desses corpos sem vida, onde o homem não é mais. Uma imagem surpreendente desse desprendimento, desse despojamento ontológico: em 1560, o espanhol Juan Valverde publica seu *Anatomia del corpo humano*, sob a inspiração dos trabalhos de Vesalius. Uma das gravuras do tratado mostra um esfolado brandindo sua pele, semelhante a uma flanela, onde se adivinham os orifícios do rosto. Sua mão esquerda segura ainda, com firmeza, a faca de seu próprio suplício. Mas um artista já desbravara o caminho. No afresco do *Juízo final*, da Capela Sistina (1536-1541), Miguelangelo figura-se a si mesmo esfolado. Ele pinta seu próprio rosto sobre a pele arrancada no martírio de São Bartolomeu, uma figura imponente, situado não longe do Cristo-juiz.

2.12 O corpo como resto

Entre os séculos XVI e XVII, notadamente com o empreendimento anatomista, abre-se o caminho que deprecia os saberes populares e, em contrapartida, legitima o saber biomédico nascente. O saber sobre o corpo se torna o apanágio mais ou menos oficial

---

37. YOURCENAR, M. *L'oeuvre au noir*. [s.l.]: [s.e.], [s.d.], p. 118 [Col. Le livre de Poche].

de um grupo de especialistas protegido pelas condições de racionalidade de seus discursos. A cultura erudita, que se estabelece por volta do século XVII, toca apenas uma minoria da população europeia, mas esta é atuante. Ela transforma, pouco a pouco, os quadros sociais e culturais. Também as tradições populares de cura continuam a manter sua influência contra ventos e marés, e a preservar saberes sobre o homem e o corpo, recorrendo a outras fontes, nos antípodas do saber anatômico e fisiológico.

O divórcio do corpo no seio do mundo ocidental remete historicamente à cisão entre a cultura erudita e a poeira das culturas populares, de tipo comunitário[38]. O apagamento ritualizado do corpo, tão típico da Modernidade, encontra aí suas fontes. Desvalorizado no âmbito das camadas sociais privilegiadas dos séculos XVI e XVII, o corpo permanece em seu lugar central, pivô do enraizamento do homem no tecido do mundo, para as camadas populares. Duas visões do corpo se polarizam então[39], uma que o deprecia, distancia, e acarreta sua caracterização enquanto, de certa forma, diferente do homem que ele encarna; trata-se, então, de ter um corpo; e a outra, que mantém a identidade de substância entre o homem e seu corpo: trata-se de ser o seu corpo.

---

38. R. Muchembled analisou bem o processo de estigmatização dos saberes populares pelas elites no seio da "cultura erudita". "As camadas dirigentes têm, sem dúvida, cada vez menos consciência, no curso dos decênios, de combater um todo cultural. Do seu ponto de vista, só existe uma civilização: a sua. Em face reinam a ignorância, as superstições e os abusos, quer dizer, os distanciamentos em relação à norma, distanciamentos que é preciso corrigir para impor a todos a mesma adesão aos mesmos valores, para assegurar a estabilidade e a perenidade da ordem social" (MUCHEMBLED, R. *Culture et culture des élites*. Op. cit., p. 227).

39. Cf. os trabalhos de Norbert Elias, que mostram a que ponto o "saber-viver", as etiquetas corporais que as camadas sociais privilegiadas estabelecem nas relações de interação, a partir do século XIV, testemunham a preocupação em se distinguir do vulgar, do plebeu cujos modos são considerados simplórios, cf. ELIAS, N. *La civilization des moeurs*. [s.l.]: [s.e.], [s.d.] [Col. Livre de Poche].

O saber anatômico torna o corpo superficial, e o toma segundo a letra das matérias que ele atualiza sob o escalpelo. A correspondência entre a carne do homem e a carne do mundo é rompida. O corpo não remete a mais do que a ele mesmo. O homem está ontologicamente separado de seu próprio corpo, que parece conduzir, certamente fixado ao homem, sua aventura singular. Não é indiferente que o filósofo do *cogito* admita seu fascínio pela anatomia. Uma anedota relata mesmo que, a um visitante que o interroga sobre suas leituras, Descartes responde indicando sobre uma mesa um vitelo esfolado: "Eis a minha biblioteca". Lembremos dessa frase espantosa das *Méditations*: "Eu me considerei primeiramente como tendo um rosto, mãos, braços, e toda essa máquina composta de ossos e de carne, tal como ela aparece em um cadáver, a qual designei pelo nome corpo". A imagem do cadáver vem naturalmente sob a pena de Descartes, denotando assim a reificação, a ausência de valor de que o corpo é objeto. Descartes prossegue em sua descrição: "Considerei, além disso, que eu me alimentava, caminhava, me assentava e pensava, e remeti todas essas ações à alma". A axiologia cartesiana eleva o pensamento ao mesmo tempo em que denigre o corpo. Nesse sentido, sua filosofia é bem um eco do ato anatômico, ela distingue no homem o corpo da alma, conferindo a esta última o exclusivo privilégio de um valor. A afirmação do *cogito* como tomada de consciência do indivíduo repousa em paralelo sobre a depreciação do corpo; ela denota a autonomia crescente dos atores de certos grupos sociais em relação aos valores tradicionais que os ligavam solidariamente ao cosmos e aos outros homens. Estabelecendo o *cogito* ao invés do *cogitamus*, Descartes se coloca como indivíduo. A divisão que ele ordena entre si e seu corpo é típica de um regime de socialização no qual o indivíduo prima sobre o grupo. Típica é também a ausência de valor que afeta o corpo, tornado baliza da fronteira de um homem em relação a outro. Depois de tudo, o corpo nada mais é do que apenas um resto.

3 Às fontes de uma representação moderna do corpo

O corpo-máquina

3.1 A revolução galileana

Com as diferentes etapas epistemológicas marcadas pelos trabalhos de Copérnico, Bruno, Kepler e, sobretudo, Galileu, a sociedade "erudita" ocidental, infinitamente minoritária, mas atuante, passa do mundo fechado da escolástica ao universo infinito da filosofia mecanicista. Ela se desloca, segundo a palavra de Koyré, do "mundo da aproximação, ao universo da precisão"[1]. Passagem antes de um modo de inteligibilidade a outro, mais preciso em relação a certos critérios culturais, que introduzem com força as novas noções de medida, exatidão, rigor etc. Os homens do Renascimento "vivem à vontade em um mundo singular, no qual os fenômenos não são exatamente percebidos, onde o tempo não estabelece,

---

1. KOYRÉ, A. *Du monde clos à l'univers infini*. Paris: Gallimard, 1973. Está obviamente fora de questão desenvolver aqui o percurso dessa metamorfose radical da visão do mundo ocidental, que se inicia assim no século XVII e se prolonga até nossos dias com uma eficácia crescente, pelo menos no plano do domínio da natureza e do homem, que é seu projeto essencial. Remetemos, pois, às obras cativantes de Robert Lenoble, Georges Gusdorf, Alexandre Koyré... Aqui nos interessam apenas as incidências dessa *change of mind* sobre as representações modernas do corpo. Importa, no entanto, precisar que essa mutação da imagem do mundo é obra das "camadas eruditas", e que as tradições populares serão apenas muito lentamente afetadas.

entre os eventos e as existências, uma ordem rigorosa de sucessão, onde o que deixou de ser pode ainda existir, onde a morte não impede um ser de existir ainda, e de se retirar em outros seres, desde que apresente consigo certas similitudes [...] eles que não têm sempre, e em toda parte, nossa certeza instintiva de que existem leis"[2]. Com o século XVII e o advento da filosofia mecanicista, a Europa ocidental perde sua base religiosa. A reflexão sobre a natureza, conduzida pelos filósofos, ou pelos eruditos, emancipa-se da autoridade da Igreja e das causas transcendentes; ela situa-se em outro nível: à altura do homem.

Mas se o mundo dá-se à altura do homem, está em condição de racionalizar o homem e de rejeitar as percepções sensoriais ao domínio da ilusão. A astronomia e a física de Galileu se escrevem em fórmulas matemáticas. Elas são abstratas, refutando os dados sensoriais e o sentimento da orientação do homem no espaço. Elas são também radicalmente estrangeiras às suas convicções religiosas, uma vez que reduzem o espaço da Revelação a um ponto ínfimo, imerso em um universo sem fim. Elas relativizam o lugar do Deus criador. A tampa do mundo, que tampava a cena da Revelação e da Paixão, abre-se nos espaços infinitos que tanto assustavam Pascal. As novas formas de conhecimento, o individualismo nascente, o avanço do capitalismo, libertam certos homens de sua fidelidade às tradições culturais e religiosas. Pascal, em quem se partilham o espírito de geometria do Novo Mundo e o espírito de fineza do filósofo sensível àquilo que funda a existência do homem, vive na angústia essa partilha entre uma época e outra... Ele oferece nas *Provinciales* uma fórmula luminosa para caracterizar essas três modalidades de conhecimento, doravante chamadas a uma radi-

---

[2]. FEBVRE, L. *François Rabelais et le problème de l'incroyance au XVIe siècle*. Paris: Albin Michel, 1968, p. 404-409.

cal dissociação. "Os três princípios dos nossos conhecimentos: os sentidos, a razão e a fé, têm cada um os seus objetos separados e as suas certezas nessa extensão." Mas ele já mede o perigo que o espírito de geometria faz o homem correr: De que serve ao homem ganhar o universo se ele vem a perder sua alma?

Com a fratura epistemológica introduzida com uma força definitiva por Galileu, a fórmula do mundo é dada pelos matemáticos. E os engenheiros tornam-se os novos mestres de obras. Em 1632, descrevendo em seus *Dialoghi* um encontro de engenheiros no arsenal de Veneza, dissertando sobre os sistemas do mundo, Galileu efetua o ato de fundação simbólica de uma dominação propriamente humana sobre uma natureza doravante privada de transcendência. Com Copérnico, e, sobretudo Galileu, a estrutura do universo oscila em seu eixo anterior, milenar, e projeta a terra no anonimato de um espaço infinito, onde torna-se impossível situar o lugar da Revelação. Que a astronomia de Galileu seja refutada por dignitários da Igreja ignorando tudo de astronomia, e que este seja constrangido, para salvar sua vida, a abjurar suas descobertas não é mais do que uma peripécia da história, o último sobressalto da Igreja Romana para reter um mundo que lhe escapa cada vez mais. O sucesso provisório que ela obtém sobre o homem não pode impedir a difusão de suas ideias através da Europa. Uma nova etapa do saber, em germe nas épocas precedentes (notadamente com Vesalius ou Leonardo), inicia sua progressão. É a passagem da *scientia contemplativa* à *scientia activa*.

Doravante, trata-se não mais de maravilhar-se com a engenhosidade do criador em cada uma de suas obras, mas de empregar uma energia humana para transformar a natureza ou para conhecer o interior invisível do corpo. Sob a égide dos matemáticos, convém estabelecer as causas que presidem à recorrência dos fenômenos. O conhecimento racional de suas leis deve dar ao homem a capacidade de suscitá-las ao seu modo ou de contrariá-las segundo seu interesse. Esvaziada de seus mistérios, a natureza torna-se um "brinquedo mecânico" (Robert Lenoble) entre as mãos dos homens que participam dessa mutação epistemológica e técnica. Importa agora tornarem-se "dominadores e possuidores da natureza". A continuidade entre o homem e seu ambiente é denunciada em proveito da subordinação sem apelo do segundo ao primeiro. Com o advento do pensamento mecanicista, que conduz à criação de uma relação de domínio sobre o conjunto das características do mundo, desaparecem os hinos à natureza, associados, entretanto, à maioria dos pensadores das épocas anteriores, de Platão aos filósofos do Renascimento[3]. A consagração do modelo matemático para a compreensão dos dados da natureza arruína por um longo tempo o sentimento poético ligado a este último. A aliança é rompida em nome da dominação. O conhecimento deve ser útil, racional, despido de sentimento e capaz de produzir eficácia social[4]. O homem não é mais o eco do mundo, nem o mundo o eco do homem entre o sujeito do conhecimento e seu objeto; as únicas correspondências possíveis competem às matemáticas. A natureza não é mais o sinal propício no qual se inscreve a existência do homem, natureza maternal, na qual os desígnios de Deus, impenetráveis, deixam sempre lugar ao milagre, e onde nada, jamais, é impossível.

As causalidades miraculosas cedem perante as causalidades físicas em um mundo onde tudo é concebido segundo o modelo do mecanismo. A perspectiva teológica se apaga. A máquina fornece

---

3. LENOBLE, R. *Histoire de l'idée de nature*. Paris: Albin Michel, 1969, p. 326. Esse será, pouco a pouco, o fim do paradigma da *anima mundi*, a passagem de uma concepção metafísica do mundo a uma concepção legal e mecanicista.
4. P. ex., DESCARTES, R. *Discours de la méthode*. Paris: Garnier-Flamarion, [s.d.], p. 53. Descartes enfatiza os conhecimentos "que sejam extremamente úteis à vida". Ele rejeita "essa filosofia especulativa que se ensina nas escolas". O vetor desse conhecimento sem escória, produtivo, é o engenheiro.

a fórmula desse novo sistema: "O universo é uma máquina em que não há absolutamente coisa alguma a considerar a não ser as figuras e os movimentos de suas partes", escreve Descartes, fornecendo o princípio e o programa do mecanismo. A natureza é identificada a um conjunto sistemático de leis, ao caráter impessoal, não axiológico. O mundo não é mais um universo de valores, mas de fatos. E de fatos subordinados a uma apreensão racional, submetida à exigência do possível, porquanto doravante o *non posse* só pode engendrar o *non esse*[5]. Não há mistério cuja razão não possa vir à tona.

O relógio pelo qual se realiza a redução do tempo ao deslocamento no espaço, exorcismo do inapreensível em tangível, é a metáfora privilegiada, o modelo refinado do mecanismo; o recurso que legitima a assimilação de todos os aspectos da natureza em um conjunto de engrenagens invariáveis cujos deslocamentos, causados por um choque inicial e exterior, são previsíveis, porquanto dependem de leis imutáveis. Mas o sucesso do mecanismo implica que todos os conteúdos aparentemente irredutíveis sejam submetidos a esse modelo ou eliminados. E a conquista do tempo pelo relógio, e a espacialização da duração, oferecem uma imagem triunfante do fato de que nada finalmente escapa ao mecanismo. E, sobretudo, o homem, ou, antes, essa parte isolada dele mesmo em que se tornou seu corpo.

Com o século XVII chega o tempo do racional para uma parcela do campo social que transtorna os sistemas simbólicos anteriores. Mas a imensa maioria dos homens permanece no mesmo quadro de pensamento pré-copernicano, mesmo se em suas existências começam a reter os efeitos desse empreendimento novo sobre a natureza, notadamente pelas condições de trabalho, que são

---

5. FEBVRE, L. *François Rabelais et le problème de l'incroyance au XVIe siècle*. Op. cit., p. 407.

as suas, nas manufaturas. A fratura epistemológica galileana é uma onda de superfície: mesmo se ela perturba a ordem do mundo, as mentalidades populares quase não são afetadas.

Nada escapa a essa vontade de domínio. Assim, quando Descartes busca identificar a natureza das paixões, ele constata que elas não passam de um efeito da maquinaria do corpo: uma consequência do deslocamento dos espíritos animais. Mas ele pensa que o homem pode aprender a controlá-las: "Eu não sou absolutamente da opinião [...] de que devemos nos eximir de ter paixões, basta sujeitá-las à razão" (carta a Elisabeth, de 1º de setembro de 1645). Robert Lenoble analisou com fineza os pressupostos de tal atitude: "Às questões ansiosas do moralista, inquieto com as causas do pecado, [Descartes] substitui a tranquilidade objetiva do técnico às voltas com um problema de equilíbrio de forças"[6]. Encontramos em Maquiavel ou Hobbes posições bastante próximas, mas aplicadas às paixões políticas. Os movimentos do pensamento, que buscam reduzir o conjunto dos movimentos do mundo, ou as turbulências da condição humana a um conjunto de leis objetivas, a recorrências previsíveis, desenvolve-se no século XVII, e, desde então, nunca mais cessou de exercer sua influência.

3.2 O corpo na filosofia cartesiana

Homem do *cogito* e não do *cogitare* ou do *cogitamus*, homem do "Para mim, eu [...]", Descartes coloca-se claramente como um indivíduo. A dúvida metódica que ele institui nos *Discursos* é disso a ilustração mais flagrante. Descartes pertence a uma época na qual o indivíduo começa a tornar-se uma estrutura significativa da sociabilidade, não em seu conjunto, certamente, mas em suas franjas

---

6. LENOBLE, R. *Histoire de l'idée de nature*. Op. cit., p. 335.

mais ativas. Além disso, é um homem errante através da Europa, um homem que escolheu permanentemente o exílio, para não dizer o exílio interior, pela disciplina da dúvida metódica, e a quem seu próprio corpo não pode não aparecer como uma realidade ambígua. Essa atenção circunspecta que ele concede ao corpo é uma atitude de viajante confrontado, onde quer que seja, ao irredutível do corpo que se fatiga; deve modificar sem cessar seus hábitos de conforto, suas maneiras de ser etc. Esse sentimento de dualidade, sempre provisório, se nos situarmos no âmbito da vida cotidiana, Descartes o eterniza, faz dele um absoluto sob a forma do dualismo. Mas entre a dualidade e o dualismo estende-se um abismo, porquanto, se a primeira permanece fixada pela presença humana, lábil, sem consequência, a segunda torna o corpo autônomo, privilegia o polo espiritual sob uma forma absoluta. Certamente, não há mais do que esse sentimento de viajante ou de exilado voluntário; as lógicas sociais e culturais que conduzem a dissociação do sujeito e iluminam o corpo em negativo são anteriores a Descartes. A filosofia cartesiana é reveladora da sensibilidade de uma época, ela não é uma fundação. Ela não é o ato de um só homem, mas a cristalização, a partir da palavra de um homem, de uma *weltanschauung* difusa nas camadas sociais mais avançadas.

Pertence a Descartes, que teria vivido com insistência sua própria individualidade e sua independência, pronunciar de uma maneira em certa medida oficial as fórmulas que distinguem o homem de seu corpo, fazendo deste último uma realidade à parte e, além disso, depreciada, puramente acessória. Não que o dualismo cartesiano seja o primeiro a operar uma cisão entre o espírito (ou alma) e o corpo, mas esse dualismo é de outra espécie, ele não está mais fundado sobre um solo religioso, ele nomeia um aspecto social manifesto, cujas etapas nós evocamos anteriormente: a invenção do corpo ocidental; o batente do corpo como limite à própria individualidade. Em uma sociedade onde o caráter individualista exerce seus primeiros efeitos significativos, o enclausuramento do sujeito em si mesmo faz do corpo uma realidade ambígua, a marca mesma da individualidade.

Fruto, com efeito, de uma partição social, o indivíduo encontra-se dividido ontologicamente em duas partes heterogêneas: o corpo e o espírito, soldados pela glândula pineal. A dimensão corporal da pessoa recolhe toda a carga de decepção de não valor. Em contrapartida, como se fosse necessário conservar no homem uma parcela de divindade, malgrado o desencantamento do mundo que se inicia, o espírito permanece sob a tutela de Deus. O homem está sobrecarregado de um corpo que tem a desvantagem, mesmo se é considerado como uma máquina, de não ser suficientemente confiável e rigoroso em sua percepção dos dados do ambiente. O racional não é uma categoria do corpo, mas é uma das categorias possíveis do espírito. Para os filósofos mecanicistas, de resto, aí reside sua qualidade mais eminente. Não sendo um instrumento da razão, o corpo, distinguido da presença humana, está votado à insignificância. O pensamento, para Descartes, é inteiramente independente do corpo, ele se funda em Deus; sua imanência à alma repousa na dupla exclusão, impensável ainda alguns decênios antes, da criança e do louco:

> Pelo fato de a faculdade de pensar estar adormecida nas crianças, e de nos loucos ela não estar, na verdade, extinta, mas perturbada, não é preciso pensar que ela esteja de tal maneira ligada aos órgãos corporais, que não possa existir sem eles. Porque pelo fato de nós vermos frequentemente que ela seja impedida pelos seus órgãos, não se segue, absolutamente, que ela seja produzida por eles[7].

---

7. DESCARTES, R. *Discours de la méthode*. Op. cit., p. 206.

O dualismo cartesiano prolonga o dualismo vesaliano. Em ambos manifesta-se uma preocupação com o corpo descentrado do sujeito ao qual empresta sua consistência e seu rosto. O corpo é visto como um acessório da pessoa, que se processa no registro do ter, já não sendo indissociável da presença humana. A unidade da pessoa é rompida, e essa fratura designa o corpo como uma realidade acidental, indigna do pensamento. O homem de Descartes é uma colagem no qual se friccionam um espírito que só encontra sentido em pensar, e um corpo, ou antes, uma máquina corporal, redutível exclusivamente à sua extensão[8].

A despeito de suas inúmeras dificuldades para justificar essa fragmentação do homem, Descartes escreve na *Sexta meditação*:

> E, portanto, pelo fato mesmo de que conheço com certeza que existo, e de que, no entanto, não noto absolutamente que pertence necessariamente nenhuma outra coisa à minha natureza ou à minha essência, a não ser que sou uma coisa que pensa, concluo efetivamente que minha essência consiste nisso somente, que sou uma coisa que pensa, ou uma substância cuja única essência ou natureza consiste apenas em pensar. E, embora talvez (ou, antes, certamente, como direi em breve) eu tenha um corpo ao qual estou muito estreitamente conjugado; nada obstante, já que, de um lado, tenha uma ideia clara e distinta de mim mesmo, na medida em que sou somente uma coisa que pensa e não uma coisa extensa, e que, de outro, tenha uma ideia distinta do corpo, na medida em que ele é somente uma coisa extensa e que não pensa, é certo que eu, isto é, minha alma, pela qual eu sou isso que sou, é inteiramente e

---

8. Em outro plano o "dualismo" entre o homem e seu corpo se encontra nas primeiras manufaturas onde o "trabalho em migalhas", monótono, desgastante, mal-pago, solicita do operário exclusivamente sua força física, seu "corpo", e não sua identidade de homem. Marx fará dessa alienação do trabalho uma magistral análise, evocando notadamente a fábula de Agrippa na qual um homem é reduzido a um só de seus órgãos.

verdadeiramente distinta de meu corpo, e que ela pode ser ou existir sem ele"[9].

Nos *Discursos*, a formulação da certeza de sua própria existência pelo *cogito* subentende a onipotência do pensamento e suscita a dificuldade de, apesar de tudo, associar um corpo a esse pensamento. A natureza do homem não é angélica, e Descartes luta contra um obstáculo intransponível, qual seja, a impossibilidade de considerar o homem fora de seu enraizamento corporal. Ele não faz senão constatar que a união substancial do corpo e do espírito é uma manutenção da vida. "Eu não nego, no entanto, escreve ele em suas *Meditações*, que essa estreita ligação do espírito e do corpo, que experimentamos todos os dias, não seja a causa de não descobrirmos facilmente, e sem uma profunda meditação, a distinção real que existe entre um e outro"[10]. Ele desenvolve alhures a ideia de que, se tomarmos um membro do corpo, a mão, por exemplo, esta não é uma substância incompleta, a não ser que ela esteja relacionada ao corpo, mas, em contrapartida, nela mesma ela é considerada como uma substância completa. "E, de forma semelhante, conclui ele este singular raciocínio, o espírito e o corpo são substâncias incompletas, uma vez que estão relacionados ao homem que compõem, mas sendo considerados separadamente, eles são substâncias completas"[11].

O corpo é tornado axiologicamente estrangeiro ao homem, dessacralizado e objeto de investigações que fazem dele uma realidade à parte. O nascimento em uma escala coletiva de uma sociabilidade na qual o indivíduo prima sobre o grupo corresponde ao advento moderno do corpo. O estreitamento da noção de pessoa

---

9. DESCARTES, R. *Méditations métaphysiques*. Paris: PUF, 1970, p. 118-119.
10. Ibid., p. 206.
11. Ibid., p. 202.

traz sobre o corpo um esclarecimento ambíguo, que, conforme o dissemos, designa-o como "fator de individuação", fronteira do sujeito. Mas é forçoso constatar que o corpo é afetado por um índice depreciativo[12]. Descartes chega mesmo a conduzir o paradoxo até a recusa a reconhecer-se nele: "Eu não sou, diz ele, essa assembleia de membros que denominamos corpo humano". Nós já evocamos a passagem das *Meditações* na qual Descartes assimila categoricamente seu corpo a um cadáver. O corpo aparece no pensamento do século XVII como a parte menos humana do homem, o cadáver em suspensão no qual o homem não conseguiria se reconhecer. Essa suspensão do corpo ao olhar da pessoa aparece como um dos dados mais significativos da Modernidade. Lembremo-nos o quanto esta distinção ontológica entre o corpo e o espírito só é claramente acessível aos homens das camadas privilegiadas e eruditas da burguesia. As camadas populares inscrevem-se em tradições muito afastadas e não isolam o corpo da pessoa. A epistemologia do século XVIII (seguindo o caminho aberto especialmente por Vesalius, tratando da questão do corpo), cujos desenvolvimentos ulteriores vão fecundar os valores e as práticas científicas e técnicas da Modernidade, está indissoluvelmente ligada a esse divórcio com o corpo. Divórcio também, e o fato é significativo, com a

---

12. Cf. em outro plano os trabalhos de Norbert Elias, já citados. Certos setores da burguesia, que elaboraram etiquetas corporais rigorosas, começam a colocar o corpo a distância, a ter por desprezível aquilo que esclarece de maneira demasiadamente crua a existência corporal do homem: o arroto, a flatulência, o escarro etc. Elas regulam de maneira extremamente cerrada a parte do corpo no campo social. Ela inventa essa "fobia do contato" (Elias Canetti) que caracteriza ainda a socialidade ocidental contemporânea. A sexualidade mesma começa a colocar alguns problemas. Montaigne já se insurge: "Quem fez a obra de carne..." Vemos também aí o quanto a questão do corpo preocupa as camadas privilegiadas da sociedade do Renascimento e do século XVII que acedem a uma ampla autonomia de suas ações, individualizam-se, mas tropeçam no corpo e regulam minuciosamente os ritos de interação social.

imaginação, considerada, portanto, como potência de ilusão, fonte constante de erros. Além disso, a imaginação é uma atividade aparentemente inútil, improdutiva, irracional, pecados maiores para o jovem pensamento burguês. Em uma palavra, a imaginação é tão supranumerária quanto o corpo.

3.3 O corpo supranumerário

A inteligibilidade mecanicista fez das matemáticas a única chave de compreensão da natureza. O corpo é, portanto, atingido pela suspeita. O universo vivido, sentido, tal como aparece graças às atividades perceptivas, cai em desgraça em proveito de um mundo inteligível, puramente conceitual. Ao mesmo título que a imaginação, os sentidos são enganadores, não se poderia fundar sobre eles a menor certeza racional. As verdades da natureza já não são imediatamente acessíveis à evidência sensorial; elas são objeto de um distanciamento, de uma purificação, de um cálculo racional. É preciso remover as escórias corporais que elas são suscetíveis de revestir. E Descartes, a esse respeito, oferece uma memorável ilustração, no curso da *Meditação segunda*, com a parábola do pedaço de cera. Este último, recolhido no pavio, evidentemente manifesta certo número de qualidades sensíveis aparentemente irredutíveis: forma, odor, volume, consistência etc. Mas, ao contato da chama, o pedaço de cera começa a perder sua substância primeira, ele derrama-se em líquido, torna-se brilhante, seu odor desaparece etc. Finalmente, as qualidades que se dão por intermédio dos sentidos revelam-se ilusórias: nem a cor, nem o odor, nem a consistência permanecem as mesmas e, entretanto, o pedaço de cera está presente. Descartes destitui a imaginação de todas as prerrogativas a esse respeito. A realidade do pedaço de cera não é mais acessível à imaginação do que por intermédio dos sentidos. Importa apenas "o mero poder de julgar que preside em meu espírito". Convém isolar o momento da apropriação do mundo pela inteligência por meio da marginalização "do testemunho variável dos sentidos ou dos juízos enganadores da imaginação". A partir da confusão mantida pela sensorialidade e a imaginação do homem, a razão desbasta para si um caminho, dissipa os equívocos, impõe sua verdade abstrata de encontro às evidências sensíveis. Aceder à verdade consiste em despojar as significações de seus traços corporais ou imaginativos. A filosofia mecanicista reconstrói o mundo a partir de sua categoria de pensamento, ela dissocia o mundo habitado pelo homem, acessível ao testemunho dos sentidos, do mundo real, acessível apenas à inteligência. Descartes é perfeitamente lúcido malgrado todas as consequências de tal divórcio; ele retorna a esse tema em suas *Respostas às quintas objeções*. Assim como Pascal estabelece três ordens de verdade segundo o ângulo de aproximação do fenômeno: segundo os sentidos, a razão ou a fé, Descartes contrapõe uma apreensão da realidade das coisas sob o ângulo da vida cotidiana, a outra, sob o ângulo da razão: "Mas, entretanto, é preciso ter cuidado com a diferença que existe entre as ações da vida e a busca da verdade, a qual eu tantas vezes inculquei; pois, quando é a condução da vida que está em questão, seria algo inteiramente ridículo não se reportar aos sentidos, razão pela qual sempre debocharmos desses céticos que a tal ponto negligenciavam todas as coisas do mundo, que, para impedirem-se de lançar-se eles mesmos nos precipícios, deviam ser vigiados pelos seus amigos"[13]. Da mesma maneira Descartes escreve a Elizabeth que "somente usufruindo da vida e das conversações ordinárias, e abstendo-se de meditar e de estudar as coisas que exercitam a ima-

---

13. DESCARTES, R. *Méditations métaphysiques*. Op. cit., p. 227.

ginação, é que aprendemos a conceber a união da alma e do corpo" (28 de janeiro de 1643). Mas a filosofia só se entende radicalmente dissociada do corpo, e Descartes oferece, no limiar da *Terceira meditação*, essa expressão fulgurante: "Eu fecharei agora os olhos, taparei os meus ouvidos, desviarei todos os meus sentidos, apagarei de meus pensamentos até mesmo todas as imagens das coisas corporais, ou pelo menos, já que isso dificilmente pode ser feito, eu as considerarei como vãs e como falsas". Essa frase ressoa como um manifesto da epistemologia mecanicista. Ela legitima a distinção operada entre o homem e seu corpo. Malgrado a resistência dos românticos, da psicanálise, da fenomenologia husserliana, a cisão entre os sentidos e a realidade aparece hoje como uma estrutura fundadora da Modernidade. E o aperfeiçoamento técnico aprofunda ainda mais essa distância. Espinosa oferece uma fórmula luminosa da nova *episteme*. Segundo ele, não é com os olhos do corpo que é preciso decifrar os mistérios da natureza, mas "com o olho da alma"[14]. O corpo é tornado supranumerário.

Para os filósofos mecanicistas, a natureza não é mais a forma viva do Renascimento, ela é composta de um grande número de objetos em inter-relação, mutuamente subordinados a leis intangíveis. Ela se estende sobre um espaço geométrico, absolutamente estranho às categorias corporais, um espaço acessível somente a uma compreensão muito avisada. Uma série de descobertas, como por exemplo, a do telescópio ou a do microscópio, a da imprensa e o

---

14. Descartes, em *Méditations*, p. 60, opõe o sol sensível, apreendido pelos olhos do homem, ao sol astronômico. Os olhos percebendo pequeno aquilo que o astrônomo avaliará "muitas vezes maior que toda a terra". Encontramos a mesma imagem em Espinosa; aplicada a distância, os olhos do homem concebem o sol muito próximo, "a cerca de duzentos pés", quando o sábio sol nos ensina que ele se mantém a uma distância "de mais de seiscentas vezes o diâmetro terrestre", cf. SPINOZA. *Ethique*. Paris: Garnier/Flammarion, 1965, p. 109.

início do maquinismo, contribuem ainda para dissociar a atividade dos sentidos daquela da inteligência. Com as diferentes mediações técnicas, que ampliam o domínio pelo homem utilitário do mundo que o cerca, outro uso dos sentidos aparece, mas dissociado do corpo. O homem consegue ver astros furtarem-se à apreciação do mero olhar, ele percebe o infinitamente longe e o infinitamente pequeno. E essas descobertas são como a confirmação experimental para os mecanicistas das insuficiências da sensorialidade humana.

"O universo é uma máquina onde não há absolutamente nada a considerar senão as figuras e os movimentos de suas partes" é a fórmula, enunciada por Descartes, na qual se condensa o mecanicismo. Para esses homens radicalmente afastados das fontes e do espírito do Renascimento, a natureza não é mais do que uma forma vazia, regida por um Deus mecânico ou calculador. O universo se compõe de engrenagens invariantes, mas inertes nelas mesmas, sem dinamismo próprio. O movimento lhe vem sempre do exterior (donde a ideia do famoso peteleco dado por Deus no momento da criação).

Todos os movimentos do mundo seriam suas consequências: tal é a visão de Descartes[15]. O mecanismo repousa, com efeito, em um dualismo entre o movimento e a matéria. O tempo, a duração, não aparece nesse sistema senão de maneira espacializada (o relógio). O homem é objeto da mesma cisão entre a alma, vetor de movimentos, e o corpo, matéria, máquina, onde se repercutem os movimentos da alma.

---

15. Claude Tresmontant observa que, entre os diferentes movimentos possíveis, Descartes e depois dele Malebranche e Hume estudam apenas o movimento de deslocamento, isto é, o mais afastado do organismo. "O universo cartesiano é um universo de "coisas", isto é, de objetos fabricados. Ele é caracterizado por um desconhecimento total daquilo que é o orgânico. Descartes confunde orgânico e mecânico, isto é, criação e fabricação", cf. TRESMONTANT, C. *Essai sur la pensée hébraïque*. Paris: Cerf, 1953, p. 32.

O advento do modelo mecanicista como princípio de inteligibilidade do mundo está associado à difusão de mecanismos de todos os tipos desde o século XVI, a imprensa, o relógio, por exemplo, que dão ao homem um sentimento de poder sobre o mundo desconhecido anteriormente. Da mesma forma, a assimilação do corpo e de suas funções a um esquema mecanicista supõe a anterioridade da construção de autômatos engenhosos, parecendo bastarem-se a si mesmos em seus movimentos[16]. A matematização dos fenômenos naturais não poupa a esfera do biológico. O vivo está subordinado ao modelo da máquina e nele esgota-se inteiramente.

Esse modelo subentende ainda novas práticas sociais inauguradas pela burguesia, o capitalismo nascente e sua sede de conquista. Uma vontade de domínio do mundo, que então só é pensável sob a condição de generalizar o modelo mecanicista. Se o mundo é uma máquina, ele está na medida do desafio do engenheiro e do empreendedor. Quanto ao corpo, razoável, euclidiano, ele está nas antípodas da *ubris*, corpo sequencial, manipulável pelas disciplinas nascentes, depreciado enquanto tal, o que justifica o trabalho segmentário e repetitivo das manufaturas nas quais o homem se enxerta na máquina sem realmente distinguir-se dela. Corpo despojado do homem, o que permite pensá-lo, sem reticência, segundo o modelo da máquina.

3.4 O animal-máquina

O dualismo entre o pensamento e o corpo, a preeminência do primeiro por meio do *cogito*, leva à conclusão da natureza puramente corporal do animal, este último sendo posto como des-

---

16. Cf. CANGUILHEM, G. "Machine et organisme". *La connaissance de la vie*. Paris: Vrin, 1965, p. 104ss.

provido de linguagem e de pensamento. Os comportamentos do animal organizam-se sob o paradigma da máquina. O animal é uma figura do autômato. Na quinta parte dos *Discursos*, Descartes funda a teoria do animal-máquina[17]. Se os animais não falam, é menos por lhes faltarem os órgãos adequados do que por ausência de pensamento. O automatismo de suas ações é concluído de sua falta de latitude, esta decorrente da disposição de seus órgãos e não do uso da razão. Além disso, atribuir-lhes um pensamento equivaleria a conferir-lhes uma alma, hipótese que Descartes rejeita. A teoria do animal-máquina manifesta a sensibilidade de uma época (ou mais precisamente de certas franjas sociais de uma época, aquelas que elaboram uma cultura erudita), ela funciona mesmo à maneira de um lugar-comum. Mersenne assim o enuncia em seu *Harmonie universelle*, no qual ele se maravilha com a composição e os movimentos de um mosquito, "de maneira que, se pudéssemos comprar a visão de todas as molas presentes neste pequeno animal, ou mesmo aprender a arte de fazer autômatos ou máquinas que tivessem tantos movimentos, tudo quanto o mundo jamais produziu em frutos, ouro e prata não bastaria para o justo preço da simples visão dessas molas"[18]. Tais são as formidáveis proezas do Deus mecânico.

E Descartes, negando toda sensibilidade ao animal, desculpa-se pelas inumeráveis dissecções e vivisseções que realiza, durante sua vida inteira, nos animais a fim de melhor compreender "a máqui-

---

17. Hipótese prometida a uma respeitável fortuna crítica até Pavlov e os behavioristas, essa noção caminhou e concorreu ainda para nossa visão do animal; cf. BAUDRILLARD, J. "Les bêtes: territoire et métamorphoses". *Simulacres et simulations*. [s.l.]: Galilée, 1981. Cf. tb. as páginas esclarecedoras de GUSDORF, G. *La révolution galiléene*. T. II. Paris: Payot, 1969, p. 148ss.
18. Apud LENOBLE, R. *Mersenne ou la naissance du mécanisme*. Paris: Vrin, 1943, p. 74-75.

na do corpo" (ele também desculpa o homem por fazer deles um uso servil, e os homens de ciência, por experimentar neles: como um mecanismo conheceria o sofrimento?). Em uma carta, Descartes dá a entender que sua "opinião não é tão cruel em relação às bestas quanto não é piedosa em relação aos homens, libertos das superstições dos pitagóricos, porque ela os absolveu da suspeita de culpa cada vez que eles comem ou que eles matam animais" (carta a Morus, 21 de fevereiro de 1649). Os animais, e de certa forma os homens, reúnem assim a natureza sob o mesmo paradigma do mecanismo; ambos são purificados de todos os ranços vitalistas ou hilozoístas. A dessacralização ganha todos os domínios acessíveis à condição humana, inclusive o vivo. As mentalidades esclarecidas concordam em tornar pensáveis e possíveis uma ação de transformação radical da natureza e uma experimentação no corpo do homem ou do animal que não suscita qualquer indignação moral.

3.5 O corpo segundo o modelo da máquina

O dualismo, malgrado seus tortuosos raciocínios para provar a união da alma e do corpo, não poupa o homem desse deslize para o mecanismo. Para Descartes, o corpo, senão o homem todo inteiro, é uma máquina. No rastro do *cogito*, o homem aparece à maneira de um autômato movido por uma alma. "Como um relógio composto de engrenagens e contrapesos [...] eu considero o corpo do homem" (*Sexta meditação*). Toda poderosa analogia relojoeira, que funciona como um paradigma para explicar tão bem os movimentos das estrelas, da natureza ou do corpo humano. "O corpo vivo difere tanto do de um homem morto quanto um relógio, ou outro autômato, quando montado, e o mesmo relógio, ou outra máquina, quando está quebrada e o princípio de seu movimento cessa de agir" (*Traité de l'homme*).

Certamente a fisiologia e a anatomia de Descartes são lacunares e aproximativas, como se observou frequentemente, mas o interesse dessa observação é secundário. O elemento significativo reside mais na planificação do corpo, em sua dessimbolização, já realizada pelos anatomistas, mas que a filosofia mecanicista prolonga por meio da redução mecanicista e do assentimento de seu divórcio com o homem a quem ela dá consistência. O corpo humano é uma mecânica discernível das outras pela exclusiva singularidade de suas engrenagens; não é mais do que um capítulo da mecânica geral do mundo. O fato de encarnar a presença humana não lhe dota de qualquer privilégio. No *Traité de l'homme*, Descartes leva bem longe a metáfora mecanicista

> e verdadeiramente pode-se muito bem comparar os nervos da máquina que eu vos descrevo às tubulações das máquinas dessas fontes; seus músculos e seus tendões às diversas engrenagens e recursos que servem para movimentá-las; seus espíritos animais à água que os move, cujo coração é a fonte e as concavidades do cérebro são os olhares. Além disso, a respiração e outras tais ações, que lhe são naturais e ordinárias, e que dependem do curso dos espíritos, são como os movimentos de um relógio ou de um moinho que o curso ordinário da água pode tornar contínuo.

O organismo é não somente cindido do homem, mas é, além disso, privado de sua originalidade, da riqueza de suas respostas possíveis. O corpo aqui não é mais do que uma constelação de utensílios em interação, uma estrutura de engrenagens bem-ajustadas e sem surpresa. Que o organismo humano não seja tão especializado quanto um utensílio ou um mecanismo não é percebido. E a unidade da presença humana e do corpo não suscita qualquer objeção. A Razão persegue sua evicção do corpo por sua redução ao autômato.

Ilustrando, aliás, o sentimento de onipotência que invade os filósofos mecanicistas, o autômato proveniente das mãos do artesão se oferece como uma figura da criação. O homem aparece menos criatura do que rival do Deus mecânico. Com toda justiça Descartes atribui a Deus o privilégio mesurado de ser um artesão mais hábil do que os outros: "[...] todo corpo é uma máquina, e as máquinas fabricadas pelo divino artesão são as melhor ajustadas, sem deixarem, entretanto, de serem máquinas. Não há, considerando-se apenas o corpo, qualquer diferença de princípio entre as máquinas fabricadas pelos homens e os corpos vivos engendrados por Deus. Existe apenas uma diferença de aperfeiçoamento e de complexidade" (*Discours de la méthode*, p. 102).

3.6 Uma "anatomia política"

Uma "tecnologia política do corpo", bem analisada por Michel Foucault, prolonga a metáfora mecânica nos movimentos mesmos do corpo e racionaliza a força de trabalho do indivíduo; ela coordena nas instituições (usinas, escolas, casernas, hospitais, prisões etc.) a justaposição dos corpos segundo um cálculo que deve culminar na docilidade dos sujeitos e na eficácia que se espera da ação empreendida. Objeto entre outros objetos, caracterizado somente talvez por uma teimosia maior pelo fato de ser humano e, portanto, tributário de uma inalienável subjetividade, o corpo está submetido ao princípio de uma ordenação analítica que se esforça em não omitir detalhe algum.

As disciplinas impõem-se no século XVII e no século XVIII como "fórmulas gerais de dominação" (Michel Foucault) chamadas a um futuro próspero.

> O grande livro do Homem-máquina foi escrito simultaneamente segundo dois registros, diz Michel Foucault, aquele

anátomo-metafísico, cujas primeiras páginas foram escritas por Descartes, e que os médicos e os filósofos continuaram; aquele técnico-político, que foi constituído por todo um conjunto de regulamentos militares, escolares, hospitalares, e por procedimentos empíricos e refletidos para controlar ou corrigir as operações do corpo [...]. *O homem-máquina* de La Mettrie é ao mesmo tempo uma redução materialista da alma e uma teoria geral do adestramento, no centro das quais reina a noção de "docilidade", que junta ao corpo analisável o corpo manipulável[19].

A uma concepção racional do mundo acrescentam-se, a partir do século XVII e XVIII, uma racionalização capciosa do corpo e de suas atitudes, uma analítica social de seu funcionamento, que inscreve a relação natural do homem com seu corpo em uma dualidade que Marx descreverá com força, por meio da imagem emprestada de Agrippa, do homem reduzido a apenas um de seus membros.

Descartes oferece uma garantia filosófica à utilização instrumental do corpo em diversos setores da vida social. A metafísica, que ele inaugura seriamente, encontra, no que concerne ao mundo industrial, seu executor privilegiado em Taylor (e Ford), os quais realizam *de facto* o julgamento pronunciado implicitamente por Descartes. O *analogon* da máquina, que é o corpo, está alinhado a outras máquinas da produção, sem beneficiar-se de uma indulgência particular. O corpo é "apêndice vivo da máquina", com esse resíduo necessário e embaraçoso que é o homem que ele encarna. Mas, efetivamente, é menos o homem que trabalha do que tal seg-

---

19. FOUCAULT, M. *Surveiller et punir* – Naissance de la prision. Paris: Gallimard, 1975, p. 138. Para uma análise aprofundada das disciplinas, nós remetemos a essa obra.

mento de si mesmo constrangido à incansável repetição dos mesmos gestos. Chaplin, em *Os tempos modernos*, faz uma admirável crítica dessa instrumentalização do homem. Canguilhem, evocando os trabalhos de Georges Friedmann, constata que o fato de "os movimentos técnicos supérfluos serem movimentos biológicos necessários foi o primeiro entrave encontrado por essa assimilação unicamente tecnicista do animal humano à máquina"[20]. Malgrado seus estritos limites, e as críticas das quais pôde ser objeto, a metáfora mecânica do corpo conheceu uma grande fortuna histórica. Nós a reencontraremos frequentemente em nossa estrada ao longo deste caminho sinuoso no seio da Modernidade.

3.7 Aberturas

Desde o século XVII uma ruptura com o corpo se iniciou nas sociedades ocidentais. Sua posição a título de objeto entre outros, sem dignidade particular, o recurso banalizado desde essa época à metáfora mecânica para descrevê-lo, as disciplinas, as próteses corretivas que se multiplicam[21]. Tantos índices entre outros que deixam entrever a suspeita que pesa sobre o corpo e as vontades esparsas de corrigi-lo, de modificá-lo, caso não seja possível submetê-lo totalmente ao mecanismo. Uma fantasia implícita, certamente informulável, está subjacente, aquela de abolir o corpo, de apagá-lo

---

20. CANGUILHEM, G. "L'homme de Vesalius dans le monde de Copernic, 1543". Op. cit., p. 126.
21. "É no século XVII que a cirurgia multiplica de maneira decisiva os exemplos de aparelhagens corretivas. O novo pensamento mecanicista desdobra sua fecundidade sobre um corpo que se tornou, ele mesmo, máquina. O arsenal terapêutico cresce bruscamente em engrenagens, que, malgrado suas engrenagens gastas e primitivas, visam a endireitar. Era preciso que se banalizasse o espaço corporal e que se generalizasse o mecanismo para que nascessem tais proposições" (VIGARELLO, G. "Panoplies redresseuses: jalons pour une histoire". *Traverses*, 14-15, 1979, p. 121). Cf. tb. do mesmo autor: *Le corps redressé*. Paris: Delarge, 1978.

pura e simplesmente; nostalgia de uma condição humana que não deveria mais nada ao corpo, lugar da queda.

A técnica e a ciência contemporâneas se inscrevem em consonância com essa busca que desde então não foi desmentida: Como fazer desse rascunho, que é o corpo, um objeto confiável, digno dos procedimentos técnicos e científicos? A ciência está em uma relação espantosamente ambivalente com o corpo: ele é seu antimodelo, ela o contorna, busca desembaraçar-se dele, ao mesmo tempo em que tenta, sem cessar, duplicá-lo com seus próprios meios e de maneira desajeitada. Talvez toda a história da ciência seja apenas a história das correções operadas sobre as insuficiências (aos seus olhos) do corpo, das inumeráveis rasuras para escapar de sua precariedade, de seus limites. Tentação demiúrgica também de imitá-lo, de agir tecnicamente sobre ele. Hoje outra faceta revela-se sempre mais evidente: a luta contra o corpo desvela sua estrutura oculta, o reprimido que a sustentava: o medo da morte. Corrigir o corpo, fazer dele uma mecânica, associá-lo à ideia da máquina, é escapar dessa decadência, é apagar "a insustentável leveza do ser" (M. Kundera). O corpo, lugar da morte no homem. Não é isso o que escapa a Descartes, à maneira de um lapso, quando em suas *Meditações* a imagem do cadáver se impõe espontaneamente ao seu raciocínio para nomear sua condição corporal: "Eu me considerarei primeiramente como tendo um rosto, mãos, braços, e toda essa máquina composta de ossos e de carne, tal como ela parece em um cadáver, a qual eu designarei pelo nome de corpo". Imagem tanto mais perturbadora quanto menos necessária e mesmo insólita.

A assimilação do corpo ao mecanismo tropeça contra o resíduo que ela é constrangida a negligenciar sob pena de invalidar-se: o homem. A complexidade infinita da condição humana ligada à dimensão simbólica é um limite contra o qual se choca a analogia corrente entre o corpo (e até mesmo o indivíduo) e a máquina. O corpo, confrontado a esses procedimentos de racionalização, parece-se com um animal alojado no coração do ser, inapreensível, a não ser de maneira provisória e parcelar. O corpo, vestígio multimilenar da origem não técnica do homem.

    Culpa das origens que numerosos procedimentos se esforçam em corrigir. A assimilação mecânica do corpo humano, que deixa estranhamente a espessura humana de lado, traduz na Modernidade a única dignidade que seja possível conferir ao corpo. A admiração dos cirurgiões ou dos biólogos perante o corpo, cujos arcanos eles tentam penetrar, ou aquela, mais cândida, do profano, traduzem-se pelo mesmo grito: "Que maravilhosa máquina é o corpo humano". Não contamos mais o número de obras ou de capítulos que testemunham essa assimilação. A linguagem corrente faz mesmo um estereótipo dela. Não conseguiríamos exprimir melhor nosso maravilhamento hoje senão reconduzindo o corpo à máquina. A filosofia mecanicista prevaleceu historicamente sobre as outras visões do corpo. A carne do homem presta ao embaraço, como se este devesse declinar de uma realidade tão pouco gloriosa. A metáfora mecânica aplicada ao corpo ressoa como uma reparação para conferir ao corpo uma dignidade que ele não seria capaz de ter permanecendo simplesmente um organismo.

4 Hoje, o corpo...

Quais são as representações atuais do corpo nas sociedades ocidentais? Vimos que o racionalismo nascente dos séculos XVI e XVII renova completamente os critérios de conhecimento. O verdadeiro não mais está fundado na herança ancestral do fundo cultural. Ao saber, em parte consensual, repousante sobre as tradições e partilhado potencialmente pelo conjunto da comunidade, substitui-se, pouco a pouco, um saber de especialistas, os únicos aptos a apreciar os critérios do verdadeiro a partir de um conjunto de regras pretendendo a uma validade independente das culturas e da história. O divórcio é, portanto, pronunciado entre os saberes populares do corpo, sempre ativos em nossos dias, notadamente por meio das tradições de cura, e a cultura erudita, notadamente biomédica.

4.1 O saber biomédico

Falar do corpo nas sociedades ocidentais hoje é suscitar a evocação do saber anatomofisiológico sobre o qual se apoia a medicina moderna. E é supor um consenso em torno do saber e das práticas que ele subentende, esquecendo, como o recorda Georges Balandier, que "as sociedades jamais são aquilo que parecem ser ou o que pretendem ser, elas exprimem-se em dois níveis pelo menos; um, superficial, apresenta as estruturas 'oficiais' [...] o outro, profundo, abre o acesso às relações reais mais fundamentais e às práticas reveladoras da dinâmica do sistema social"[1]. O saber biomédico é, de certa maneira, a representação oficial do corpo humano hoje, é ensinado nas universidades e sobre ele repousam os laboratórios de pesquisa, ele funda a medicina moderna... Mas, tratando-se de um elemento da cultura erudita, é um saber esotérico, muito pouco partilhado pelos contemporâneos.

De fato, hoje, nas sociedades ocidentais, cada ator vive com um conhecimento bem pouco nítido de seu corpo. Cada um recebeu uma aparência de saber anatômico e fisiológico nos bancos da escola ou do liceu, observando o esqueleto das salas de aula, as ilustrações do dicionário ou assimilando os conhecimentos vulgarizados que se trocam cotidianamente entre vizinhos e amigos, e que provêm da experiência vivida e do contato com a instituição médica, a influência das mídias etc. Mas esse saber permanece confuso. Raros são aqueles que conhecem realmente a localização dos órgãos e que compreendem os princípios fisiológicos estruturando as diversas funções corporais. Estes são conhecimentos mais do que rudimentares para a maioria dos atores. Eles não aderem a eles, de fato, a não ser de maneira superficial. Na consciência que ele tem daquilo que o funda fisicamente, daquilo que constitui o interior secreto de seu corpo, o ator recorre paralelamente a muitas outras referências.

4.2 Os saberes populares do corpo hoje

O recurso a práticas recentemente ainda eivadas pela suspeita de superstição, ignorância, esperteza etc., testemunha a flutuação atual de referências e de sua disponibilidade, mesmo para atores

---

1. BALANDIER, G. *Sens et puissance*. Paris: PUF, 1981, p. 7.

pertencentes, pela sua formação e sua categoria social, a um mundo radicalmente estrangeiro a esses saberes. Mas o homem da cidade que toma o caminho do campo (ou que encontra um curandeiro tradicional em sua cidade mesmo) não está somente em busca de uma cura que a medicina fracassou em lhe dar, ele encontra ainda, no contato com o curandeiro, a revelação de uma imagem de seu corpo bem mais digna de seu interesse do que aquela fornecida pelo saber biomédico. No diálogo com o curandeiro, ele descobre uma dimensão simbólica que suscita seu espanto, e cujo questionamento o perseguirá frequentemente por muito tempo depois. Ele enriquece sua existência com uma pitada de símbolo.

Os saberes sobre o corpo identificáveis nas tradições populares são múltiplos e, frequentemente, um tanto quanto obscuros. Eles repousam antes nos saber-fazer ou nos saber-ser que entalham certa imagem do corpo. Mas estes são inicialmente, conforme dissemos, saberes sobre o homem. O corpo jamais é aí considerado como distinto do homem, como no saber biomédico. Esses conhecimentos tradicionais não isolam o corpo do cosmos, eles se articulam em um tecido de correspondência. As mesmas "matérias-primas" entram na composição do homem e do mundo.

Yvonne Verdier, em um estudo recente sobre as tradições que permanecem perenes em uma pequena cidade da Borgonha, Minot, consagrou belas páginas à análise da fisiologia simbólica da mulher, notadamente por ocasião de suas regras. Durante esses poucos dias, com efeito, a mulher nunca desce ao porão onde são armazenadas as reservas familiares de alimentos: carnes salgadas, picles, barricas de vinho, de licor etc., sob pena de estragar de maneira irremediável os alimentos que ela toca. Pelos mesmos motivos, o leitão nunca é morto durante os momentos nos quais a mulher está indisposta.

A influência deletéria do sangue que se propaga dela se estende mesmo às tarefas mais familiares: "Os bolos, os cremes, não é possível! Uma mulher não irá tampouco fazer uma maionese ou bater claras em neve assim. Não encorpa", declara uma mulher a Y. Verdier[2]. Vínculos simbólicos estreitos se tecem entre o corpo da mulher e seu ambiente, os quais influem sobre o processo natural ou sobre suas ações costumeiras, como se o corpo, transformado pelo escorrimento do sangue, tivesse então a faculdade de se expandir para fora de suas fronteiras para modificar igualmente o ordenamento das coisas da vida. "Durante suas regras, nota Y. Verdier, elas mesmas não estando férteis, as mulheres entravariam todo processo de transformação que lembre uma fecundação: pensemos nos ovos em neve, nos cremes, nas emulsões, nos molhos, no toucinho, em tudo aquilo que deve "encorpar". Sua presença faria abortar todas essas lentas gestações que figuram o toucinho na salmoura, o vinho na cuba, o mel na colmeia" (p. 37). O corpo é similar a um campo de força em ressonância com aquilo que o aproxima. Nas tradições populares, o corpo é sempre uma presa do mundo, uma parcela não destacada do universo. E esse saber, mesmo se ele é hoje mais fragmentário, não desapareceu completamente dos campos.

Numerosas são ainda as concepções do corpo que presidem as explicações dos transtornos ou das doenças e que restituem a condição humana à tutela do cosmos. Medicina das assinaturas, tal como a teoria de Paracelso no curso do século XVI, mas que encontramos nas crenças populares, segundo as quais um elemento mineral ou vegetal é supostamente capaz de ajudar a curar de um mal se ele comporta em sua forma, seu funciona-

---

2. VERDIER, Y. *Façons de dire, façons de faire*. Paris: Gallimard, 1979, p. 20.

mento ou sua substância certas semelhanças com o órgão atingido ou as aparências da doença (p. ex., as castanhas da Índia favorecem o desaparecimento das hemorroidas, o jaspe vermelho para as hemorragias etc.). Concepções que reencontramos sob uma forma próxima dos fundamentos da homeopatia; visão astrológica do corpo inscrevendo os órgãos sob a influência dos planetas a partir de uma trama de correspondências: o homem aparece aí como um microcosmo. Os mesmos componentes entram na composição do universo, as leis que regem o comportamento do homem repousam nas qualidades ou nos movimentos dos astros. O magnetizador transmite, pela imposição das mãos, uma energia que regenera as zonas doentes, e restabelece o corpo em harmonia com os fluxos de seu ambiente. O corpo humano é aí um campo de força submetido a alterações, a variações que o curandeiro pode combater. O radiestesista, com a ajuda de seu pêndulo, registra a energia liberada pelos tecidos; ele interroga seu instrumento para afinar seu diagnóstico, colocando-lhe diretamente questões às quais este responde pelos giros cujo código ele conhece. O benzedor, pelas rezas que ele resmunga, pratica gestos precisos traçados sobre o corpo de seu paciente, cristaliza forças benéficas que aliviam o mal. Da mesma forma o pajé (o médico-feiticeiro, o encantador de fogo etc.), cujo poder consiste em cortar o fogo da queimadura e em curá-la sem deixar cicatriz na pele. O benzedor ou o encantador de fogo não têm qualquer conhecimento particular do corpo humano; eles dispõem antes de uma habilidade adquirida graças à transmissão de um antigo curandeiro ou por um dom pessoal. Eles operam uma eficácia simbólica, sem preocupar-se com as causas do problema ou com as modalidades de funcionamento dos órgãos. Somente importam aos seus olhos a fé que eles investem em suas ações e as orações que murmuram. As crenças populares, no que lhes diz respeito, limitam-se a julgar os efeitos benéficos induzidos por esses curandeiros e a solicitá-los[3].

A integração do homem no holismo do universo traduz-se igualmente pelo contato propício de certas pedras, fontes, córregos, árvores, lugares, dolmens, menires etc., os quais se supõem favorecer a cura daqueles que os procuram. Mesma lógica no recurso aos santos curandeiros, cuja tradição, aliás, tende hoje a se perder, da mesma forma que aquela dos lugares favoráveis dos quais falamos antes.

A feitiçaria popular refere-se à má sorte lançada por um invejoso que entrava o corpo da vítima ou a mergulha na infelicidade, atingindo sua família e seus bens. O lançador de sorte pôde utilizar, para assegurar seu empreendimento, pedaço de unha, excrementos ou cabelos pertencentes à sua vítima. A presença do sujeito está inteiramente concentrada nos mínimos fragmentos de seu corpo. Uma "magia simpática" postula um vínculo definitivo entre elementos que, um dia, estiveram em contato, notadamente matérias destacadas do corpo (unhas etc.); uma "magia por imitação" (ação sobre uma boneca parecida com a vítima etc.) na qual o semelhante age sobre o semelhante. A partir dessas duas lógicas, a carne se faz permeável aos sortilégios que a agridem. Na feitiçaria popular, o corpo não está circunscrito somente aos limites da pele, e de tudo aquilo que constitui a identidade social do homem: seus bens, seus próximos, seu rebanho etc. O corpo não é, além disso, cindido do sujeito; ele encarna sua condição e permanece solidário a todas as matérias que se desprendem dele no curso de sua vida. O

---

[3]. Para uma descrição mais aprofundada dos saberes tradicionais sobre o corpo, remetemos à LOUX, F. *Le corps dans la societé tradicionelle*. Paris: Berger-Levrault, 1979. • LOUX, F. (org.). *Panseurs de secret et de douler*. [s.l.]: Autrement, 1992.

fragmento do corpo assegura, portanto, simbolicamente, um predomínio sobre a existência da vítima. Constatamos por meio dessas diferentes práticas tradicionais a permanência de um vínculo simbólico estreito entre os homens e seu meio.

4.3 O manto de Arlequim

Os saberes científicos sobre o corpo despojaram este de toda valência axiológica. Eles o aplainaram segundo o modelo do mecanismo. Há aí uma falha antropológica da qual aproveitam outros saberes sobre o corpo, aos quais atores recorrem na busca mais ou menos consciente de um suplemento de alma que não é aqui de fato senão um suplemento de símbolo.

A caracterização individualista de numerosos setores da sociedade ocidental deixa os atores relativamente livres de suas escolhas, mediante a submissão formal a uma série de regras. Tudo isso não é sem repercussão sobre a maneira pela qual os atores se representam o seu próprio corpo. O universo racionalizado é "inabitável" lá onde falta a dimensão simbólica. O mundo desencantado aspira a espiritualidades novas, um processo de ressimbolização se exerce, conservando frequentemente o simulacro, objeto de um investimento psicológico considerável, e que se funda sobre um amplo inventário de representações do corpo desenraizadas de seu solo originário, da filosofia e dos modos de vida que lhe davam um sentido, simplificadas por vezes até a caricatura, transformadas em procedimentos técnicos... A partir da revalorização do corpo, o imaginário toma aqui sua revanche. A cesura epistemológica galileana vinculou seu destino, rejeitando um e outro à mesma indignidade, sendo de um mesmo movimento que eles se liberam.

O homem comum projeta sobre seu corpo um saber compósito que parece com um manto de Arlequim, um saber feito de zonas de sombra, de imprecisões, de confusões, de conhecimentos mais ou menos abstratos aos quais ele empresta certo relevo. Frequentemente, a versão vulgarizada do modelo anatomofisiológico é modificada pelas crenças hoje banalizadas nas ondas, na energia, nos astros etc. Assistimos nas sociedades ocidentais a uma multiplicação de imagens do corpo, mais ou menos organizadas, em rivalidade umas em relação às outras.

Cada um "bricola" sua visão pessoal do corpo, agenciando-a à maneira de um quebra-cabeça, sem preocupar-se com as contradições, com a heterogeneidade dos empréstimos. Raramente, com efeito, essa representação aparece coerente, se comparamos os elementos que a compõem. No momento atual um doente se dirige prioritariamente a um médico generalista ou a um especialista no órgão ou na função que o faz sofrer. Ele acredita assim no modelo anatomofisiológico do corpo. Mas, fiel à tendência que leva os fracassos da medicina em busca do curandeiro, esse mesmo doente pode em seguida recorrer a um magnetizador ou a um benzedor; e até mesmo dirigir-se aos médicos "suaves" e consultar um homeopata, um acupunturista ou um osteopata. E isso sem se preocupar com o fato de que ele passa assim de uma visão do corpo a outra em toda descontinuidade.

O mesmo ator pode, ademais, devotar-se regularmente à ioga ou à meditação zen, querer iniciar-se nas massagens chinesas ou japonesas, que prodigamente lhe propõem o centro de animação cultural de seu bairro. Ele também pode fazer paralelamente uma psicanálise se pensa que o corpo cristaliza os jogos sutis e inconscientes do desejo e da repressão.

Cada dia, o mesmo ator lê em seu jornal local os encartes publicitários dos praticantes que lhe oferecem seu serviço: magnetizadores, radiestesistas, marabus (ambos afastados do solo originário dessas práticas, e frequentemente também mais charlatões do que curandeiros), videntes, feiticeiros, astrólogos, parapsicólogos etc.

Se ele também for versado no meio "psi", poderá, segundo sua conveniência, fazer um estágio de iniciação à bioenergia, à *gestalt*-terapia, ao grito primal, ao *rebirth*... tantas terapias corporais fundadas em modelos teóricos diferentes.

4.4 Uma comunidade perdida?

As significações vinculadas ao homem e ao seu corpo põem-se a flutuar, a associarem-se entre elas indiferentemente, a enxertarem-se mutuamente. Esse movimento não poupa as grandes *weltanschauungen* orientais. A ioga, o xamanismo, o zen, a acupuntura, as massagens de diversas tradições, as artes marciais, são reduzidas a algumas ideias simples, um punhado de fórmulas exemplares, de gestos elementares; mudam-se em puras tecnologias corporais. Elas flutuam em estado de suspensão, disponíveis às digressões.

Esses múltiplos procedimentos que investem hoje o mercado dos cuidados ou dos bens simbólicos são, entretanto, radicalmente estranhos, e até mesmo antagonistas. Mas eles não são vividos na contradição pelos atores em busca exclusivamente da eficácia terapêutica. Que eles encontrem a cura graças a essa ou aquela concepção de corpo não os conduz absolutamente a aderir a ela de uma vez por todas.

Temos demasiada tendência a acreditar que o modelo do corpo consagrado pelas referências biomédicas suscita unanimidade. Hoje, os saberes sobre o corpo, quer eles venham do Oriente, da Califórnia, de uma época ida ou conduzam às tecnologias de ponta de certos hospitais, são simultaneamente admitidos; vestimentas cômodas que endossamos ao acaso das atividades pessoais ou de uma busca terapêutica. É verdade, entretanto, que o homem rural de outrora, ou mesmo de certos campos de hoje, vai igualmente do benzedeiro ao adivinho, ou do magnetizador às devoções, aos santos curadores, sem ademais preocupar-se com coerências. Várias camadas de saberes relativos ao corpo se superpõem, e o ator em busca do tratamento eficaz não é absolutamente incomodado em passar de um tipo de curador a outro, segundo as características de seu problema. Mas, nesse contexto tradicional, o homem toma segundo suas conveniências pessoais e seus conhecimentos empíricos do interior de uma soma de terapêuticas que revestem inteiramente o acordo do grupo. Cada um deles participa do tecido social e cultural que assegura ao homem a familiaridade de seu olhar sobre o mundo. As coerências relativas que se detectam nas sociedades tradicionais, aquelas que sobrevivem de bom ou mau grado nas regiões rurais, apagam-se perante os modelos provisórios, mais próximos das colagens surrealistas, quando entramos nas sociedades modernas.

O ator das metrópoles ocidentais forja o saber que ele tem de seu corpo, este com o qual ele vive cotidianamente, a partir de uma confusão de modelos heteróclitos, mais ou menos bem-assimilados, sem se preocupar com a compatibilidade dos empréstimos. A profusão de imagens atuais do corpo não deixa de evocar o corpo fragmentado do esquizofrênico. O ator raramente tem uma imagem coerente de seu corpo; ele o transforma em um tecido de retalhos de referências diversas. Nenhuma teoria do corpo é objeto de uma unanimidade sem falha. O indivíduo, tendo a escolha entre uma poeira de saberes possíveis, oscila de um a outro sem jamais encontrar aquele que lhe convém inteiramente. Sua liberdade de indivíduo e sua criatividade alimentam-se dessas incertezas, da permanente procura de um *corpo perdido*, que é, de fato, aquela de uma *comunidade perdida* (cf. capítulos 1 e 2).

5 Uma estesia da vida cotidiana

5.1 Cotidiano e conhecimento

O fato social nunca está congelado, eternizado e, portanto, passível de ser objetivado, a não ser de maneira provisória. Ele está vivo, tecido no interior de uma rede de relações nunca realmente estáveis, sempre em busca de um novo contato. A abundância dos fatos e gestos da vida cotidiana lança, a este respeito, um desafio difícil de sustentar. E Georges Balandier percebeu perfeitamente, não sem um toque de ironia talvez, que a sociologia do cotidiano "dá-se a ver em negativo [...] ela é tornada mais precisa por aquilo que ela evita considerar do que por aquilo que ela considera"[1]. O infinito do cotidiano (seu infinito também) não é uma noção teológica, mas a banal constatação da fuga do tempo, da acumulação interminável de diferenças ínfimas, mas cuja ação contribui, lenta ou brutalmente, segundo as circunstâncias, para transformar a vida cotidiana. A constatação também da complexidade do objeto, de sua incansável polissemia.

A vida cotidiana é o refúgio assegurado, o lugar dos pontos de referência seguros, o espaço transicional (Winnicott) do adulto. Lá onde ele se sente protegido no seio de uma trama sólida de hábitos, de rotinas que ele criou para si com o tempo, de percursos bem co-

---

1. BALANDIER, G. "Essai d'identification du quotidien". *Cahiers Internationaux de Sociologie*, vol. LXXIV, 1983, p. 5.

nhecidos, cercados de rostos familiares. É lá que se constrói a vida afetiva, familiar, amical, profissional, é lá que a existência se sonha. É lá também que se amortizam os efeitos do político, do social e do cultural que afetam a intimidade, é lá que eles são discutidos e adaptados às sensibilidades individuais. As intenções dos atores são aí rainhas, cada um sente-se senhor a bordo, ao contrário do campo social que impõe condutas, regras que nem sempre têm a adesão de todos. O cotidiano elabora uma passarela entre o mundo controlado e tranquilo em si e os riscos, a desordem aparente da socialidade.

No sentimento de segurança que nasce do caráter inteligível e familiar do cotidiano, os envolvimentos ordenados do corpo desempenham um papel essencial. A folheação dos rituais ao longo do dia deve sua eficiência a uma arquitetônica de gestos, sensações, percepções que encorpam o ator e o aliviam de um excessivo esforço de vigilância no desenrolar das diversas sequências de sua vida. No fundamento de todos os rituais há um ordenamento preciso do corpo. Um ordenamento ao mesmo tempo sempre idêntico e sempre insensivelmente outro. O homem está efetivamente no mundo, suas condutas não são somente um reflexo de sua posição simbólica na trama das classes ou dos grupos sociais. O humor colore os gestos e a sensorialidade, ele modifica a atenção às coisas, ele indispõe ou torna disponível, ele filtra os eventos. A jornada de hoje não é a reprodução da jornada de ontem. As sensações, os comentários, as emoções ou os gestos da véspera não se decalcam na jornada presente. Amontoam-se poeiras de diferenças essenciais para a existência do sujeito, e não menos fecundas para o investigador do que a trama remanescente que traça seu fio condutor através do tempo. O estudo do cotidiano centrado nos envolvimentos do corpo lembra que nesta espuma dos dias o homem tece sua aventura pessoal, envelhece, ama, sente prazer ou dor, indiferença ou cólera. As pulsações do coração fazem ouvir a permanência de seus ecos na relação com o mundo do sujeito por meio da filtragem da vida cotidiana. É a uma tentativa de demarcação dessa economia corporal que este capítulo convida.

O estudo do cotidiano depende menos de uma ciência do que de uma arte; ele demanda do pesquisador certa qualidade de atenção a um universo flutuante de significações. Da mesma maneira que Bachelard descreve a poesia como uma função de despertar, a apreensão do sociólogo reveste uma espécie de coloração alquímica, aquela de atualizar significações cuja familiaridade dissolveu toda espessura. A parábola de Edgar Poe sobre a carta roubada é um capítulo-chave de seu manifesto epistemológico. As recorrências que tecem interminavelmente a trama do cotidiano lhe dissolvem o relevo. Acostumados à sua presença, o olhar desliza sobre as coisas, as sensações ou os atos sem se deter em nenhum deles. A sociologia da vida cotidiana aborda a banalidade dos dias à maneira de um exotismo esquecido. Ela considera com um "olhar distanciado" a jazida familiar do sentido, de certa maneira, a matéria-prima a partir da qual se constrói a vida social em sua totalidade. Ela constrói a expatriação no cerne da evidência.

A existência coletiva repousa sobre um emaranhado de rituais cuja função é reger as relações entre os homens e o mundo, e entre os homens mesmos. A partir de sua própria caminhada, cada homem simboliza com seu estilo próprio a poeira das situações encontradas. A vida cotidiana é o lugar privilegiado dessa relação, desse encontro a cada instante renovado com o sentido, a comunidade do sentido. A repetição das ações leva a uma erosão do sentimento da espessura e da singularidade das coisas. O inesperado, segundo o grau insólito que ele contém, suscita a angústia ou intermináveis discussões visando reduzir seu mistério. A vida cotidiana é o lugar, o espaço transicional (Winnicott) onde o homem domestica o fato de viver, e a partir do qual ele pode ampliar o campo de sua ação por meio de um sentimento de transparência relativa[2]. Transparência que, entretanto, é apenas o artefato de um olhar, na medida em que ela não é dada, mas construída.

As modalidades do corpo não escapam a este efeito de transparência. A socialização conduz a esse monismo da vida cotidiana, e esse sentimento de habitar naturalmente um corpo do qual é impossível se dissociar. A partir das ações diárias do homem, o corpo se faz invisível, ritualmente apagado pela repetição incansável das mesmas situações e a familiaridade das percepções sensoriais. O mistério que contém virtualmente a espessura de seu próprio corpo é assim conjurado pela recorrência dos mesmos sinais. Nessas condições, a consciência do enraizamento corporal da presença humana é dada apenas pelas fases de tensão que o indivíduo encontra. Nasce então o sentimento provisório de uma dualidade (sentimento banal, que convém dissociar absolutamente do dualismo). Uma dor tenaz, a fadiga, a doença, um membro partido, por exemplo, restringem o campo de ação do homem e introduzem o sentimento doloroso de uma dualidade que rompe a unidade da presença: o sujeito sente-se cativo de um corpo que o abandona. O mesmo sentimento aparece na vontade de cumprir uma ação ou um desempenho físico impossível de se realizar por falta de habilidade ou de treinamento. A separação da pessoa amada, com a experiência da solidão que ela carrega, é primeiramente uma provação do corpo. Mas essa dualidade sentida pelo sujeito não está somente associada a essas crises pessoais; outras situações a conhecem, por exemplo, o corrimento de sangue das regras, ou a experiência da gestação na mulher; ela pode ainda estar ligada ao

---

2. Neste sentido a vida cotidiana é "o lugar (*locus*) das múltiplas dialéticas vividas (agidas), do rotineiro e do evento", cf. D'EPINAY, C.L. "La vie quotidienne – Essai de construction d'un concept sociologique et antropologique". *Cahiers Internationaux de Sociologie*, vol. LXXIV, 1983.

prazer através da sexualidade, da ternura cotidiana, das condutas de sedução etc. Mas, na economia corporal do cotidiano, é preciso constatar que essas formas de dualidade não são vividas da mesma maneira. A experiência do prazer se vive de forma familiar, natural, tende a englobar a presença. Ao contrário, a experiência da dor, da fadiga, é sempre vivida à maneira de uma estranheza absoluta, de uma irredutibilidade a si. A dualidade da dor esquarteja a presença, enquanto aquela do prazer a enriquece com uma nova dimensão. Além disso, a experiência da dor ou da doença, devido à sua alteridade, carrega consigo a angústia, a incerteza. Todas as manifestações cujo caráter insólito perturba o monismo do cotidiano (a fusão entre os atos do sujeito e seu corpo) recebem qualificações precisas. Especialistas (médicos, curandeiros, adivinhos, psicólogos etc.) têm por tarefa reintroduzir sentido lá onde este falta, estabelecer uma coerência lá onde o coletivo está inclinado a ver apenas desordem. A carga de angústia inerente às manifestações inabituais é assim suprimida ou atenuada pela simbolização operada com a ajuda do terapeuta.

Uma das incidências mais significativas da socialização do corpo consiste na redução dessas dualidades suscetíveis de afetar o sentimento da presença. Eis por que a simbolização das modalidades do corpo desemboca em um monismo enquanto o sujeito não estiver dissociado de seu enraizamento habitual. E para proteger duravelmente este, numerosos especialistas velam por sua saúde. Saúde cuja definição implica essa coincidência harmoniosa consigo mesmo que caracteriza o monismo, e se marca na esfera ocidental por uma discrição relativa das atividades corporais. Nas condições habituais da vida, o corpo é transparente ao ator que o habita. Ele desliza com fluidez de uma tarefa a outra, adota gestuais socialmente aceitáveis, faz-se permeável aos dados do ambiente por meio de um tecido contínuo de sensações. Condição mesma do homem, o corpo não cessa de produzir e de registrar sentido, a partir de uma espécie de automatismo. Ele é, nesse sentido, a *coincidentia oppositorum* mais espantosa da vida cotidiana: a evidência esquecida, o presente-ausente cuja existência se impõe em pontilhado através do fluxo do dia.

5.2 O corpo em situação extrema: um desvio para o cotidiano

À maneira de uma sociologia apofática, os relatos de prisioneiros ou de deportados nos dizem com força o que não é o corpo da vida cotidiana[3]. Nessas experiências-limite de privação de liberdade, sobretudo quando a ela se acrescenta a promiscuidade, a necessidade de viver com vários em um confinamento ao qual o homem ocidental não está habituado, o corpo se dá subitamente a sentir com uma insistência, uma exigência, que contrasta com a experiência anterior, enraizada no cotidiano e em uma cultura que só concede ao corpo a atenção mais circunspecta. Essas situações-limite assumem assim o caráter de um revelador. Nessas condições, o corpo da vítima instaura-se em uma espécie de existência dual. A dualidade da experiência corporal no cotidiano, quase sempre provisória e sem consequência (a não ser no caso de uma doença, ou de um acidente grave, que altere de maneira definitiva a imagem do corpo), eleva-se aqui a uma potência sem apelo e sempre negativa. A luta a cada dia renovada pela sobrevivência implica antes de tudo uma luta contra seu próprio corpo.

---

3. Ou antes, elas nos descrevem outro tipo de vida cotidiana. Assim, p. ex., o dia de Ivan Denissovitch. Um dia entre outros, fundido nos 3.653 de sua detenção, mas um "bom dia", apesar de tudo, porque nele o detido terá conservado sua dignidade pessoal. Cf. SOLJENITSYNE, A. *Une journée d'Ivan Denissovitch.* [s.l.]: Julliard, 1963.

O esforço incessante de sempre empurrar mais longe os limites de sua tolerância pessoal, de fazer calar a fome, o frio, o resultado dos maus tratamentos, a falta de sono. Mais do que a dualidade, experiência, em suma, familiar, é em um verdadeiro dualismo que culmina por vezes a consciência do homem em situação carcerária ou em concentração. O corpo está aqui submetido a uma espécie de autonomia, lugar geométrico de todas as servidões e de todos os sofrimentos. A consciência do sujeito é suspendida e vive na amargura o fato de sua encarnação. A existência do deportado se identifica segundo a perspectiva platônica ou gnóstica a uma queda no corpo; ela realiza permanentemente a *ensomatose*. A vítima opõe ao seu corpo uma vontade selvagem, ligada à força de seu caráter e de seu desejo de sobreviver. Mas o esgotamento, a fome, as rivalidades, as humilhações conduzem o deportado sobre um fio frágil, onde a morte, por vezes, toma poucas coisas. O paradoxo perverso dessa situação implica, entretanto, que o membro de um campo de concentração não possa se deixar distinguir dos outros, sob pena de provocar uma reação dos guardiões: o apagamento ritualizado do corpo é aqui levado ao seu ponto extremo. Aquele que demarca seu corpo ou seu rosto da monotonia dos outros corpos e dos outros rostos corre o risco do apagamento real de sua presença na morte[4]. Robert Antelme lembra-se de que "ninguém tinha o que exprimir pelo rosto aos SS, o que teria podido ser o começo de um diálogo e teria podido suscitar no rosto do SS alguma outra coisa que não essa negação permanente, e a mesma para todos. Assim, como era não somente inútil, mas ao contrário perigoso a despeito dele, em nossas relações com os SS, nós mesmos viemos a fazer um esforço de negação de nosso próprio rosto, perfeitamente

---

4. Uma análise aprofundada a esse respeito em LE BRETON, D. *Des visages* – Essai d'anthropologie. Paris: Métailié, 1992, cap. 8.

adequado àquele do SS"[5]. Ou em outro lugar essa frase terrível, ela também versando sobre o rosto, o lugar mais humano do homem: "A umidade do olho, a faculdade de julgar, é isso que dá vontade de matar. É preciso ser liso, embotado, já inerte, cada um traz os olhos como um perigo" (p. 241). A lógica assassina dos campos converte cada deportado na mera realidade de seu corpo, suprimindo de maneira deliberada os outros traços da condição humana. A redução dos corpos em sabão ou em fumaça não é senão o ponto de culminação desse mecanismo impecável.

As incessantes pulsações do corpo, que a experiência livremente consentida e tranquila do cotidiano dilui na consciência do autor, torna-se, no contexto do campo, um evento vital, impossível de passar em silêncio. A primeira frase do testemunho de Robert Antelme é significativa: "Eu fui urinar" (p. 15). E Georges Hyvernaud, submetido a um longo cativeiro em um *stalag*, escreveu, como um eco: "Homens juntos. Homens que comem, que digerem, que arrotam, que rosnam juntos, que vão juntos às latrinas"[6]. A promiscuidade põe em evidência traços da vida do corpo dos quais os relatos de vida tradicionais, as biografias ou os romances a princípio não fazem menção, com receio de cometer uma falta de gosto[7]. É preciso, com efeito, um olhar estrangeiro, e não o olhar

---

5. ANTELME, R. *L'espèce humaine*. Paris: Gallimard, 1957, p. 57 [Col. Tel].
6. HYVERNAUD, G. *La peau et les os.* [s.l.]: Ramsay, 1985, p. 63.
7. Outro índice desse apagamento ritualizado do corpo na vida social: por meio de um implícito pacto de aliança com o leitor, negligenciamos frequentemente, nas ciências sociais, a evocação de certos dados aferentes ao corpo (higiene, micção, excreção etc.). De certas coisas não poderíamos falar sem romper a convenção tácita, mas bem-estabelecida do saber-viver. Podemos falar de tudo, salvo das regras, da flatulência, do arroto, da digestão... Na literatura ou no cinema reina também essa regra tácita segundo a qual de certos momentos da vida do corpo não é digno de falar. Ao contrário, a literatura das prisões, dos campos, é feita de todo esse recalque que, no contexto global do cativeiro e da promiscuidade, assume um aspecto essencial.

do familiar, para que a vida pessoal do corpo seja afetada por um índice depreciativo. Entretanto, a vida inteira do sujeito está sob o signo dessas manifestações corporais banalizadas, sem as quais ele seria apenas um autômato, um simulacro perfeitamente higiênico.

Mas o homem ocidental é hoje animado pelo sentimento de que seu corpo, de certa forma, é outro que não ele, possuído qual um objeto muito particular, certamente mais íntimo do que os outros. A identidade de substância entre o homem e seu enraizamento corporal encontra-se abstratamente rompida por essa relação singular de propriedade: ter um corpo. A fórmula moderna do corpo faz deste um resto: quando o homem está cindido do cosmo, cindido dos outros e cindido de si mesmo (infra). E essa ancoragem da presença tende a ser ritualmente apagada. O lugar do corpo nos rituais da vida cotidiana é aquele do claro-escuro, da presença-ausência. Como o homem não poderia ser distinguido do corpo que lhe dá forma e rosto, este último está infinitamente presente, na fonte de todas as ações humanas. Mas como os rituais tendem a escamotear o sentimento de sua presença, tal como um bloco mágico no qual o corpo dá-se a ver ao mesmo tempo em que desaparece, o corpo está infinitamente ausente. Nós analisaremos, em capítulo ulterior, sob o nome de apagamento ritualizado do corpo, esse movimento social que regula a questão da ambivalência do corpo nas sociedades ocidentais. A menos que um caráter insólito marque, por si mesmo ou pelo olhar dos outros, uma forma de insistência que não simbolize o campo social: jogo com os rituais introduzidos por subgrupos (penteado, vestimentas *punks* etc.), ou uma impossibilidade de se curvar a eles (deficiência física, obesidade etc.).

Georges Hyvernaud, no *stalag* onde passou vários anos de sua vida, é tocado pela irrupção das manifestações do corpo na vida coletiva e, para caracterizá-la, recupera a linguagem do dualismo: "Apesar de tudo, as latrinas, isso resume melhor nossa condição. Melhor que os percevejos. É mais completo, mais significativo [...]

e imaginávamos que tínhamos uma alma, ou qualquer coisa parecida. Estávamos certos disso. Isso nos permitia olhar do alto os macacos e os alfaces. Não temos alma, não temos senão tripas. Enchemo-nos, por bem ou por mal, e em seguida vamos nos esvaziar. É toda a nossa existência. Falávamos de nossa dignidade. Supúnhamos que estávamos à parte, que éramos nós"[8]. Ou em outro lugar, mais explicitamente, ele observa "que para nós não há mais do que esses combates derrisórios com nosso corpo. A vida do corpo invade toda a vida. É assim. Toda a vida ou quase. Mal restam ainda algumas velhas lembranças desgastadas. E também elas terminam por ser inteiramente usadas, e não sobrará nada além do corpo, seus comichões, suas cólicas, suas constipações, suas hemorroidas, seus piolhos e seus percevejos, o que ele mete dentro, o que ele tira daí, o que o ataca, corrói e destrói" (p. 79). O prisioneiro vive sob a ameaça, uma experiência gnóstica sem o recurso à transcendência, sua condição de homem identifica-se a uma mera *ensomatose*. Sob a iluminação da vida cotidiana, o relevo do corpo é mitigado e o sujeito se vê em uma relação de transparência consigo mesmo. Seu corpo não lhe põe dificuldades que não sejam provisórias, e mesmo as preocupações encontradas não conduzem a esse sentimento limite de estar pregado a um corpo cuja vida secreta é maliciosamente voltada contra si. Se bem que, às vezes, doenças graves, fortemente conotadas no plano imaginário: o câncer ou a Aids, por exemplo, podem ameaçar esse gênero de representação. A evidência familiar do corpo (dos outros ou o seu) mergulha geralmente em uma discrição da qual ele só sai por alguns instantes[9]. Donde o

---

8. HYVERNAUD, G. *La peau et les os*. Op. cit., p. 53.
9. O que não é evidentemente o caso em se tratando de um "amor nascente" (Francesco Alberoni), no qual o corpo do outro está investido de uma atenção extrema, de um desejo de absorvê-lo, ou ainda em se tratando da doença de um próximo, que leva a escrutar em seu corpo todos os sinais suscetíveis de consolidar um diagnóstico.

espanto da jovem heroína de um romance de Carlo Cassola. Quando ela vai com seu pai e dois companheiros ao processo que pode condenar seu noivo a um longo aprisionamento, ela tem subitamente a revelação de que, apesar de toda a sua dor, a vida continua, e antes de tudo as atividades do corpo. "Sem duvidar disso, ela se afastou por uma centena de passos. Voltando-se, ela percebeu os dois homens que urinavam na beira da estrada, antes de entrar novamente no carro. Mesmo nos momentos mais trágicos da vida, as necessidades elementares deviam ser satisfeitas: aqueles dois urinavam, seu pai dormia, e, quanto a ela, sua fome era tão grande que ela não podia mais esperar o momento de chegar para tomar o café da manhã"[10]. Silenciosamente, através de intermináveis fluxos sensoriais e gestuais, as modalidades do corpo acompanham a presença humana, fundem-se nela organicamente de certa maneira.

5.3 A respiração sensorial do cotidiano

Nas condições ordinárias da vida, uma corrente sensorial ininterrupta confere consistência e orientação às atividades do homem. As imagens ou os sons, sobretudo, revestem permanentemente o campo perceptivo. O sujeito certamente está longe de ter uma consciência exaustiva dos *stimuli* que o atravessam. Se o tivesse, sua vida seria impossível. No desenrolar da existência cotidiana, apenas uma espuma sensorial é filtrada pela atenção, inúmeros *stimuli* não acedem à consciência. Um fundo sonoro e visual acompanha seus deslocamentos, a pele registra todas as flutuações da temperatura, tudo o que a toca permanentemente. Se o olfato ou o paladar parecem atividades menos proeminentes, elas não se fazem menos presentes na relação com o mundo do sujeito. Mas é pelos efeitos

---

10. CASSOLA, C. *La ragazza*. [s.l.]: [s.e.], [s.d.], p. 276 [Col. Livre de Poche].

psicológicos suscitados por sua exclusão que o universo sensorial mostra a que ponto ele se exerce, em uma permanência absoluta, enquanto o homem está vivo, independentemente da consciência que ele possa ter disso. A psicologia espacial, ou aquela mais restrita dos torturadores, conhece uma "fome sensorial" que resulta da insuficiência dos *stimuli* percebidos por um sujeito isolado sensorialmente. A prova suportada pelo sujeito é perigosa para seu equilíbrio psíquico. Certo número de experiências em laboratório foi, aliás, realizado a esse respeito[11]. Elas mostram que quando os dados sensoriais estão neutralizados, por uma razão ou por outra, alucinações aparecem, pouco a pouco, para satisfazer essa "fome", mas elas submetem o psiquismo à rude prova, e não podem ser perseguidas indefinidamente. A privação sensorial é rapidamente tornada uma técnica de "tortura própria", que visa o abalo psíquico do sujeito a partir da denegação metódica das funções sensíveis do corpo. Aí, também, uma sociologia apofática pode dizer que o homem não poderia viver sem essa continuidade orgânica entre suas percepções sensoriais e seu ambiente imediato.

O fluxo do cotidiano, com suas escansões costumeiras, tende a ocultar o jogo do corpo na apreensão sensorial do mundo ambiente ou nas ações realizadas pelo sujeito. Situar o corpo através das pulsações da vida cotidiana implica insistir na permanência vital de suas modalidades próprias, de seu caráter de mediador entre o mundo exterior e o sujeito. A experiência humana, qualquer rosto insólito que ela assuma, repousa inteiramente sobre as operações do corpo. O homem habita corporalmente o espaço e o tempo de sua vida. Mas, conforme dissemos, tal como a carta roubada, a evidência de sua exposição eclipsa-lhe o dado. Georg Simmel foi quem primeiro soube conferir uma descrição preciosa

---

11. Cf., p. ex. LEBEDEV & GAGARINE. *Psicologie du cosmos* [Ed. de Moscou].

do lugar eminente do corpo na vida cotidiana. Em seu "Essai sur la sociologie des sens", ele observa que as percepções sensoriais, com as características que colorem cada uma delas, formam o alicerce da socialidade. Mas a apreensão sensorial do mundo não se limita ao conhecimento desses traços; certa qualidade afetiva mescla-se estreitamente à sua ação. A informação percebida pelos sentidos é, portanto, também conotativa; ela informa à sua maneira sobre a intimidade real ou suposta do sujeito que as emite. A vida cotidiana é assim revestida pelas qualificações que nós atribuímos às pessoas pelas quais nós cruzamos. Um halo emocional atravessa todas as trocas e apoia-se nas entonações de voz, na qualidade da presença, nas maneiras de ser, nas encenações da aparência etc. As trocas de olhares são as mais significativas, e isso tanto mais porque a visão é o sentido privilegiado da Modernidade. O olhar testemunha bem essa maneira de tomar parte emocionalmente da troca pela mera percepção de sinais mais ou menos explícitos, lançados pelo interlocutor: a simpatia ou a antipatia, a desconfiança ou a confiança dão-se aparentemente a ler aí. "Baixando os olhos, diz Simmel, eu subtraio àquele que me olha um pouco da possibilidade de descobrir"[12]. O olhar, com efeito, confisca do rosto do outro, e, ao mesmo tempo, força a concluir acerca de sua intimidade e do prazer que ele recebe em troca. Há também o olhar errante através da multidão ou as salas de café, e a emoção secreta, cantada outrora por Baudelaire ou Nerval, quando um olhar suscita no flanador uma ressonância misteriosa, uma intimidade imediata, que nada permitia pressagiar. Numerosos são os vigias de emoção. A apreensão pelo olhar faz do rosto do outro o essencial de sua iden-

---

12. SIMMEL, G. "Essai sur la sociologie des sens". *Sociologie et Epistémologie*. Paris: PUF, 1981, p. 228. Cf. tb. HOWES, D. (org,). *The Varieties of Sensory Experience*. Toronto: University of Toronto Press, 1991.

tidade, o enraizamento mais significativo de sua presença[13]. É sempre pela avaliação do rosto que começa o encontro entre os atores. O primeiro tempo é aquele no qual se cruzam os olhares e no qual se apreciam respectivamente a qualidade das presenças. Desse primeiro contato depende frequentemente a tonalidade da troca e seu resultado. Contato, porque, com efeito, o olhar aparenta-se aqui ao tocar, a uma espécie de palpação visual recíproca, às vezes tão breve quanto eficaz na formação de uma opinião. A voz também condensa, à sua maneira, a qualidade da presença do sujeito de um modo mais alusivo. Em compensação, Simmel nota bem que "o olho nos dá ademais a duração de seu ser, o sedimento de seu passado sob a forma substancial de seus traços, de modo que nós vemos, por assim dizer, a sucessão dos atos de sua vida surgidos perante nós ao mesmo tempo". Certamente, Simmel avança um pouco, esquecendo que frequentemente a aparência é a mais sutil das máscaras, mas é possível perceber aqui um imaginário do encontro subentendido pelos índices visuais ou auditivos, e mesmo olfativos, recolhidos no interlocutor. Além da troca formal entre os atores, outra troca mais marcante desenrola-se em uma espécie de sonho acordado, de alucinação, onde o corpo do outro, sua estesia, é o suporte de uma toalha de imagens. É provável que o essencial de todo encontro resida nesta jazida do imaginário. As modulações do rosto ou da voz, os gestuais, os ritmos pessoais enraízam o encontro e o orientam com uma linha de força mais eficaz do que o encomendado pelo estrito conteúdo informativo da conversação.

É preciso lembrar que Simmel também observou o quanto o quadro social influi sobre as orientações sensoriais. As estruturas

---

13. O rosto é o lugar onde o homem é reconhecido ou negado, amado ou desprezado (no racismo, p. ex.). O rosto é o lugar do sagrado no homem. Cf. LE BRETON, D. *Des visages...* Op. cit.

urbanas favorecem um constante emprego do olhar. A visão do citadino é permanentemente solicitada pelo espetáculo tão diferenciado da cidade (as vitrines, o emaranhamento da circulação de veículos e pedestres, o caleidoscópio das calçadas etc.). Confrontado aos barulhos dos carros ou das obras, o ouvido não é um sentido muito feliz no contexto da cidade, assim como o tato ou o olfato, os quais são mais frequentemente incomodados do que desabrochados. A socialidade urbana induz uma excrescência do olhar e uma suspensão ou um uso residual dos outros sentidos, cujos usos, em última instância, o homem só encontra na privacidade de sua casa.

5.4 A dominância do olhar

O olhar é hoje a figura hegemônica da socialidade urbana. Simmel o havia pressentido no começo do século XX ao notar que as

> relações dos homens nas grandes cidades, se as compararmos àquelas das pequenas cidades, são caracterizadas por uma preponderância marcante da atividade da visão sobre a da audição. E isso se dá não somente porque, nas pequenas cidades, os encontros feitos na rua são, na maior parte do tempo, com conhecidos com os quais trocamos uma palavra, e cujo aspecto nos reproduz toda a personalidade – não unicamente a personalidade aparente –, mas, antes de tudo, por causa dos meios de comunicação públicos [...][14].

---

14. SIMMEL, G. "Essai sur la sociologie des sens". Op. cit., p. 230. Simmel continua: "Antes do desenvolvimento dos ônibus, das estradas de ferro, dos bondes, no século XIX, as pessoas não tinham ocasião de poder ou de dever olharem-se reciprocamente durante minutos ou horas seguidas sem se falarem. Os meios de comunicação modernos se oferecem exclusivamente ao sentido da visão, de longe a maior parte de todas as relações sensoriais de homem a homem, e isso em proporção sempre crescente, o que deve mudar completamente a base dos sentimentos sociológicos gerais. O fato de um homem apresentado exclusivamente à visão revestir um caráter enigmático mais marcado do que o de um

A mutação do *status* dos sentidos e a autonomização gradual da visão tampouco escapou a um analista da cidade tão agudo quanto W. Benjamin; em suas reflexões sobre a fotografia, ele, por sua vez, constata: "[...] aperfeiçoar e tornar mais aguda a apreensão das fisionomias torna-se uma necessidade vital. Quer venhamos da direita ou da esquerda, precisaremos habituar-nos a sermos olhados, de onde quer que venhamos. E, de nossa parte, olharemos os outros"[15].

Cum grano salis, essa constatação revela-se sempre mais pertinente. Está na essência da cidade pôr os transeuntes em posição de olhar uns aos outros (com as proxemias diferentes segundo os lugares). Mas a socialidade ocidental leva hoje essa lógica um tanto quanto longe por meio dos imperativos arquiteturais que privilegiam a visibilidade: longos corredores em perspectiva, pavimentos escalonados mergulhando em uma esplanada, *halls* nus, paredes opacas substituídas pelo vidro, torres etc.; ou em outro lugar, planos de circulação de pedestres ou de automóveis, urbanização crescente, instalação de bosques, margens de rios, lagos, litoral, montanhas, desmatamento etc. Modernização e exploração sistemática de todos os dados "turísticos" potenciais; ou ainda banalização do uso dos binóculos nas praias ou da televisão no espaço doméstico, desenvolvimento das técnicas de espionagem por satélite etc. As altas torres que se erguem sobre cidades ou subúrbios são os vigias anacrônicos de um mundo que, de qualquer maneira, parece

---

homem cuja presença revela-se pela audição tem seguramente sua parte nesse estado de incerteza inquieta, nesse sentimento de desorientação em relação ao conjunto das vidas, esse sentimento de isolamento, esse sentimento de que, por toda parte, nos chocamos contra portas fechadas".

15. BENJAMIN, W. "Petite histoire de la photographie". *Poésie et révolution*. Paris: Denoël, 1955, p. 29-30.

não ter quase nada a esconder. Elas são o último limite de uma superexposição, sem dúvida inevitável, do espaço social. O olhar tornou-se o sentido hegemônico da Modernidade. A proliferação das câmeras de vídeo nas lojas, nas estações, nos aeroportos, nos bancos, no metrô, nas usinas, nos escritórios, em certas ruas ou avenidas etc., mostra mesmo uma derivação da confrontação com uma função de vigilância da qual ninguém escapa.

Outros traços ligados ao imperativo de regular a circulação de pedestres e de automóveis concorrem para amplificar a importância do olhar. As indicações escritas ou icônicas multiplicam-se, proliferam até a confusão. A vigilância torna-se necessária para não pôr sua existência em perigo no meio deste labirinto de signos.

Vemos cada vez mais o mundo através de telas, não somente aquelas dos dispositivos audiovisuais conhecidos (televisão, vídeo, telas de computadores etc.). Mas, da mesma forma, o pa-ra-brisa do carro ou do trem mostra um desfile de imagens desprovidas de realidade, próximas das precedentes; os edifícios elevados, as grandes aglomerações, as torres etc., oferecem-nos uma visão do exterior não menos subordinada ao olhar cênico. "A torre de quatrocentos e vinte andares, que serve de proa para Manhattan, escreve Michel de Certeau, continua a construir a ficção que cria leitores, que muda em legibilidade a complexidade da cidade e fixa em texto transparente sua opaca mobilidade. A imensa texturologia que se tem sob os olhos é outra coisa senão uma representação?"[16] Inútil ir a Nova York para experimentar tal impressão. Desde quando o olhar distancia-se suficientemente do solo e ultrapassa o teto das casas, para sobrepujar o espaço, o indivíduo experimenta a estranheza de sua posição, e percebe sua

---

16. DE CERTEAU, M. "Pratiques d'espaces". *Traverses*, n. 9, p. 5.

presença no mundo em uma espécie de simulacro[17]. Em certos bairros, esse sentimento é aumentado pelo vazio que cerca os edifícios dispostos à maneira de cubos sobre um espaço tornado asséptico. No extremo, bairros, e até mesmo cidades, racionalmente concebidos, onde tudo é funcional, parecem rejeitar o homem e sua experiência sensorial. A maquete de Brasília é bela de se ver, com sua forma de águia e seus blocos regulares, geométricos. Vista de avião, ela é fascinante. Mas para o homem da rua, ela é uma espécie de antagonista, hino ao olhar abstrato (geométrico), ela é hostil aos outros sentidos e à deambulação dos passantes. É uma cidade onde se vai *fazer* alguma coisa, mas que não se *percorre*. É conhecida, a esse respeito, a anedota de um cosmonauta soviético, em visita a Brasília, que declara aos seus anfitriões que ele não pensava em chegar tão rápido a Marte.

Além do barulho ou dos odores desagradáveis, a experiência sensorial do homem da cidade resume-se essencialmente à da visão. O olhar, sentido da distância, da representação, e até mesmo da vigilância, é o vetor essencial da apropriação pelo homem de seu meio ambiente. Poderíamos, sem dúvida, analisar como uma réplica à funcionalização do olhar nas cidades modernas certas práticas surgidas nos Estados Unidos nos anos de 1960: o grafite e a arte mural, sobretudo. Uma tentativa de restituir sentido, de reencontrar um frescor do olhar na miscelânea das cores e no estilo do grafismo. Os primeiros grafites vieram à luz em 1961 nos bairros mais deserdados de Nova York. Inicialmente destinados a indicar as coordenadas dos fornecedores de drogas, essa prática

---

17. Foi Philip K. Dick que produziu o romance mais impressionante em torno do tema da superexposição do espaço, da exposição banalizada, cf. DICK, P.K. *Substance-mort*. Paris: Denoël, 1978. Acerca da importância sociológica da obra de Dick, cf. LE BRETON, L. & DICK, P.K. "Un contrebandier de la science-fiction". *Esprit*, n. 10, out./1998.

naufraga pouco a pouco, transforma-se em uma afirmação coletiva de identidade. O metrô conhece assim uma metamorfose impressionante. Signos multicoloridos devoram os muros, respondem-se de um edifício ao outro. Da mesma forma, a arte mural introduz motivos e cores no espaço demasiadamente funcional das cidades. Com certeza, é ainda o olhar que é solicitado, mas seu regime não é mais o mesmo. Um desvio lúdico o aproxima de um corpo mais inteiro que expande justamente o tecido urbano. O gesto coletivo ou individual que se apropria das franjas do espaço para aí apor uma impressão marca uma forma de resistência contra a estrutura da cidade e as condições de vida que sua organização impõe. Há aí um desejo de restituir ao olhar um lugar de exploração, de descoberta, de surpresa. Um instante, o olhar é subtraído à fascinação, ele se imerge no jogo dos sentidos. Uma suspensão é concedida ao corpo. Certa espessura do mundo está novamente presente no usuário da cidade.

O triunfo da arquitetura e do urbanismo racionalista, que testemunha uma submissão da cidade à circulação automobilística, foi pouco propício à experiência corporal do homem. "O traçado orgânico dos velhos bairros" (C. Pelonnet) que favorecia o passeio, estimulava a sensorialidade, a convivialidade, multiplicava os lugares de encontro, as surpresas, apaga-se cada vez mais.

As vias de pedestres são uma tentativa de restituir ao citadino uma latitude sensorial e veicular mais ampla, tenta restaurar, no seio dos centros urbanos, uma dinâmica corporal que o afluxo dos carros, e a exiguidade frequente das calçadas, autorizam cada vez menos. Se o homem da cidade quiser viver uma maior intimidade com seu corpo, além dos terrenos do esporte, dos ginásios etc., reencontra antes no campo um passeio propício a um desenvolvimento sensorial diferenciado, uma relação física com os lugares que ele percorre.

A cidade é tornada menos um espaço de passeio do que uma trama de trajetos a cumprir no "imperativo de circulação" (P. Virilio). Uma das primeiras coisas que nota o imigrante (ou o viajante que retorna da África ou da Ásia, p. ex.), é a rapidez da circulação dos pedestres nas cidades. Um jovem migrante, vindo do Senegal, recorda-se assim de sua primeira viagem de metrô:

> "Ei, devagar, precipitam-se como loucos". O companheiro me explicou: "É assim aqui. Todo mundo se apressa". Era tarde, cerca das cinco horas da tarde. Era a hora em que todo mundo voltava do trabalho. Eu disse: "Mas há pessoas que me empurram. Elas se esbarram em mim". Ele me respondeu que não, que era esse empurra-empurra porque cada um quer se apressar... Eu perguntei: "O que é isso? É a guerra?" O companheiro me disse: "Não, não é a guerra, é todo mundo que se apressa em voltar para a sua casa"[18].

Para o homem em deslocamento importa apenas o olhar, é seu próprio corpo que faz obstáculo ao seu avanço. As sociedades ocidentais substituíram a raridade dos bens de consumo pela raridade do tempo. É o mundo do homem apressado.

5.5 Os lugares onde se vive

As casas onde os ocidentais vivem são diversificadas. Mas as habitações que compõem os grandes conjuntos, as cidades-dormitórios, as torres etc., são mais "máquinas de habitar" (Le Corbusier) do que prolongamentos materiais da corporeidade humana. Espaço e habitat sem qualidade para um homem sem qualidade. A cada cômodo é atribuída uma destinação unívoca, a pouca espessura das paredes não impede os sons de um aposento ao outro. Eis uma fonte de promiscuidade e de conflito de vizinhança. Autoritá-

---

18. DIA, O. & COLIN-NOGUES, R. *Yâkâré, l'autobiographie d'Oumar*. Paris: Maspero, 1982, p. 118-119.

rio, o espaço habitado torna-se então produtor de comportamento. "Nas fronteiras das cidades (esses edifícios) são como as frágeis construções das feiras internacionais, monumentos elevados ao progresso técnico, que convidam a desembaraçar-se deles após um breve período de utilização, como nos livramos de potes de conservas vazios"[19]. Nesses lugares, "a casa torna-se uma espécie de tenda, sem que seu hóspede desfrute da liberdade do nômade" (Ernst Junger). Aí, os jogos de criança, sua vontade de se exercitar fisicamente, são reduzidos pelas numerosas proibições que delimitam seu espaço. Os perigos que o cercam (a circulação automobilística, p. ex.), a pequenez dos lugares, a presença às vezes de gramados ou de jardins, os carros estacionados impedem os jogos coletivos. Os gritos das crianças, trazidos pelas suas atividades, são um motivo de conflito entre vizinhos, assim como o uso de mobiletes ou de motos, uma vez que nada é considerado para atenuar o barulho na concepção dos edifícios. Mesmo o simples prazer do exercício físico lhes é por vezes censurado. A exiguidade dos cômodos da casa também entrava seus deslocamentos, priva-os de se isolar por um momento, cria rivalidades entre os irmãos, tensões na família. Os idosos já não ficam à vontade nessas casas mais estreitas que outrora, que frequentemente impedem o acompanhamento dos doentes ou dos moribundos, a presença dos próximos à cabeceira da pessoa que sofre. A sociabilidade que mede ciosamente o espaço torna necessária a hospitalização dos doentes ou das pessoas idosas, que teriam podido, em outro lugar, continuar a receber cuidados em seu domicílio, ou terminar aí suas vidas cercadas por sua família.

Nessas habitações, o corpo está reduzido a uma soma de necessidades arbitrariamente definidas, é assimilado a uma forma

---

19. HORKHEIMER, H. & ADORNO, T. *La dialectique de la raison*. Paris: Gallimard, 1947, p. 129.

pura, desenraizada de toda existencialidade, sem história, sem qualidades, simples volume. Ele é concebido para "funcionar" em um espaço e não para aí viver. Os próprios materiais industriais excluem o corpo. Eles não oferecem muita atenção à história, eles não se enriquecem com o fluxo do tempo, eles são intemporais, não concedem a menor chance à memória. Eles são indiferentes, neutros, sem odores. A. Mitscherlich percebeu perfeitamente, no âmbito da vida cotidiana, uma neurose corrente engendrada por esses lugares funcionais. "Um espaço que afugenta só pode produzir reações compulsivas de apropriação: testemunha-o a mania do polimento e da ordem"[20]. O corpo que transparece em filigrana nas casas assim caracterizadas e em certos tecidos urbanos inteiramente dominados pela circulação de automóveis parece um simulacro: corpo funcionalizado, racionalizado, despedaçado segundo uma ideologia de necessidades que o fragmenta e o priva da dimensão simbólica que o envolve. O corpo vivo está frequentemente desconfortável, conforme o testemunha, em outro plano, o crescimento de acidentes cujas vítimas são os pedestres e os ciclistas, e notadamente as crianças ou os idosos. Corpo supranumerário? O corpo torna-se, por vezes, a utopia da cidade e mesmo da casa.

Lá onde reina a funcionalidade da casa ou do espaço urbano, a experiência sensorial e física reduz-se, ou antes, ela resvala para a vertente do mal-estar; ela torna-se, em última instância, incômoda. Quando Hölderlin diz que o homem habita poeticamente, ele sublinha a necessidade de um imaginário da casa, do bairro. E esse suplemento no qual se constrói o prazer de existir em um lugar onde é possível se reconhecer é frequentemente reservado ao homem ocidental.

---

20. MITSCHERLICH, A. *Psychanalyse et urbanisme*. Paris: Gallimard, 1970, p. 159.

Na casa tradicional, em contrapartida, podemos dizer que a totalidade da experiência corporal está investida. Plena de odores, de sons, de vozes, táteis devido aos materiais que a fundam. Ela é uma espécie de "corpo não orgânico do homem" (Marx), que o protege do ambiente exterior e favorece a convivialidade da família ou do grupo. Dados visuais, olfativos, fônicos, cinésicos, táteis, auditivos etc., marcam a relação do sujeito com seu habitat. Bachelard escreveu belas páginas sobre a casa, aos seus olhos, "uma das maiores potências de integração pelos pensamentos, as recordações e os sonhos dos homens [...] (ela) exclui as contingências, ela multiplica os conselhos de continuidade. Sem ela, o homem seria um ser dispersado"[21]. A casa e o espaço social tradicional inscrevem o homem em um universo construído sob sua medida. Prolongamento talhado pelo homem através de seu corpo, extensão cultural deste último, sua habitação lhe assegura uma segurança ao mesmo tempo física e moral. Espaço de exploração para a criança, sobretudo nesses lugares mais secretos: a caverna ou o sótão. Espaço sensorial diferenciado, propício ao desenvolvimento imaginário, ao estabelecimento mais feliz da intimidade.

5.6 Ruídos

A vida cotidiana também é pontilhada de sons: vozes e movimentos de próximos, aparelhos domésticos, rádio, televisão, discos, estalo da madeira, torneiras, ecos da rua ou da vizinhança, campainha do telefone etc. Uma trama ininterrupta de sons não para de impregnar o curso da existência e lhe dá seu aspecto familiar. Mas é sob a forma de um dissabor, o barulho, que o som aparece o mais frequentemente à consciência dos contemporâneos. O

---

21. BACHELARD, G. *La poétique de l'espace*. Paris: PUF, 1957, p. 27.

barulho é o que mais perturba o homem ao longo do cotidiano, é o som elevado à posição de estresse. Metade das reclamações registradas por causa de incômodo têm relação com o barulho: latidos intempestivos dos cachorros (mesmo na cidade), televisão, rádio, aparelhos de som em um volume demasiadamente elevado. Mais difíceis de contrariar são os carros e sua circulação ininterrupta, a passagem dos caminhões, as obras, os sistemas de alarme que se desencadeiam sem razão, as sirenes de ambulâncias ou da polícia, o barulho dos cortadores de grama no campo etc. Já Rilke, no começo do século XX, em Paris, testemunha a efervescência sonora que nem mesmo a noite interrompe.

> É uma pena que eu não possa me impedir de dormir com a janela aberta. Os bondes passam ressoando através do meu quarto. Automóveis passam sobre mim. Uma porta bate em algum lugar, algum vidro cai e se quebra. Ouço os risos às gargalhadas, o leve tilintar das lantejoulas. Depois, subitamente, um barulho surdo, abafado... alguém sobe as escadas. Aproxima, aproxima sem parar, está aí, está há muito tempo aí, passa. E de novo a rua. Uma mulher grita: "Ah, cala a boca, eu não quero mais". O bonde elétrico acorre, todo agitado, passa por cima, além de tudo. Alguém chama, pessoas afluem, se agarram, um cachorro late. Que alívio, um cachorro! Pela manhã há até mesmo um galo que canta, e um delírio infinito. Depois, subitamente, eu durmo[22].

A vida social revela um fundo sonoro que não para nunca. A concentração urbana, aliada à onipresença dos meios técnicos (automóveis, ônibus, motos, mobiletes, metrô etc.) transforma essa trama em barulho.

A casa aparece a princípio, sob esse ângulo, como uma zona privilegiada de abrandamento dos barulhos do exterior e de aco-

---

22. RILKE, R.M. *Les cahiers de Malte Laurids Brigge*. Paris: Seuil, 1966, p. 12 [Coll. Point].

lhimento dos sons familiares que contribuem para dar ao lar o sentimento de sua segurança pessoal.

Não suportamos bem as informações acústicas que nos vêm, a não ser que emanem de nós, ou que tenhamos a possibilidade de agir sobre elas. Da mesma forma que nossos próprios odores corporais pouco nos perturbam, os barulhos que produzimos não são percebidos com incômodos. São os outros que fazem barulho.

O silêncio é hoje uma sensação rara, ou mesmo simplesmente o conforto acústico[23]. À exceção, por vezes, dos parques e dos cemitérios, os lugares da cidade são barulhentos, as casas resistem mal às infiltrações sonoras de fora. Mesmo os hospitais são tomados pelas malhas do barulho. Por vezes, as animações comerciais de ruas ou de bairros difundem seus jogos ou suas músicas pelo alto-falante. O barulho é a mais insidiosa das poluições engendradas pela Modernidade, aquela da qual é mais difícil defender-se. Um som superior às frequências da voz humana e inesperado faz sobressaltar, ele logo mobiliza uma vigilância, um estado de alerta carregado de dissabor, se vem a prolongar-se.

Frequentemente, o hábito do barulho ameniza a acuidade e o incômodo. Assim acontece em certas fábricas cujos operários acabam por se acomodar malgrado a cacofonia das máquinas. Acostumamo-nos a uma forte intensidade sonora, acabamos por trabalhar, dormir, escrever, ler, comer, viver em um lugar barulhento. Mas a experiência mostra, no entanto, que quanto mais as crianças são expostas ao barulho, menos elas têm facilidade de aprender a ler. A constância de um alto nível sonoro em seu entorno as impede de decodificar os signos e de associá-los a um sentido preciso. O que parece uma defesa eficiente torna-se então uma deficiên-

---

23. Para uma abordagem antropológica do silêncio, remetemos a LE BRETON, D. *Du silence*. Paris: Métailié, 1997.

cia para uma melhor integração social. Uma existência desprovida perante o barulho está submetida a um estresse constante, a um estado de excitação do qual ela nem sempre tem consciência. Nesse sentido, o barulho é tão intolerável quanto o silêncio absoluto da privação sensorial.

Mesmo se uma sobrecarga sonora afeta pouco a pouco o organismo, o barulho é questão de apreciação pessoal, não é um dado objetivo. O juízo individual acentua ou atenua os efeitos possíveis do estresse sonoro. Os adeptos do *walkman* escutam assim uma música sem filtragem aérea e em uma alta frequência. Eles constroem para si uma muralha sonora com seu aparelho, e avançam em uma espécie de bolha acústica completamente cheia. O barulho de um é o acompanhamento sonoro familiar do outro. A noção de barulho é um juízo de valor acerca de um *stimulus*. Bachelard conta que se defende da agressão das britadeiras em ação em sua rua, em um dia de obra, imaginando que se trata, de fato, dos pica-paus do seu campo. Amenizada pela significação e pelo valor que lhe é atribuído, o barulho é aceito, integrado sem prejuízo no cotidiano.

Uma proxemia simbólica também entra em jogo na percepção dos sons vindos de fora. Dificilmente filtrado por uma parede demasiadamente fina, uma televisão cujo som, conquanto não esteja alto demais, pode ser vivido como uma agressão pelo vizinho cansado, que busca dormir, enquanto o barulho dos carros de sua rua, de uma frequência consideravelmente mais elevada, deixou há muito tempo de incomodá-lo. O barulho é a presença indesejável do outro, no cerne de seu dispositivo pessoal, invasão sonora que impede de se sentir em casa, bem protegido em sua esfera pessoal. Gritos de crianças, a passagem de uma mobilete, o aspirador do vizinho ou seu rádio são percebidos como tantas agressões insuportáveis, alimentando às vezes consequências graves (altercação, insultos etc.). A vítima do barulho percebe sua esfera íntima como porosa, sem cessar ameaçada pelo outro. Ele não pode mais abandonar-se a ela.

Após alguns anos, as empresas e as agências publicitárias perceberam bem a valorização necessária do silêncio em uma vida cotidiana um tanto quanto assediada. Hoje se enfatiza o silêncio do motor de um automóvel, dos aparelhos domésticos, dos cortadores de grama. O argumento do silêncio é um recurso comercial eficaz. Vedam-se acusticamente casas, escritórios, fábricas; atenua-se o barulho das máquinas em certas empresas; não se suporta mais que o motor do carro ensurdeça as discussões ou receia-se em fazer os vizinhos ouvirem o cortador de grama em um domingo de manhã. O conforto acústico torna-se uma zona crítica da sensibilidade coletiva, um valor unânime. Cada ator se esforça em atenuar sua produção sonora e esperam-se as mesmas precauções de seus vizinhos. É menos o silêncio o que aqui se procura do que uma integração mais harmoniosa do barulho no cotidiano, um abrandamento do impacto sonoro de instrumentos sem os quais é difícil passar.

5.7 Odores

Os odores da vida cotidiana assinalam, antes de tudo, a intimidade mais secreta do indivíduo: fragrâncias do corpo, dos próximos, da casa, das roupas, da cozinha, de cada cômodo em particular, do jardim, da rua. Variações sazonais dos odores vindos de fora: aqueles das árvores, das flores, dos frutos; aqueles que sobem da terra batida pela chuva ou ressecada pelo sol. Na esfera privada do sujeito, numerosos odores reinam, mesmo se a atenção que lhes damos não é valorizada, e mesmo frequentemente ocultada no plano social e cultural. Eles são difíceis de evocar a um terceiro, para não dizer de se desvelar aos seus olhos. Testemunha-o a experiência vivida por dois sociólogos conduzindo, em uma população aleatória, uma enquete sobre os odores do habitat. Dialogando sem diretivas com seus interlocutores, deixando a conversação alimentar-se dela mesma, ao fio das associações olfativas, eles se veem tornar, contra a sua vontade, o objeto de confidências cada vez mais íntimas, a tal ponto que, ao termo dessa primeira etapa, somente um quarto de seus entrevistados revelou-se utilizável na apuração de seu estudo. Interrogado livremente sobre sua experiência olfativa, cada um descobre uma multidão de notações a revelar, tocando em detalhes íntimos da vida cotidiana cuja recordação só pode aflorar se deixamos a palavra se associar à vontade de sua fantasia, sem tentar canalizá-la. Na evocação sem controle, os odores são um componente de escolha da espuma dos dias. Em contrapartida, fazendo os mesmos encontros, duas semanas mais tarde, munidos dessa vez de um questionário mais rígido, os dois pesquisadores não obtêm mais do que as respostas esperadas, aquelas que apontam somente os "maus odores"[24].

O olfato, sem dúvida, dos nossos sentidos, é o menos diversificado, o menos qualificável, ao mesmo tempo em que está infinitamente presente e age em profundidade sobre nossos comportamentos. O vocabulário olfativo é pouco extenso e frequentemente depreciativo. É mais fácil dizer o que cheira mal do que precisar, por exemplo, a natureza de perfumes agradáveis. É o sentido cuja evocação suscita mais resistência, por causa da dificuldade de delimitá-lo e da relutância da coletividade em se interessar por ele. Mas, uma vez ultrapassado o limite da repressão, o fato de falar dele arrasta longe em sua intimidade aquele que ousa se confiar.

Uma desconexão de odores marca o cotidiano, mas de maneira ínfima e secreta, e, quando fala aos outros, o sujeito raramente os evoca. Uma abundância olfativa recobre nosso universo sensorial

---

24. Entrevista com P. Dard e A. Blanchet. In: *Autrement*, n. 92, set./1987.

sem que tenhamos consciência desse fato. O efeito dos odores se atenua rapidamente, ele se enfraquece bem mais rápido do que os outros *stimuli* sensoriais. Para sentir os odores da vida cotidiana, os daqueles com quem vivemos, os que emanam da cozinha ou mesmo as exalações características de certos cômodos: madeira, roupa suja, umidade, livros etc., para vibrar desses eflúvios que são a trama olfativa da existência e, provavelmente, sua dimensão mais íntima e a menos transmissível, é preciso, com efeito, o contraste, a diferença. Porque o homem adapta se rápido a um ambiente olfativo, alguns minutos são suficientes. Se ele permanece vários minutos nos mesmos lugares, já não estão presentes as fragrâncias que inicialmente atraíram sua atenção.

Se para o homem da rua o odor é uma experiência antes bruta, malcaracterizável, em contrapartida o perfumista é capaz de discriminar com minúcia milhares de aromas. O cego de nascença também é levado a desenvolver, além da audição e do tato, um sentido superaguçado do olfato para identificar seus interlocutores. Nessas experiências-limite os odores podem parecer de uma extraordinária diversidade. Hellen Keller, não tendo mais do que dois sentidos à sua disposição, o tato e o odor, consegue reconhecer seus visitantes pelo seu odor pessoal. Ela desenvolve até mesmo a esse respeito uma espécie de caracterologia baseando-se unicamente nas informações olfativas que percebe.

> Por vezes, diz ela, acontece-me de encontrar pessoas às quais falta um odor individual distintivo: eu raramente as acho animadas e agradáveis. Inversamente, as pessoas cujo odor é fortemente pronunciado possuem frequentemente muita vida, energia e inteligência. As exalações dos homens são geralmente mais fortes, mais vivas, mais individuais do que as das mulheres. No perfume dos jovens há algo de elementar, algo ligado ao fogo, ao furacão e à onda marinha. Sentimos-lhes as pulsações da força e do desejo de viver. Eu gostaria de saber

> se os outros observam como eu que todas as criancinhas têm o mesmo perfume, um perfume puro, simples, indecifrável como a sua personalidade ainda adormecida. Não é senão aos seis ou sete anos que elas começam a ter um perfume particular que seja perceptível. Ele desenvolve-se e amadurece paralelamente com suas forças físicas e intelectuais[25].

Em sua presença, todo homem emite um odor, indiferentemente da maneira como ele se lava ou se perfuma, um odor único, que exala de sua pele e que, sem dúvida, interfere nas trocas que ele mantém com as outras pessoas. Assim como as linhas que sulcam sua mão, esses eflúvios pertencem exclusivamente a ele. Trabalhos efetuados em crianças mostram a facilidade com que estas identificam o odor de sua mãe[26]. Crianças de vinte e sete a trinta e seis meses, colocadas na situação de escolher entre dois tricôs da mesma cor e da mesma forma, dos quais um foi usado pela sua própria mãe, reconhecem este último sete em dez vezes. Experiência próxima à realizada em uma creche onde fazem cheirar o tricô de sua mãe, sem comentário, crianças com vinte a trinta e seis meses de idade. Se a criança já se mantinha um tanto quanto afastada de seus companheiros, ela então se isola ainda mais. Se ela era agressiva em relação aos outros, então ela se acalma e adota comportamentos característicos: alonga-se sobre o tricô, cheira-o, leva-o à boca, aperta-o contra si etc. Objeto transicional, no sentido de Winnicott, mas tendo em particular o fato de tratar-se de um objeto emanando de sua mãe e impregnado de suas características mais íntimas. Seu odor funciona como um lugar-tenente simbólico de sua presença. E a criança diz espontaneamente à tutora que lhe apresenta o tricô: "Que cheiro bom", "Tem o cheiro da mamãe"

---

25. Apud VILLEY, P. *Le monde des aveugles*. Paris: Flammarion, 1914, p. 241.
26. Fazemos alusão nas linhas seguintes a várias experiências conduzidas por H. Montagner. Cf. MONTAGNER, H. *L'enfant et la communication*. Paris: Pernoud-Stock, 1978, p. 239ss.

etc. Da mesma forma a criança que chora é apaziguada se lhe damos um pano que tenha pertencido à sua mãe, ainda impregnado de seu odor peculiar. O invólucro olfativo que cada homem exala é como uma assinatura de sua presença no mundo. Um traço leve, mas que os familiares sabem reconhecer entre todos.

O odor corporal ligado ao metabolismo próprio a cada indivíduo não é, sem dúvida, o mesmo segundo o momento do dia e segundo as modulações de sua saúde. O homem doente, submetido a dados biológicos que não lhe são habituais, vê modificar-se um pouco seu odor costumeiro, tanto por afeições banais quanto por doenças mais graves, que alteram sensivelmente seu metabolismo. Quando não nos "sentimos" bem, estamos doentes. O personagem de Lars Gustafsson, em *Mort d'un apiculteur*, acometido por um câncer que se aproxima da fase terminal, vê seu cachorro, com o qual tinha uma relação afetuosa há anos, desviar-se brutalmente dele e fugir com uma espécie de terror: "Como se esse cachorro tivesse medo, sabe Deus por que [...]. Eu me comporto em relação a ele exatamente como eu sempre me comportei há onze anos [...]. Dir-se-ia verdadeiramente que ele não me reconhece mais. Ou mais exatamente ele me reconhece, mas apenas de muito, muito perto, quando eu o obrigo a me olhar e a me escutar em lugar de apenas deixá-lo seguir meu odor [...]. Será que, de repente, meu odor mudou de maneira tão sutil que somente o cachorro seria capaz de se dar conta disso"[27].

---

27. GUSTAFSSON, L. *La mort d'um apiculteur*. Paris: Presses de la Renaissance, 1983, p. 29ss. Certo número de doenças manifesta odores bem conhecidos. Não desenvolveremos esse ponto muito bem, tratado por WINTER, R. *Le livre des odeurs*. Paris: Seuil, 1978, p. 110ss. Certas medicinas fundam o diagnóstico no olfato. R. Selzer (*La chair et le couteu* – Confessions d'un chirurgien. Paris: Seuil, 1987, p. 24ss.) conta a visita à cabeceira de um paciente de um médico no Tibete, que só se interessa pelos diferentes pulsos e pelo odor da paciente antes de formular um diagnóstico impecável.

A aura olfativa do homem não é, portanto, absolutamente um dado estável; ela varia segundo seu estado físico ao longo do dia, e mesmo talvez ao longo de sua vida. Entretanto, sua fórmula de base permanece praticamente a mesma. Ela é semelhante a um rosto, suas diferenças são apenas variações sobre um mesmo tema.

O odor que o corpo difunde é de tal maneira íntimo que sua extensão fora de si é frequentemente limitada pelo uso de desodorantes. Já não suportamos sentir o cheiro do outro tanto quanto não suportamos que nosso próprio cheiro seja sentido por outrem. À sua maneira, em outro contexto, P. Suskind propõe uma ilustração: o jovem Jean-Baptiste Grenouille, ao mesmo tempo em que cheira Terrier, o abade que o recolheu, parece apropriar-se de sua substância, como se ele a desenrolasse pouco a pouco a cada lufada que ele aspira. E o abade está a tal ponto repleto de terror que parece identificar seu odor com sua alma, e receia perdê-la se o bebê continuar por muito tempo o seu exame.

> Parecia a Terrier que a criança o olhava com suas narinas, e o examinava sem complacência, mais implacavelmente do que poderíamos fazer com os olhos, que ela engolia com seu nariz alguma coisa que emanava de Terrier sem que este o pudesse reter nem o dissimular [...]. Ele teve o sentimento de estar nu e ser feio, de estar entregue aos olhares de qualquer um que o fitasse sem nada entregar de si mesmo. Essa exploração olfativa parecia mesmo atravessar sua pele e penetrá-lo em profundidade[28].

Terrier experimenta o exame do qual é objeto à maneira de um desnudamento sem complacência, de um exame de consciência que o desvela inteiramente, mas à iniciativa de outro que não ele mesmo. Os odores seriam então a parte sensorial da alma? Lembramo-nos, aliás, do medo sentido por J.-B. Grenouille quando ele

---

28. SUSKIND, P. *Le parfum*. [s.l.]: [s.e.], [s.d.], p. 26 [Col. Livre de Poche].

descobre que nenhum odor se exala dele. Ele não cessa então de fabricar um para si, para aderir a uma espécie à qual ele pressente não poder pertencer se estiver desprovido dele.

Para a criança, não existem maus odores, não há senão odores, sobretudo em se tratando de eflúvios vindos do corpo. Lentamente, sob a pressão da educação, isto é, de um sistema de valores particular, transmitido pelos seus pais, a criança associa os odores do corpo ao desgosto e evita-os sempre mais, sobretudo na presença dos outros. Mas, anteriormente, a criança não experimenta repugnância alguma das emanações corporais, ela gosta de brincar com seus excrementos, sua urina, ela ama cheirá-los. Nada a perturba olfativamente em seu espaço de vida. Há uma jubilação da criança à maneira das palavras proscritas do vocabulário (na proporção do tabu que pesa sobre elas), como se elas sentissem seu próprio mau cheiro e o prazer disso fosse realçado. O folclore infantil do flato é a esse respeito particularmente rico. O lúdico obsceno das crianças, estudadas por Claude Gaignebet[29], mostra inúmeras referências a esses odores escatológicos que, aliás, enchem o indivíduo de desgosto quando ele está em público (gazes, excrementos, urina etc.), mas dos quais ele se acomoda muito bem quando está sozinho ou quando trata-se de seus próprios dejetos. É socialmente que o odor é proscrito; no nível individual, ele está integrado à existência, talvez com discrição, mas sua influência participa do prazer do cotidiano. A criança o recorda sem rodeios, não tendo ainda adquirido os modelos de conduta que mais tarde serão admitidos em suas relações com os outros. Mas ela resiste por um longo tempo antes de interiorizar esse sentido social do odor que consiste essencialmente na repressão.

---

29. GAIGNEBET, C. *Le folklore obscène des enfants*. Paris: Maisonneuve & Larose, 1974.

Como a criança, vivemos em um mundo carregado de odores, dos quais não temos necessariamente consciência, mas que, sem dúvida, influem sobre a tonalidade de nossos comportamentos em relação aos outros. O odor é, aliás, algo a que imediatamente se recorre quando se trata de denegrir um adversário: "eu não posso sentir o seu cheiro", "é um tipo fedorento", "é um estrume" etc. Da mesma forma, é espantoso constatar que os racismos também apoiaram seu ódio do outro no mau odor que ele supostamente exala. Assim o *foetor judaicus* com que os antissemitas dizem distinguir o judeu dos outros homens, ou a *jiffa*, mesma designação, desta vez para os países árabes. Odor do africano, identificável entre mil, para alguns "especialistas", a bromidrose (*bromos*, fedor, e *idros*, suor), odor fétido exalado pelos alemães segundo Edgar Bérillon, um antigo inspetor de asilos de alienados. Em 1918, levado pelo seu ardor olfativo, em plena guerra, ele escreve que os médicos franceses que

> têm que cuidar dos feridos alemães reconheceram espontaneamente que um odor especial, muito característico, emanava dos feridos. Todos estão de acordo em afirmar que esse odor, por sua fetidez, afeta terrivelmente o olfato [...] vários aviadores afirmaram-me que quando passam por sobre aglomerações alemãs, são advertidos por um odor pelo qual suas narinas são afetadas, mesmo quando sobrevoam a uma altura muito grande [...]. O alemão se aproximaria das espécies animais, entre as quais o medo ou a cólera são capazes de provocar a atividade exagerada de glândulas que secretam maus odores [...][30].

---

30. BÉRILLON, E. *La bromidrose fétide de la race allemande*. Paris: [s.e.], 1918. Sobre o odor dos pobres, cf. CORBIN, A. *Le miasme et la jonquille – L'odorat et le imaginaire social (XVIIIe et XIXe siècles)*. Paris: Aubier, 1982, p. 166ss. Sobre o *foetor judaicus*, cf. POLIAKOV, L. *Histoire de l'antissemitisme*: de Voltaire a Wagner. Paris: Calmann-Lévy, 1968.

Encontramos além-Reno, na mesma época, uma estigmatização simétrica do odor dos franceses. No Japão, Shusaka Endo fala do "odor corporal sufocante, esse odor de queijo peculiar aos estrangeiros". *Bata Kussai* nomeia comumente fragrâncias que emanam do corpo ocidental no Japão (literalmente "fede a manteiga")[31]. O outro é assimilado a uma natureza física diferente, um tanto quanto desviante biologicamente, e suas emanações são desagradáveis para aqueles que encarnam a "verdadeira" natureza. Do fato de não se poder cheirar o outro decorre, com efeito, que os odores dele exalados não podem ser senão "ruins", "rançosos", "fétidos" etc., de qualquer maneira singulares, e suscitar uma repulsão espontânea. O outro é sempre malcheiroso, quando não está em odor de santidade.

Malgrado a reputação de insensibilidade olfativa do homem ocidental, uma reflexão sobre a intimidade mostra que certos odores não cessam de acompanhar sua existência ao fio do cotidiano. Eles não são valorizados pelo discurso, mas não estão menos presentes, secretamente influentes. A anosmia (incapacidade de sentir os odores) é uma doença terrível, que arranca à existência uma parte de seu prazer. Ao contrário das outras sociedades, que levaram longe a arte dos perfumes, as sociedades ocidentais não colocam os odores em uma posição estética; o seu lugar é mais aquele de uma estesia. Eles agem fora da esfera consciente do homem, mas não orientam menos seus comportamentos. O discurso social estigmatiza antes os odores: "Odores: sempre maus". Tal poderia ser a definição de um moderno dicionário de ideias recebidas. Ruth Winter evoca uma experiência feita por pesquisadores californi-

---

31. Cf. BIROLLI, B. "A l'ouest sommes-nous tous des 'pue-le-beurre'". *Autrement*, 92, 1987.

nos sobre as relações entre odores e proxemia[32]. Participantes mais ou menos perfumados percorrem um jardim público, observando as reações suscitadas por sua passagem. Eles se sentam nos bancos, solicitam informações etc. Aqueles que estão perfumando afastam os passantes de sua vizinhança, malgrado seu odor agradável. Da mulher "excessivamente" perfumada se dirá que ela é uma "perua", mas o homem perfumado presta mais ao desconforto da troca, porque ele vai de encontro a uma norma implícita que associa a masculinidade à ausência de cheiro doce. Tal homem injuria sua virilidade, ele dá margem à suspeita.

Cada indivíduo, fechado em sua bolha olfativa (que ele mesmo não sente), parece não poder tolerar, em seu espaço íntimo, a intrusão de um odor corporal diferente do seu, a menos que este não seja já conhecido e familiar (quer se trate, portanto, de um próximo com quem sejam possíveis contatos corporais). Os eflúvios desagradáveis são aqueles do outro, não os seus. A publicidade ademais nos alerta acerca desse ponto: somente os outros percebem os odores que se exalam de você. Você mesmo não os sente. A publicidade enfatiza negativamente o odor íntimo, o qual ela convida a se desembaraçar graças a numerosos produtos desodorantes ("segundo o nariz, são cinco horas etc.). As mulheres, com certeza, são as mais visadas por esse tema culpabilizante, que faz do corpo um lugar naturalmente malcheiroso. Mas o corpo não é o lugar em si do outro para o pensamento ocidental que distingue o homem de seu corpo para fazer dele, tanto quanto possível, um *alter ego*?

A despeito de seu lugar na vida pessoal, o odor é socialmente eivado de suspeita e submetido à repressão. Ele é aquele de que não

---

32. WINTER, R. *Le livre des odeurs*. Paris: Méridiens/Klincksieck, 1989. • LE GUERER, A. *Les pouvoirs de l'odeur*. Paris: F. Bourin, 1988. • CLASSEN, C.; HOWES, D. & SYNNOTT, A. *Aroma* – The Cultural History of Smell. Nova York: Routledge, 1994.

se fala, a não ser para estabelecer uma conivência em torno de um mau odor. No espaço social, busca-se o silêncio olfativo por meio de um recurso considerável às fragrâncias e aos desodorantes. O perfume não é uma licença, um toque decisivo no jogo da sedução, senão sob a condição de ser utilizado no limite do apagamento. Perfume demais incomoda.

Se hoje em dia convém não somente contentar-se em combater seus odores corporais (mau hálito, suor etc.), mas também exalar (para uma mulher) um eflúvio agradável, deve-se fazê-lo com discrição. O charme do perfume se deve à sutileza de seu uso. Uma formação olfativa, mistura de luta contra os odores corporais e afirmação pessoal, através do perfume, da pasta de dente, das águas de toaletes, sabonetes etc., ultrapassa a formação da aparência física ou das vestimentas. Mesmo no impalpável dos odores, aquilo que vem espontaneamente do corpo presta a suspeita e a rasura, a fim de modificar o texto original. Henri Miller percebeu perfeitamente essa tendência que os Estados Unidos levam muito longe:

> Não os deixamos sentir o odor real, nem saborear o sabor verdadeiro do que quer que seja. Tudo é esterilizado e embalado em celofane. O único odor admissível e reconhecido como tal é aquele do mau hálito, e todos os americanos têm dele um medo mortal [...]. É o odor autêntico da decomposição. Quando está morto, um corpo americano pode ser lavado e desinfetado [...]. Mas um corpo americano vivo, no qual a alma se decompõe, cheira sempre mal, todos os americanos o sabem, e é por isso que eles preferem ser 100% americanos, solitários e gregários ao mesmo tempo, ao invés de viver, nariz a nariz, com a tribo[33]

O odor é a má parte da outra má parte do homem que é a carne. Uma denegação metódica se dedica, portanto, socialmente a impedir aos odores suas prerrogativas no campo social. O homem

---

33. MILLER, H. *L'oeuil que voyage*. Paris: Buchet-Chastel, [s.d.], p. 144.

é um animal que não cheira (que não quer cheirar), nisso ele distingue-se das outras espécies. No mesmo espírito, Freud, em *O mal-estar da civilização*, associa o recuo do odor ao desenvolvimento da civilização. Verticalizando-se, o homem desfaz-se de sua fidelidade à olfação, ele distingue-se do reino animal, e essa mudança de regime vital o leva a privilegiar a visão. Análise significativa de um tempo e de uma sociedade que inscrevem o odor e a visão nos extremos da hierarquia sensorial.

6 Apagamento ritualizado ou integração do corpo

6.1 O corpo presente/ausente

Uma larga rede de expectativas corporais recíprocas condiciona as trocas entre os parceiros sociais. Em uma mesma trama social, as sensações, a expressão das emoções, os gestuais, as mímicas, as posturas, as etiquetas que regem as interações, as representações etc., todas as figuras corporais são partilhadas pelos atores a partir de uma estreita margem de variações. Suas experiências somáticas espelham-se umas às outras, elas fundam o *sensorium commune*. Se diferenças intervêm, ligadas ao estilo do ator, à sua categoria social, por exemplo, elas quase não são sensíveis enquanto não ultrapassamos o limiar de outra estruturação social.

A proximidade da experiência corporal e dos signos que a manifestam aos outros, a partilha comum dos ritos que constituem a sociabilidade são as condições que tornam possível a comunicação, a constante transmissão do sentido no interior de uma sociedade dada[1]. Mas, paradoxalmente, por meio da conivência assim estabelecida com o corpo espelhando outrem, a familiaridade do

---

1. Podemos constatar a esse respeito os efeitos mortíferos engendrados por uma sociedade cujos quadros sociais se decompõem e na qual desaparece assim toda dimensão de previsibilidade, cf., p. ex., TURNBULL, C. *Un peuple de fauves.* [s.l.]: Stock, 1973.

sujeito com a simbolização de seus próprios usos corporais ao longo de sua vida cotidiana, parece que o corpo apaga-se, que ele desaparece do campo da consciência, diluído no quase automatismo dos ritos diários.

No escoamento da vida corrente, o corpo se esvanece. Infinitamente presente – porquanto, é o suporte inevitável, a carne do ser-no-mundo do homem –, ele está também infinitamente ausente de sua consciência. Ele atinge aí seu estatuto ideal em nossas sociedades ocidentais onde seu lugar é aquele do silêncio, da discrição, do apagamento, e até mesmo do escamoteamento ritualizado. Georges Canguilhem pode assim definir, sem pestanejar, o estado de saúde como "a inconsciência na qual o sujeito faz parte de seu corpo". E René Leriche diz que ela é "a vida no silêncio dos órgãos". Fórmulas frequentemente citadas, mas que ilustram, à maneira de um lapso, o quanto é socialmente necessário o apagamento do corpo na vida de cada dia, o quanto a "saúde" repousa em uma repressão do sentimento da encarnação sem a qual, entretanto, o homem não existiria. Como se a consciência do corpo fosse o único lugar da doença, e apenas sua ausência definisse a saúde. Nessas condições, mal ousamos nos lembrar de que o corpo é, entretanto, o suporte material, o operador de todas as práticas sociais e de todas as trocas entre os atores. Fazer da ocultação do corpo o sinal da saúde traduz com toda evidência o imperativo de discrição que pesa sobre as manifestações tendentes a lembrar ao homem sua condição de carne.

A socialização das manifestações corporais se faz sob os auspícios da repressão. Em relação a outras sociedades mais hospitaleiras ao corpo, podemos dizer que a socialidade ocidental repousa sobre um apagamento do corpo, sobre uma simbolização particular de seus usos, traduzindo-se pelo distanciamento. Ritos de evitamento (não tocar o outro, salvo em circunstâncias particulares, certa familiaridade entre os interlocutores etc., não mostrar seu corpo nu ou parcialmente desnudo, salvo em certas circunstâncias precisas etc.) ou de regulação do contato físico (aperto de mão, abraços, distância entre os rostos e os corpos quando da interação etc.). Entendamos bem, toda sociedade implica a ritualização das atividades corporais. A todo instante o sujeito simboliza por meio de seu corpo (seus gestuais, suas mímicas etc.) a tonalidade de sua relação com o mundo. Nesse sentido, o corpo, quaisquer que sejam as sociedades humanas, está sempre significativamente presente. Entretanto, as sociedades podem escolher colocá-lo à sombra ou à luz da sociabilidade. Elas podem escolher entre a dança e o olhar, entre a embriaguês e o espetáculo, entre a inclusão ou a exclusão relativa das modalidades sensoriais e cinéticas da condição humana. As sociedades ocidentais escolheram a distância e, portanto, elas privilegiaram o olhar (infra), relegando à indigência, ao mesmo tempo, o olfato, o tato, a audição, e até mesmo o paladar.

Essa atitude de evitamento dos usos do corpo, além disso, nem sempre foi, além disso, facilmente perceptível na história ocidental. Norbert Elias, em obras importantes, mostrou como, antes do Renascimento, e ainda depois, para as classes sociais mais afastadas da burguesia o corpo não é o objeto de uma privatização de suas manifestações materiais, de uma ritualização que impõe um distanciamento. Escarra-se, arrota-se, fazem-se suas necessidades diante de todo mundo, assua-se o nariz com a mão, toca-se[2]. Da mesma forma, o vocabulário relativo ao "baixo material" (M. Bakhtin) é inacreditavelmente rico. Inúmeras páginas de Rabelais, salpicadas aos nossos olhos de palavras insólitas ou incompreensíveis, o atestam ainda hoje. As emoções são sempre levadas ao seu cúmulo, mesmo se elas alternam-se em intervalos aproximados e contradizem-se.

---

2. P. ex.: ELIAS, N. *La civilization des moeurs*. [s.l.]: Calmann-Lévy, 1973.

Os choros ou os risos estão sempre no excesso (para nós) e no instante. Eles se dissipam tão rápido quanto chegam, mas se dizem no coletivo[3]. Os numerosos banquetes ou festas oferecem a ocasião de comilanças e de excessos. A sexualidade não é moralizada como ela o será nos séculos seguintes. As camadas sociais que compõem a sociedade medieval, e mesmo a sociedade renascentista, são hospitaleiras às manifestações do corpo. Este é afirmado como o lugar essencial e feliz da existência e não como seu artefato mais ou menos penoso, de cuja presença é preciso se esforçar para esquecer.

De maneira paradoxal, o homem ocidental, ao longo de sua vida cotidiana, manifesta implicitamente sua vontade de não sentir o corpo, de esquecê-lo, tanto quanto for possível. Somente uma consciência residual pode legitimamente alcançá-lo. Em todo caso, na esfera do cotidiano, uma vez que, conforme veremos, a ostentação do corpo é admissível em certos lugares e em certos momentos, e a publicidade o expõe cada vez mais, mostrando situações ou lugares do corpo outrora tocados pela mais alta discrição (publicidade para os papéis higiênicos, os tampões periódicos, os protetores de calcinha, as roupas de baixo etc.). Mas a vida cotidiana, hoje em dia, não é afetada, em seus rituais e seus valores, por essa "liberação".

O corpo não transparece verdadeiramente à consciência do homem ocidental a não ser, exclusivamente, nos momentos de crise, de excesso: dor, fadiga, ferimento, impossibilidade física de cumprir determinado ato ou ainda a ternura, a sexualidade, o prazer, ou para a mulher, por exemplo, durante a gestação, as regras etc. Sejam situações que estreitam o campo de ação do sujeito, é unicamente nisso que pensam G. Canguilhem e R. Leriche; sejam, ao contrário, situações que o ampliam, porém mais raramente. Donde a assimilação da percepção do corpo à subjacência de uma doença.

---

3. Cf. HUIZINGA, J. L'automne du Moyen Age. Paris: Payot, 1961.

O simbolismo que impregna o corpo fornece ao sujeito os meios de uma ótima ocultação dessa realidade ambígua à qual ele está ligado. O corpo é o presente-ausente, ao mesmo tempo pivô da inserção do homem no tecido do mundo e suporte *sine qua non* de todas as práticas sociais; ele não existe na consciência do sujeito a não ser, exclusivamente, nos momentos em que cessa de cumprir suas funções habituais, quando a rotina da vida cotidiana desaparece ou quando se rompe "o silêncio dos órgãos".

É contra o recobrimento do espaço sensorial possível que se insurgem numerosas práticas corporais contemporâneas. A exigência afirmada da "escuta do seu corpo" traduz a carência sentida pelo sujeito que procura, a partir da simulação, lutar contra o silêncio que impregna sua carne. Já sublinhamos repetidas vezes o crescimento dos transtornos psicológicos ligados ao narcisismo, impressão de nada sentir, vazio interior, sideração dos sentidos e da inteligência, brancura da existência, atonalidade. A exploração sensorial que favorece a caixa de isolamento, a sofrologia, as massagens, a ioga, as artes marciais, entre outras práticas, propondo-se um uso inédito do corpo, traduz essa necessidade antropológica de uma nova aliança com uma corporeidade subutilizada na Modernidade. Significativa é, a esse respeito, a reflexão de Kenji Tokitsu, falando da descoberta que iria incitá-lo a uma prática intensiva das artes marciais:

> Um dia, indo ao liceu, na luz da primavera, eu caminhava com a mancha preta da minha sombra sobre o caminho de terra que avança sobre os campos de arroz, eu tentei andar realmente, estar presente em cada passo, mas em vão. Essa sensação de não estar presente, essa tentativa malsucedida de existir verdadeiramente me orientaram em direção a uma busca da existência de si pelas artes marciais[4].

---

4. TOKITSU, K. *La voie du karaté*. Paris: Seuil, 1979, p. 7.

Tomada de consciência emblemática, a busca inerente às artes marciais, com efeito, traduz uma preocupação com a integração do movimento e do sentimento no jogo da vida, visa a uma unificação do sujeito. Da mesma maneira, o shiatsu, a dança etc., onde os praticantes são confrontados a eles mesmos, ou, antes, aos seus corpos postos em posição de olhar, sobre o qual trabalham a estimulação de uma sensorialidade, de uma motilidade relutante, e uma mobilidade que alhures raramente oferece sua plena medida.

Trata-se de alcançar o uso de si mais inteiro, de integrar os diferentes níveis de sua existência. Um adepto das corridas de fundo, corredor de domingo, exprime o mesmo sentimento, formulado de outra maneira: "Encontramos comportamentos da infância, de moleque [...] é o sossego, a descontração". O uso físico de si culmina em uma jubilação, ele provoca o sentimento forte de existir.

A busca de uma melhora por meio do melhor uso físico de si, notadamente no engajamento energético com o mundo, se ela é atravessada por um feixe de signos (a saúde, a forma, a juventude etc.), responde ainda à necessidade de restaurar um enraizamento antropológico tornado precário pelas condições sociais de existência da Modernidade. Porque o corpo não é mais o centro radiante do ser, ele torna-se um obstáculo, um suporte estorvante e penoso. As práticas e os discursos que o visam tornam-se então invasivos, na medida inversa da atrofia de que este é objeto ao longo da existência do sujeito. Elas têm os limites e a força de um "suplemento de alma", de uma pitada suplementar de sentido pela qual se constrói momentaneamente um maior prazer de existir. O corpo do qual se fala, aquele que se exibe e que se libera, aquele cujos traços buscam-se nos ginásios, esse corpo triunfante, são, jovem e bronzeado da narrativa moderna não é aquele da vida cotidiana, diluído na banalidade dos dias. Se o novo imaginário do corpo não é sem incidência sobre o cotidiano, seus efeitos permanecem menores, eles concernem mais ao imaginário do que ao corpo vivido.

6.2 Os ritos de apagamento

A existência do corpo parece remeter a uma gravitação temível que a ritualidade social deve conjurar. Trata-se, de certa maneira, de uma negação promovida ao posto de instituição social, conforme o testemunha a atitude enluvada de discrição nos elevadores ou nos transportes coletivos, onde esforçamo-nos incomodamente em fazer-nos transparentes ao outro e em tornar o outro transparente. Testemunha-o também a reticência em tocar ou em ser tocado por um desconhecido, que leva a inevitáveis desculpas quando o contato, por menor que seja, acontece. Ou ainda o mal-estar que nasce do diálogo com um estrangeiro que não partilha as ritualidades ocidentais, notadamente essas proxemias. Ou aquela que nasce de ambas as partes se um ator é surpreendido em uma atitude incongruente, insólita, ou quando escapa a alguém uma manifestação corporal habitualmente apagada: flatulência, arroto, ronco do estômago. Nessas condições de contato com o outro que as ritualidades não mais se encarregam de maneira direta, o corpo perde subitamente sua fluidez anterior, ele se faz pesado, estorvante. Expressões correntes estão aí para dizer o mal-estar que nasce dessa mudança de regime do corpo: "Eu não sabia mais onde me meter etc." A simbólica corporal perde provisoriamente seu poder de conjuração, uma vez que os dados da situação anulam em parte seus efeitos. O corpo se torna mistério, não sabemos mais como abordá-lo. As expectativas dos atores não mais se respondem, ou deixam entrever dias inquietantes. Os corpos cessam de escoar-se no espelho fiel do outro, nessa espécie de bloco mágico onde os interlocutores apagam-se na familiaridade dos símbolos ao mesmo tempo em que se põem adequadamente em cena. Um mal-estar profundo emana da ruptura de sentido, que inoportunamente põe o corpo em evidência.

Todas as modalidades de interação social instauram-se a partir de uma definição mutuamente aceita. A situação é implicitamente delimitada por uma margem de posturas corporais, de gestuais, de mímicas; uma distância precisa separa os interlocutores, que sabem intuitivamente (sendo esta intuição o fruto de uma educação que faz corpos) o quanto podem fisicamente permitir-se uns perante os outros, e o que podem igualmente se dizer sobre suas próprias manifestações corporais, sem receio de incomodar-se mutuamente. É conveniente que uma etiqueta corporal varie segundo o sexo do interlocutor, seu *status*, sua idade, o grau de parentesco, ou de familiaridade, o contexto da interação etc. Toda conduta que escape à sua definição social é ameaçada pela inconveniência. Ela pode suscitar a vergonha daquele que toma consciência de ter rompido um quadro estabelecido, e o mal-estar daquele que é confrontado a esse afastamento: um mau cheiro, um hálito demasiadamente forte, uma atitude desconjuntada, um ruído incontrolado, uma gargalhada etc., voltando brutalmente a atenção para um corpo que deve permanecer discreto, sempre presente, mas no sentimento de sua ausência. O embaraço que faz irrupção e parasita a interação pode, entretanto, ser ritualmente apagado por uma falsa indiferença, ou, melhor ainda, pelo humor, sempre disponível para simbolizar as situações escabrosas e dissipar a vergonha ou a reticência. O corpo não deve testemunhar qualquer aspereza suscetível de realçá-lo. Sartre sutilmente descreveu o garçom de café que se dissolve totalmente nas posturas, nos gestos, nas mímicas que ele associa ao exercício de sua função. Fiel à etiqueta que responde à definição social de seu trabalho, ele apaga ritualmente a presença de seu corpo, desempenhando sua tarefa com destreza, graças ao recurso a uma soma de técnicas corporais particularmente dominadas:

> Ele tem o gesto vivo e pronunciado, excessivamente preciso, vem então em direção aos consumidores com um passo demasiadamente vivo, inclina-se apressadamente demais, sua voz, seus olhos exprimem um interesse excessivamente cheio de solicitude pela comanda do cliente, enfim, eis que ele recua tentando imitar em seu passo o rigor inflexível de não se sabe qual autômato portando sua bandeja com uma espécie de temeridade de funâmbulo [...]. Ele representa ser um garçom de café[5].

Com brio, o corpo do garçom de café não cessa de se dobrar aos gestos profissionais que ele aprendeu. Conforme seu corpo permanece na discrição. Na vida corrente, somos assim guiados por uma rede de ritualidades que apagam a evidência do corpo escrevendo-o com plasticidade na situação vivida.

Esse fato de estrutura não deu início à mitologia da liberação do corpo. As interações permanecem sob a égide do apagamento ritualizado das manifestações corporais. Uma série de situações poderia servir para contestar essa afirmação. Um exame mais atento mostra que, além das aparências, malgrado talvez sutis modificações, uma mínima rigidez, não convém expor sempre o corpo fora do quadro das ritualidades que pontuam o escoamento da vida social e a conservam no claro-obscuro, na presença-ausência[6].

---

5. SARTRE, J.-P. *L'être et le néant*. Paris: Gallimard, 1943, p. 95 [Col. Tel].
6. Nós mostramos alhures que o apagamento do corpo não é absolutamente uma fechadura posta nele. Numerosas situações, também elas rituais, permitem um relaxamento da etiqueta corporal e do discurso autorizado sobre as manifestações do corpo: os momentos de festividade (bodas, reuniões de família, banquetes, festas etc.). Os vestiários esportivos, as "partes" etc., favorecem as licenças de conduta e de intenção. Da mesma maneira que as recepções, as cerimônias, os bailes etc., são ocasiões de pôr o corpo em valor sob a égide da sedução.

Na escala das interações cotidianas, nada muda no apagamento ritualizado: estes são lugares ou tempos privilegiados que acolhem o gasto. As atividades cinéticas ou sensoriais, a procura de limites através de um extremo engajamento físico (incursão, maratona, estágio de sobrevivência, triátlon etc.) tende a escapar da socialidade. Essas são atividades concebidas e percebidas pelos atores como situando-se à margem, colocadas, sobretudo, sob a iniciativa individual, mesmo se, como vimos, os valores ativos de um momento orientam a escolha dos atores. Estas são praias de tempo, lugares organizados para este efeito, que geram uma boa parte dessas atividades físicas. Se estas têm ressonâncias individuais, ao mesmo tempo compensar a atrofia das funções corporais na Modernidade e favorecer o jogo dos signos graças aos quais o ator se situa à sua maneira na ambiência social de um momento, elas não interferem senão residualmente naquilo que constitui esse fundo intangível da vida cotidiana e profissional. O contato físico com o outro, desconhecido, permanece, por exemplo, um tabu.

As atividades corporais do homem ocidental permanecem na sombra, malgrado a suspensão de algumas reticências e a postura de um discurso aparentemente mais liberado. Há somente algumas dezenas de anos, os usos do corpo estavam ainda mais no cerne da vida (da mesma maneira, aliás, que a morte), em um tempo em que as bicicletas, a caminhada, os banhos nos rios ou nos lagos faziam parte da banalidade dos dias. Quando a estrutura das cidades, menos aberta à circulação de automóveis, deixava um lugar sensível à sensorialidade, ao passeio, à motilidade e à mobilidade do corpo. Essa ausência de carne e de sensibilidade na evidência da relação com o mundo impele os atores a desenvolver, à margem de seu cotidiano, atividades de gasto físico nas quais se restaura provisoriamente sua identidade. Sendo o corpo o lugar e o tempo íntimo da condição humana, não poderíamos, com efeito, afastá-lo totalmente. Mas a aliança ontológica do homem com seu corpo não é, entretanto, reatada senão de maneira voluntária e provisória por exercícios ou por um engajamento que se impõem, mas não resolvem o problema de fundo, aquele da atrofia das funções corporais no desenrolar da vida cotidiana.

As horas de gim-tônica ou de *jogging*, de imersão em um grupo de aprendizagem de massagens chinesas ou de caratê, a inscrição em uma associação de bioenergia ou de *gestalt* são parênteses na vida pessoal, lugares privilegiados onde as prevenções habituais são suprimidas, onde se relaxa parcialmente o apagamento ritualizado do corpo. Quase não conhecemos nossos vizinhos, senão a partir da partilha calorosa de momentos de descontração no curso dos quais "nos desatamos" tanto mais de bom grado quanto a vida privada esteja menos ameaçada. Nessas condições instauram-se exercícios em comum que põem o corpo em jogo, aceitamos o contato da mão ou da pele do outro na medida em que a recíproca é sempre possível, onde cada um, por seu turno, é utensílio e depois ator, objeto e depois sujeito.

E. Perrin percebeu bem a instrumentalização do corpo nos grupos de terapias e meditação corporal dos quais participou. O consenso é precário, mas necessário para o bom funcionamento dos estágios. Ele ilustra o quanto é difícil viver a suspensão dos ritos e das reticências sobre as quais se funda a vida cotidiana. "Basta que um só recuse a regra implícita: 'Eu lhe empresto meu corpo se você me emprestar o seu' e 'Todos os corpos servem para enriquecer minha experiência' para que ela se rompa [...]. É a busca interior, individual, que prima tanto pelo estado das instruções quanto por aquele dos exercícios coletivos"[7]. O outro é aquele que permite que a busca pessoal aconteça; ele é, antes de tudo, um utensílio cômodo.

---

7. PERRIN, E. *Les cultes du corps*. Lausanne: Favre, 1985, [s.de.], p. 162.

Mesmo se o corpo é posto em jogo pelo tato, o aspecto voluntário dos exercícios não suspende o tabu do contato, mas simplesmente o desloca pela regra que faz alternativamente de cada participante um objeto ou um sujeito de investigação ou de treinamento na aprendizagem de uma técnica ou na busca de uma sensação. Não é o corpo da vida corrente (e, portanto, o corpo possível do desejo ou do prazer) que se presta ao outro em uma relação igual; é um corpo dissociado do pulsional. O contato físico não visa dois sujeitos propriamente ditos, mas a repetição de um ato ou de uma técnica ou ainda a experimentação de um sentimento em uma intenção de aprendizagem, mesmo se tratar-se de um trabalho sobre o íntimo. O outro é o parceiro ao acaso cuja implicação corporal é condição da minha para com ele. A experiência mostra que, quando exercícios devem ser repetidos a dois ou a vários, é a proximidade dos parceiros, mais do que as suas afinidades possíveis, que reúne os participantes. O contato não é aquele de um sujeito preciso em uma relação escolhida. Mesmo se a ocasião pode se produzir e o prazer advir, a relação transbordar o quadro do ginásio ou do estágio, esse não é o objeto desses exercícios, e a ritualização que os guia não é de todas as maneiras propícia a esses suplementos. O aspecto relacional entra em curto-circuito. O outro aqui não tem sentido a não ser o de favorecer as sensações daquele a quem aproveita o exercício, sabendo que a sequência seguinte inverte os papéis. Uma troca de bons procedimentos que ilustra bem que o corpo não é aqui o lugar indiscernível da existência do sujeito, mas antes a "mecânica do corpo" cuja apreensão é suavizada pela psicologia, sem que sejam modificados realmente o dualismo corpo-sujeito e a dualidade entre esses exercícios e o cotidiano. O dualismo é, sem dúvida, por vezes amortecido, mas ele não é suprimido. Assim, E. Perrin pode evocar com humor sua experiência dos grupos de envolvimento corporal, sublinhando a submissão fiel dos participantes à palavra dos animadores: "Ao ponto de eu ter frequentemente a impressão de ser conduzido à descoberta de minhas sensações à maneira das visitas guiadas dos museus. Eu me ouvi afirmar claramente que 'em um instante nós teremos uma sensação de calor ali, de picadas aqui etc.'" (p. 159). Belo exemplo do corpo promovido ao posto de *alter ego* com quem se amarra uma relação de sedução. A parte de si cuja presença é preciso aprender a domesticar e cujos recursos nos sentidos do prazer é preciso aprender a modificar.

6.3 O corpo exposto

Paralelamente, a publicidade opera um avanço audacioso abordando temas corporais tocantes à vida privada e associados à vergonha quando são publicamente desvelados. De uma maneira "bacana", "moderna" evocamos os preservativos, as roupas de baixo, os protetores de calcinha, os absorventes higiênicos, os desodorantes, as meias ou o papel higiênico. O uso ritual do humor neutraliza o incômodo do telespectador, do ouvinte ou do leitor, ou aquele do transeunte interpelado por um anúncio. O humor é uma maneira cultural de desarmar o equívoco ou de abordar, pela ilusão, temas proibidos ou delicados. Graças ao seu recurso, podem-se sugerir aspectos da existência em uma conversação corrente, e permitir abordar os assuntos mais licenciosos ou os mais duvidosos. O espaço da publicidade se dá, em relação à vida cotidiana, à imagem do vestiário esportivo ou de certas festividades (uma refeição de casamento, p. ex.), como um momento de exceção no qual é permitido, sem infringir a regra, livrar-se de uma parte do controle sobre suas manifestações íntimas. A refeição entre amigos ou as festividades familiares veem fundirem-se histórias equívocas. O humor as torna inofensivas, entregando, apesar de tudo, o benefício de seu conteúdo. Nesse contexto, certa licença é admissível, mas neutralizada pelo riso.

A conivência imposta pelo estilo descontraído da publicidade apela para o sentido do humor do destinatário. Ela lisonjeia sua largueza de espírito e culpabiliza de antemão toda crítica a seu respeito. A não ser que se tenha "preconceitos" e que não seja "moderno", como não sorrir perante essa criança que deixa seu penico desenrolando interminavelmente atrás dela um rolo de papel higiênico, antes de fazer irrupção no escritório de seu pai (este visivelmente ocupado em concluir um contrato importante com um areópago de homens de negócio) para lhe pedir sua ajuda. Irrupção do privado no público, graças ao humor e o desajeito cuidadosamente calculado da criança que, certamente, não tem preconceito nessa dualidade.

Nenhuma sensibilidade é escandalizada graças ao estilo humorístico cuja função social consiste em autorizar a abordagem de temas proibidos de serem ditos, como verdades que não poderíamos exprimir de frente. O humor, na publicidade como na vida, torna aceitáveis imagens ou palavras subtraídas do íntimo que indisporiam se tivessem sido formulados de outra maneira. Mas a necessidade desse desvio para proteger o objeto, ou a conduta, assim desvelado mostra bem que o corpo permanece impregnado de sentido e de valores, lugar simbólico que a publicidade tenta expurgar. Ela fala significativamente de "tabus" ou de "preconceitos" quando evoca os atos íntimos mantidos habitualmente na discrição. Mas, finalmente, sob a aparência de uma afirmação de valores corporais, de uma exposição do íntimo em toda descontração, a publicidade apaga sutilmente aquilo que emana do orgânico, a "liberação" do corpo se faz sob a égide da higiene, de um distanciamento da "animalidade" do homem: seus odores, suas secreções, sua idade, sua fadiga, seus proscritos. Da mesma forma, a progressão social do esporte[8] ou da dança moderna impõe um modelo de juventude, de vitalidade, de sedução, ou de saúde. O corpo liberado da publicidade é limpo, liso, claro, jovem, sedutor, sadio, esportivo. Não é o corpo da vida cotidiana.

As sociedades ocidentais tendem a ser menos acolhedoras, menos inclusivas dos dados corporais aferentes à condição humana do que outras sociedades, alhures no tempo ou no espaço. Se todas as sociedades ritualizam as manifestações corporais, simbolizam o íntimo e o ínfimo[9] sem nada deixar baldio, o acolhimento feito aos dados físicos, cinéticos ou sensoriais é eminentemente variável. Nós mostramos que certas sociedades absorvem o corpo como absorvem os indivíduos e como outras, ao contrário, distinguindo o indivíduo, enfatizam as fronteiras do corpo, estas operando então como fator de individuação. A dança pode estar no cerne da vida social ou figurar um rosto da parte maldita. A Modernidade, mesmo se ela é frequentemente ambivalente em relação a este tema (cf. infra: a relatividade do "retorno" ao corpo), é, em seu conjunto, um tanto quanto inóspita ao corpo. Ela se estabelece sobre o fundo de uma negação ritual das manifestações corporais. Perante um flato, um ronco de estômago, um arroto, cada um faz semblante de quem não ouviu coisa alguma. A não ser que o humor não venha justamente ritualizar o mal-estar, apagando-o de uma só vez. Acontece que as faltas às regras de discrição tenham por objetivo a humilhação do interlocutor. O desprezo da etiqueta, se ele permanece unilateral, traduz a preocupação em afirmar uma superioridade hierárquica ou uma vontade de tomada de poder.

---

8. Sem cessar solicitado pela publicidade, o esporte é erigido hoje em paradigma da excelência social; sobre esse tema, cf. LORET, A. *Génération glisse*. Paris: Autrement, 1995.

9. Cf. LE BRETON, D. *La sociologie du corps*. Paris: PUF, 1992 [Col. Que sais-je? – 3. éd. cor., 1996].

Ele se manifesta por um mau hálito, um odor desagradável, certo desleixo, um vocabulário chulo etc. Tudo depende das convenções sociais e do limite de tolerância dos interlocutores em questão.

O metrô, o ônibus, o trem, o elevador, a sala de espera são as ilustrações proeminentes do distanciamento que atingiu o corpo e do mal-estar que nasce do contato físico que nada simboliza. A ritualidade é aqui levada ao cúmulo em sua intenção de escamoteamento. O uso quer que a proximidade física engendrada pelos transportes em comum ou o elevador seja ocultada por uma falsa indiferença em relação ao outro. Os olhares se ausentam, fiéis à conduta a manter nessas condições, preocupadas em não atrair a atenção ou em não incomodar o outro.

Se os corpos devem se tocar, ou somente se roçar, uma breve desculpa impõe-se para metabolizar a transgressão do interdito implícito do contato. A menos que a multidão não venha impor esses contatos em uma espécie de fusão inepta e não suspenda provisoriamente o interdito. Imerso na multidão, o ator reencontra a condição comunitária, suas fronteiras pessoais, e aquelas de seu corpo, se dissolvem. É o único momento em que o contato e a proximidade física dos outros não incomodam.

Há hoje uma mudança de certas etiquetas, a emergência de outro limiar de sensibilidade. A nudez nas praias ou na televisão, emissões onde casais convidados expõem sua vida sexual. Esportistas percorrem as cidades ou os jardins públicos e contribuem para abrandar as prevenções que pesam sobre o corpo do homem. A esportivização da vida cotidiana atenuou a diferença outrora bem marcada entre indumentária de cidade e indumentária de esporte. Novas maneiras de falar do corpo aparecem. Mas na escala do cotidiano, nas relações com os outros, na maioria das etiquetas corporais que regem a socialidade, nada muda o apagamento ritualizado das manifestações somáticas. Estes são lugares privilegiados, eles também regulamentados e nos empregos dos tempos ritualizados que acolhem frequentemente o corpo valorizado: salas de ginástica, estádios, jardins públicos, salas de musculação, espaços publicitários, praias de verão etc.

Um artifício da Modernidade faz passar por libertação dos corpos aquilo que não passa de elogio do corpo jovem, sadio, esbelto, higiênico. A forma, as formas, a saúde se impõem como preocupação e induzem outro tipo de relação consigo mesmo, a submissão fiel a uma autoridade difusa, mas eficaz. Os valores cardeais da Modernidade, aqueles avançados pela publicidade, são os da saúde, da juventude, da sedução, da flexibilidade, da higiene. São as pedras angulares do relato moderno sobre o sujeito e sua relação coagida com o corpo. Mas o homem nem sempre tem o corpo liso e puro das revistas ou dos filmes publicitários; podemos mesmo dizer que ele raramente responde a esse modelo. Assim se explica o sucesso atual dessas práticas que colocam o corpo em evidência (*jogging*, *fitness*, fisiculturismo etc.), o sucesso da cirurgia estética ou reparadora, aquela dos tratamentos de emagrecimento, o impulso espetacular da indústria de cosméticos.

6.4 O corpo escamoteado

Que o tema da liberação do corpo seja um clichê ambíguo, equívoco, que afeta pouco a vida corrente dos atores, o *status* depreciado das pessoas idosas, dos deficientes físicos ou dos "loucos", e até mesmo dos doentes graves (Aids, câncer etc.) ou dos moribundos continua a demonstrá-lo. O corpo deve passar despercebido no intercâmbio entre os atores, mesmo se a situação implique, entretanto, que ele seja posto em evidência. Ele deve se dissolver nos códigos em vigor, e cada um deve poder encontrar em seus interlocutores, como em um espelho, suas próprias atitudes corporais e uma imagem que não a surpreenda. É nesse sentido que aquele que não joga o jogo, deliberadamente ou à sua revelia, provoca um incômodo profundo. É quando as referências de identificação somáticas com o outro cessam que o mal-estar se instala, quando as asperezas do corpo impedem o mecanismo social do apagamento familiar de se estabelecer. O corpo estranho muda-se em corpo estrangeiro, opaco em sua diferença. A impossibilidade de nos identificarmos fisicamente com ele (por causa de sua enfermidade, da desordem de seus gestos, de sua velhice, de sua "feiura", de sua origem cultural ou religiosa diferente etc.) está na fonte de todo os preconceitos que um ator social pode sofrer. A diferença transforma-se em estigma mais ou menos altamente afirmado. *A priori*, com certeza, ninguém é hostil aos deficientes ou aos "loucos", por exemplo, ninguém é indiferente à sorte dos velhos, e, no entanto, o afastamento de que uns e outros são objetos testemunha o mal-estar difuso que eles suscitam. Nada é mais surpreendente a esse respeito do que observar os comportamentos dos transeuntes quando um grupo de crianças ou de adultos deficientes mentais passeia por uma rua ou entra em uma piscina. A hostilidade, aliás, é raramente manifesta, mas os olhares não cessam de se colocar sobre eles, de comentar. Assim o drama cotidiano de uma mulher querendo vigiar ao seu lado seu filho "mongoloide", e atraindo sobre ela e seu filho, a cada saída, o olhar de todos os passantes. Violência silenciosa tanto mais insidiosa quanto ela se ignora enquanto tal.

 O corpo deve ser apagado, diluído na familiaridade dos signos. Mas essa regulação fluida da comunicação, o deficiente físico ou o louco vão involuntariamente perturbá-la, privá-la de seu peso de evidência. O corpo surge à consciência com a amplitude de um retorno do reprimido. Nesse sentido, torna-se legítimo perguntar-se se as etiquetas corporais admissíveis nos diversos momentos da sociabilidade não são rituais de evitamento.

Pierre Henri, no ensaio que consagrou aos cegos, põe em evidência o mal-estar ou o equívoco que podem nascer de uma diferença entre expectativas corporais diversas. Mesmo que as intenções respectivas dos atores postos em situação sejam claras e desprovidas de ambiguidade: "Que um cego, escreve ele, proponha a uma condutora ocasional mudar de posição, e lhe peça a permissão de passar seu braço sob o seu, não é preciso mais para que ele possa ser então mal-entendido, sobretudo se a mulher tiver os braços nus ou vestir uma roupa leve. O cego prefere renunciar ao que lhe seria cômodo, por respeito à etiqueta ou por receio do equívoco"[10]. Este último deve submeter-se a um código corporal inadaptado que multiplica as dificuldades que ele encontra ao longo de sua vida quando está na presença de pessoas que ele não conhece e cujas suscetibilidades ele deve poupar. "O cego bem-adaptado à sua cegueira deveria ser 'toca-em-tudo'. Mas essa maneira de agir não é social. Por força das circunstâncias, se quiser ser aceito, o cego deve conformar-se aos modelos de comportamentos considerados como normais pela sociedade" (p. 375).

Etiquetas corporais implícitas, mas marcantes, regem as condutas dos atores, elas circunscrevem as ameaças que vêm daquilo que nós não conhecemos, ritualizam o aflormamento possível do mal-estar na interação. Mas a trama ritual falha em suprimir a parte de desconhecido no encontro com o homem portador de uma deficiência. Em decorrência de sua enfermidade, este último encontra-se mais ou menos imediatamente excluído das trocas mais correntes por causa da incerteza que envolve todo encontro com ele. Perante esses atores, o sistema de expectativa é rompido, o corpo se dá subitamente com uma evidência inquestionável e se torna

---

10. HENRI, P. *Les aveugles et la societé*. Paris: [s.e.], 1958, p. 179.

difícil negociar uma definição mútua fora dos referenciais costumeiros. Como abordar o cego ou o enfermo, aquele que repousa em uma cadeira de rodas? Como discernir se ele tem necessidade ou não de uma ajuda? Deve-se mesmo colocar-se a questão?

Pela sua mera presença, o homem que tem uma deficiência motora ou sensorial engendra um incômodo, uma hesitação na interação. A dialética fluida da palavra e do corpo crispa-se subitamente, choca-se contra a opacidade real ou imaginada do corpo do outro, engendra o questionamento sobre aquilo que convém ou não fazer e dizer em sua presença. E o mal-estar é tão mais vivo quanto os atributos físicos do ator favoreçam menos a identificação com ele. O espelho está quebrado, e ele não reflete senão uma imagem fragmentada. A fonte de toda angústia consiste, sem dúvida, na impossibilidade de projetar-se no outro, de identificar-se de alguma maneira com aquilo que ele encarna na espessura de seu corpo ou em suas condutas. Esse outro cessa de ser o espelho tranquilizador da identidade, ele abre uma brecha na segurança ontológica que garante a ordem simbólica[11]. Um "jogo" sutil, mas carregado de angústia, é logo introduzido no sistema de expectativa. A incerteza que rodeia a definição da relação é igualmente partilhada pelo sujeito deficiente que se interroga a cada novo encontro sobre a maneira como ele será aceito. Mesmo se o seu interlocutor faz mostra de solicitude em relação a ele, a dificuldade de levar em conta o conteúdo da demanda do outro chega às vezes a ferir sua suscetibilidade. Pierre Henri, após uma longa enque-

---

11. Isso, contrariamente a outras sociedades que não têm nenhuma prevenção contra a enfermidade e integram os atores por ela afetados no cerne da troca simbólica, sem nada suprimir-lhes; procedemos por exclusão em relação a essas categorias (deficiência, velhice, loucura, morte...) dessimbolizando-as e atribuindo-lhes um signo negativo, quando essas sociedades os incluem a título de parceiros integrais na circulação dos sentidos e dos valores.

te sobre esse tema, nota que "a maior parte dos cegos reclama do caráter inadequado, da falta de jeito e da ineficácia da assistência que queremos trazer-lhes. Cada vidente tem suas próprias ideias, não somente sobre a maneira de segurar um cego, mas ainda sobre a técnica que este último deve seguir nas diversas circunstâncias da vida prática" (p. 329). A incerteza que pesa sobre o encontro contribui para denunciar a dificuldade de sua negociação mútua. A facilidade com que cada um entra no rito não mais é admissível. O corpo já não é apagado pelo ritual, ele torna-se pesadamente presente, embaraçoso. Ele reside na simbolização porque esta já não é dada imediatamente, é preciso procurá-la, expondo-se ao mal-entendido. Tal é uma das fontes da rejeição implícita da qual são objeto os atores afetados por uma deficiência ou por uma desordem em sua conduta.

O homem portador de uma deficiência não estabelece, entretanto, necessariamente uma ruptura com a simbólica corporal. Ele pode mesmo continuar a se sentir "normal" e sofrer olhares que não cessam de pesar sobre ele ou do incômodo que ele provoca. "O indivíduo estigmatizado, escreve E. Goffman, tende a ter as mesmas ideias que nós sobre a identidade [...] certamente, aquilo que ele experimenta no mais profundo dele mesmo talvez seja o sentimento de ser uma pessoa 'normal', um homem semelhante a todos os outros, uma pessoa, portanto, que merece sua chance e um pouco de descanso"[12].

Em nossas sociedades ocidentais, o ator que sofre de uma deficiência não é percebido enquanto homem inteiramente, mas a partir do prisma deformante da compaixão ou do distanciamen-

---

12. GOFFMAN, E. *Stigmate*. Paris: Minuit, 1975, p. 17. Cf. tb. MURPHY, R. *Vivre à corps perdu*. Paris: Plon, 1990. • INGSTAD, B. & WHYTE, S.R. (orgs.). *Disability and Culture*. Berkeley: University of California Press, 1995.

to. Uma tela psicológica se interpõe. Não falamos da deficiência, mas do deficiente, como se pertencesse à sua essência de sujeito *ser* deficiente, ao invés de *ter* uma deficiência. O homem é reduzido aqui ao mero estado de seu corpo posto como um absoluto; ele é deduzido, de certa forma, da maneira como seu corpo se apresenta socialmente. O homem deficiente não é mais considerado como sujeito, isto é, ele contém algo a mais, "esse algo e esse quase nada" que dá sentido e contorno à sua existência, como se possuísse algo a menos. Se a anatomia não é um destino, porquanto sociedades e atores a simbolizam à sua maneira, ela se torna, com efeito, quando o homem se vê privado de figurar outra coisa que não seus atributos corporais.

Com sua presença, o homem deficiente faz lembrar, com uma força que lhe escapa e que está associada a essa mera presença, a precariedade infinita da existência, e desperta a angústia do corpo desmantelado, que constitui a matéria-prima de numerosos pesadelos individuais e aos quais não escapa nenhuma coletividade humana; a mutilação, a cegueira, a paralisia, a lentidão dos movimentos são as figuras arquetípicas do pesadelo. O homem deficiente recorda a insustentável fragilidade da condição humana. Aquilo que a Modernidade se recusa com obstinação a conceber.

6.5 As ambiguidades da "liberação do corpo"

Quanto ao "louco", ele é o fator de perturbação, aquele que estorva os rituais de interação; ele insufla o "divertimento" lá onde reina a gravidade da comunicação social. As potências contidas por seu corpo não são mais conjuradas na ritualização: ele fala alto de coisas íntimas que é costume calar, ele pode masturbar-se de maneira extremamente ostentatória, desnudar-se, gritar, agredir os outros, machucar-se voluntariamente, fazer caretas, provocar etc.

Seu sofrimento o torna elusivo em seus gestos ou em seus comportamentos. A ausência de previsibilidade e, portanto, a dificuldade de harmonizar com ele as expectativas corporais na interação, toca aqui em seu ponto culminante. A violência psiquiátrica que o louco sofre cotidianamente, a sideração química na qual ele é encerrado, e as preces que se acrescentam ao distanciamento mostram bem a gravidade de suas faltas à ordem moral da sociedade. O "louco" encontra a etimologia da ironia: ele interroga em profundidade os atores sobre a maneira pela qual eles assumem os interditos e as reticências de suas modalidades corporais. Não lhes perdoam por dar ao corpo tamanha publicidade, quando este deveria desaparecer discretamente na relação social. O "louco" faz ressurgir o reprimido, não somente seu próprio, mas além desse, aquele que funda a troca social; ele mostra que a vida corrente repousa em ritos de evitamento do corpo, que este último não deve transparecer como "materialidade" sob pena de suscitar a reprovação.

Há hoje no discurso sobre o corpo outro olhar, outra atenção, etiquetas sociais modificadas. É essencialmente o imaginário do corpo que é remanejado em profundidade por esse entusiasmo, mas sem que seja modificado o paradigma dualista. Não poderia, aliás, haver uma liberação do corpo, mas uma liberação de si, isto é, para o sujeito, o sentimento de ter ganhado um desabrochar. E isso através de um uso diferente de suas atividades físicas, ou uma gestão nova de sua aparência. Afastar o corpo do sujeito para afirmar em seguida a liberação do primeiro é uma figura de estilo de um imaginário dualista.

Os dados físicos da condição humana são hoje, em nossas sociedades, o objeto de uma avaliação menos normativa e, por esse fato, engendram nos atores um sentimento geral de bem-estar, quaisquer que sejam suas relações com o corpo? É isso, com efeito, que subentende a afirmação da "liberação" ou do "retorno" ao corpo. A mudança atual de *status* do corpo, no âmbito do discurso social, engendra o prazer de ser quem se é sem que interfiram no juízo de si os modelos estéticos em vigor, a idade, a sedução, as deficiências eventuais etc. Os indicadores sociais mais significativos de uma "liberação" medida a partir do corpo seriam mesmo a integração como parceira integral no campo da comunicação (parceiros não marcados por estigmas) da pessoa idosa, ou tendo uma deficiência, da pessoa obesa ou portadora de cicatrizes. Isso poderia ser também a utilização social mais assídua das potencialidades sensoriais, musculares, cinéticas, ou lúdicas do homem.

O corpo não está hoje "liberado" senão de maneira fragmentada, cindida, do cotidiano. O discurso da liberação e as práticas que ele suscita são o fato de classes sociais médias ou privilegiadas. Essa "liberação" faz-se menos sob a égide do prazer (mesmo se inegavelmente este está frequentemente presente) do que através do trabalho sobre si, do cálculo personalizado, mas cuja matéria é já dada no mercado do corpo em um momento dado. O entusiasmo contribui para endurecer as normas de aparência corporal (estar magra, bela, bronzeada, em forma, jovem etc., para a mulher; estar forte, bronzeado, ser dinâmico etc., para o homem) e, portanto, para manter de maneira mais ou menos clara uma baixa autoestima naqueles que não podem produzir, por qualquer razão, os signos do "corpo liberado". Ele participa também da depreciação do envelhecimento que acompanha a existência do homem. Ela alimenta, para certas categorias de população (pessoas idosas, deficientes etc.), o sentimento de estar mantido à distância por causa de seus atributos físicos. Nesse sentido, poderíamos dizer que a "liberação do corpo" não será efetiva enquanto a preocupação com o corpo não tiver desaparecido.

7 O ENVELHECIMENTO INTOLERÁVEL

O CORPO DESFEITO

7.1 O corpo indesejável

Um capítulo particular sobre o envelhecimento e sobre a representação social da pessoa idosa se impõe. Estes são dois preciosos reveladores do estatuto moderno do corpo que permitem afinar as análises precedentes.

A definição oferecida por Erving Goffman do estigmatizado não poupa a pessoa idosa: "Um indivíduo que teria podido facilmente se fazer admitir no círculo das relações sociais ordinárias possui uma característica tal que ela pode se impor à atenção daqueles entre nós que o encontram e nos desviar dele, destruindo assim os direitos que ele tem em relação a nós em decorrência de seus outros atributos"[1]. Na relegação social mais ou menos abrandada, que distingue a velhice e a põe em relação à sociabilidade ordinária, discerne-se, com efeito, o trabalho social de uma marca. A pessoa idosa traz às vezes seu corpo à maneira de um estigma cuja ressonância é mais ou menos viva segundo a classe social à qual ela pertence e segundo a qualidade do acolhimento do entorno familiar. Há uma virtualidade forte de estigma no envelhecimento.

A velhice é hoje esse "Continente cinza"[2] delimitando uma população indecisa, um pouco lunar, extraviada na Modernidade. O

---

1. GOFFMAN, E. *Stigmate*. Paris: Minuit, 1975.
2. *Communications*, n. 37, 1983.

tempo não está mais na experiência e na memória. Ele tampouco está no corpo deteriorado. A pessoa idosa resvala lentamente para fora do campo simbólico, transgride os valores centrais da Modernidade: a juventude, a sedução, a vitalidade, o trabalho. Ela é a encarnação do recalcado. Lembrete da precariedade e da fragilidade da condição humana, ela é o rosto mesmo da alteridade absoluta. Imagem intolerável de um envelhecimento que atinge todas as coisas em uma sociedade que cultua a juventude e não sabe mais simbolizar o fato de envelhecer ou de morrer.

O trabalho do envelhecimento evoca uma morte que caminha no silêncio das células sem que seja possível de impedi-la. A pessoa idosa avança em direção à morte, ela encarna nela os dois inomináveis da Modernidade: o envelhecimento e a morte. Nem a velhice nem a morte são, com efeito, tabus, como se diz frequentemente; um tabu faz ainda sentido no tecido social; ele remete a uma fronteira em torno da qual se estrutura uma identidade comum do grupo. Nem a velhice nem a morte desempenham esse papel, pois são os lugares da anomalia, escapam hoje do campo simbólico que dá sentido e valor às ações sociais: elas encarnam o irredutível do corpo.

O velho está, na percepção comum, reduzido ao seu mero corpo, sobretudo, com certeza, nas instituições. "Corpos relegados, escondidos, depois esquecidos, os 'velhinhos' do asilo eram corpos velhos tornados inúteis, que tinha servido e não podiam mais servir, corpos com os quais já não se sabia o que fazer, e eram metidos aí na expectativa de que fizessem o favor de morrer." Tais são as primeiras frases de um artigo de R. Sebag-Lanoë, descrevendo o choque sentido por ocasião de sua entrada em um serviço de longa e média estadia. Na maior parte das instituições, a espessura humana, a singularidade individual, é apagada sob o clichê único do corpo danificado, do corpo que precisa ser alimentado, do corpo que deve ser lavado. O velho já não é sua história, já não é sujeito, mas um corpo desfeito, cuja higiene e sobrevivência é preciso cuidar[3]. Assim como um portador de deficiência, o velho é objeto de seu corpo, e não mais completamente sujeito. Simone de Beauvoir faz seu personagem central em *La femme rompue* dizer: "Eu me resignei ao meu corpo". O envelhecimento, em termos ocidentais, marca a redução progressiva ao corpo, uma espécie de escravização a uma dualidade que opõe o sujeito ao seu corpo e o torna dependente deste último. A doença, a dor são outros exemplos, mas provisórios, da dualidade inerente à condição do homem, mas o envelhecimento está aqui associado a uma dualidade definitiva. Na percepção social, o velho se reduzirá sempre mais ao seu corpo, que o deixará pouco a pouco, ao ponto de Bichat poder escrever: "Vede o homem que se estende no fim de uma longa velhice: ele morre pormenorizadamente, todas as suas funções exteriores acabam umas após as outras, todos os seus sentidos fecham-se sucessivamente: as causas ordinárias das sensações passam sobre eles sem afetá-los"[4]. A velhice traduz um momento em que o recalque do corpo não é mais possível, o instante em que o corpo expõe-se ao olhar do outro em um dia em que não é mais favorável.

---

3. P. ex., o relato de uma jornada de trabalho por uma ajudante de asilo. Em nenhum momento ela fala das pessoas das quais está encarregada. Todo o seu trabalho, pelo menos da maneira como ela fala dele, parece reduzir-se a uma soma imposta de gestos de cuidado sobre corpos anônimos: a mudança das escarradeiras, preparação do carrinho para os cafés da manhã, limpeza (sujeira dos banheiros, dos lavabos), traje dos pensionários etc. Perseguida pelo tempo e pela soma daquilo que deve fazer, ela dá a impressão de correr sem cessar. O testemunho nos parece revelador daquilo que se passa, com efeito, em numerosas instituições, cf. BENOIT-LAPIERRE, N.; CEVASCO, P. & ZAFIROPOULOS, M. *Vieillesse des pauvres*. Paris: Ouvrières, [s.d.], p. 26ss. Uma frase igualmente emblemática dita por uma pensionária: "Aqui se debocha muito da dignidade das pessoas, apenas são trocadas: é tudo".

4. BICHAT, X. *Investigaciones physiologiques sur la vie et la mort*. Paris: Bresson, Gabon & Cie, 1802, p. 153.

Simone de Beauvoir recorda-se do escândalo que suscitou ao escrever, no final de *L'ordre des choses*, que chegou ao limiar da velhice. Afirmá-lo pessoalmente equivalia a romper um pacto de silêncio que constrangia inúmeras outras mulheres a se situarem. Ela nomeou o inominável.

7.2 O envelhecimento

Se outrora os homens envelheciam com o sentimento de seguir uma marcha natural, que os conduzia a um reconhecimento social aumentado, o homem da Modernidade combate permanentemente todos os traços de sua idade, e teme envelhecer com medo de perder sua posição profissional e de não mais encontrar emprego ou perder seu lugar no campo de comunicação[5].

Envelhecer, para a maior parte dos ocidentais, sobretudo nas camadas populares, mas não somente, é entregar-se a um lento trabalho de luto, que consiste em despojar-se do essencial daquilo que foi sua vida, em desinvestir as ações outrora apreciadas, e em admitir pouco a pouco como legítimo o fato de possuir apenas um controle restrito sobre sua existência. Despojamento que pode tornar-se absoluto, e que leva certas pessoas idosas em instituição a colecionar pedras ou trapos, a guardar um despertador ou uma foto, tendo apenas sobrevivido ao naufrágio, e que permanece signo único de uma existência passada. Alienação de si que desemboca no estreitamento do território, até não restar mais do que um corpo imóvel e quase inútil, que exige, para a satisfação

---

[5]. Louis-Vincent Thomas explica, ao contrário, que os africanos amam se envelhecer quando lhes perguntam a idade. Para uma imagem diferente da velhice, alhures, cf. THOMAS, L.-V. "La vieillesse en Afrique Noire". • CONDOMINAS, G. "Aînés, anciens et ancêtres em Asie du Sud-Est". • FINLEY, M. "Les personnes âgées dans l'Antiquité Classique". In: *Communications*, n. 37, 1983.

das necessidades mais elementares, a ajuda do cuidador. Retrato progressivo da simbolização de sua presença no mundo e encerramento em uma espécie de território animal no qual o simbólico é residual, a menos que um cuidador atencioso se detenha à cabeceira do velho e se empenhe em restituir um sentido à sua existência por uma qualidade de presença na qual a palavra, o gesto e a escuta se mesclam.

A alienação de si e das atividades inerentes à vida cotidiana, considerada agora como sem perspectiva, traduz-se bem nas diversas pessoas menos idosas que morrem nas primeiras semanas de sua entrada em uma instituição, isto é, quando o despojamento atingiu o cúmulo, e o sujeito, doravante, já não está reduzido apenas a seu corpo. Se não morre, é uma espécie de morte simbólica que ele interioriza, pouco a pouco, por meio de uma dependência crescente para com os enfermeiros, o encerramento em si sempre mais estrito e desvalorizado que pode chegar até mesmo ao retraimento ou à acamação, quando as atividades do corpo são todas delegadas aos enfermeiros. Quando se perdeu tudo, resta o freio do corpo ou ainda a demência: outra maneira de não mais estar aí.

O envelhecimento é um processo insensível, infinitamente lento, que escapa à consciência porque nele nenhum contraste acontece; o homem desliza flexivelmente de um dia ao outro, de uma semana a outra, de um ano a outro, são os eventos de sua vida cotidiana que pontuam o fluxo do dia, e não a consciência do tempo. Com uma lentidão que escapa ao entendimento, a duração se agrega sobre o rosto, penetra os tecidos, enfraquece os músculos, ameniza a energia, mas sem traumatismo, sem ruptura brutal. Durante muito tempo na vida, as pessoas idosas são os outros; "a velhice, diz Simone de Beauvoir, é particularmente difícil de assumir porque nós a havíamos sempre considerado como uma espécie estrangeira: eu, eu tornei-me outra, apesar de permanecer eu mesma"[6]. A senescência é um percurso gradual do homem; ela não pesa jamais, cada dia faz avançar um passo na estrada, mas a distância parece longa, inesgotável o trajeto ainda a cumprir, qualquer que seja a idade. A evidência guia a marcha e o sentimento de identidade permanece igual. Fiel e insistente, como uma sombra, a duração inscreve seu traço na relação com o mundo. Não é de um dia para o outro que as *performances* modificam-se e a saúde se altera, mas imperceptivelmente, sem choque; é a recordação, sobretudo, que lembra aquilo que o sujeito poderia ainda fazer sem dificuldade no ano precedente. Proust disse o quanto a velhice é, de todas as realidades humanas, aquela que permanece por longo tempo a mais abstrata. O sentimento da velhice traduz a aparição da gota d'água que faz transbordar o vaso. Porque a imagem do corpo se remodela sem cessar, traduz fielmente aquilo que o sujeito é fisicamente apto a realizar, acompanha os remanejamentos fisiológicos dos quais ele é objeto, o sujeito não tem a impressão de envelhecer. Nós todos ficamos espantados ao olhar, por exemplo, fotografias que datam de alguns anos. Porque o fluxo do tempo não é jamais fisicamente perceptível; sugere um sentimento de imobilidade. É preciso necessariamente um intervalo e um exame consciente para perceber que o corpo mudou. O Príncipe Salina do *Guépard*, na madrugada de sua morte, lembra-se de ter sempre conhecido o fluxo fora dele do "fluido vital". Ele o compara à fuga de "grãos de areia comprimidos que deslizam um a um, sem pressa e sem descanso, pelo estreito orifício de uma ampulheta. Em certos momentos de intensa atividade, de grande atenção, esse sentimento de contínuo abandono desaparecia para representar-se impassível à mínima ocasião, ao mínimo silêncio, à mínima tentativa de introspecção [...]. Era como a batida de um pêndulo, que se impõe

---

6. BEAUVOIR, S. *La vieillesse*. Paris: Gallimard, 1970, p. 301.

quando tudo se cala". Durante muito tempo, Salina experimentou o fluxo da energia vital sem mal-estar. Não era uma hemorragia do tempo, no máximo a fina hemorragia de um vaso sem importância. Mas chega um tempo em que uma só gota d'água tem o poder de fazer transbordar o vaso. Um grão de areia impediu a transparência das coisas. E Salina sabe então que envelheceu.

7.3 Imagens do corpo

A imagem do corpo é a representação que o sujeito se faz de seu corpo; a maneira pela qual ele aparece mais ou menos conscientemente a partir de um contexto social e cultural particularizado por sua história pessoal. Gisela Pankow, por meio de sua reflexão de clínica da psicose, distingue dois eixos cujo entrelaçamento estrutura existencialmente a imagem do corpo. Esta última organiza-se em torno de uma *forma*: o sentimento da unidade das diferentes partes do corpo, de sua apreensão como um todo, de seus limites precisos no espaço, e de um *conteúdo*: isto é, a imagem de seu corpo como um universo coerente e familiar no qual se inscrevem sensações previsíveis e reconhecíveis[7]. Mas parece necessário acrescentar a este conceito dois outros eixos intimamente ligados: aquele do saber, isto é, o conhecimento, pelo sujeito, ainda que rudimentar, da ideia que a sociedade se faz da espessura invisível do corpo, saber de que ele é constituído, como se agenciam os órgãos e as funções, esses três eixos acompanham o homem ao longo de sua existência e remodelam-se segundo a medida dos eventos. Estes são marcos necessários, que dão ao homem o sentimento de sua harmonia pessoal, de sua unidade. A imagem do corpo é aqui uma medida pela qual são avaliadas as ações cumpridas ou a cum-

---

7. Cf. PANKOW, G. *L'homme et sa psychose*. Paris: Aubier, 1969.

prir, é uma medida familiar de sua relação com o mundo. Neste âmbito não existe, a princípio, conflito entre a realidade cotidiana do sujeito e a imagem que ele se forma de seu corpo.

Há enfim, e no que concerne à pessoa idosa (mas também a deficiente, o migrante etc.) esse último componente é essencial, o *valor*, isto é, para o sujeito, a interiorização do juízo social que cerca os atributos físicos que o caracterizam (bonito/feio, jovem/velho, grande/pequeno, magro/gordo etc.). Segundo sua história pessoal e a classe social no seio da qual ele estrutura sua relação com o mundo, o sujeito faz seu um juízo que marca então com sua impressão a imagem que ele se faz de seu corpo e a estima que ele tem por si.

Esses quatro componentes estão sob a dependência de um contexto social, cultural, relacional e pessoal, sem o qual a imagem do corpo seria impensável, como o seria a identidade do sujeito. Entretanto, é o registro do valor que representa aqui o ponto de vista do Outro, e força o sujeito a se ver sob um ângulo mais ou menos favorável. Ora, a velhice é afetada por um sinal negativo. É neste nível que, na imagem que o sujeito tem de seu corpo, infiltra-se pouco a pouco o sentimento de uma depreciação pessoal. No extremo, a dependência à qual a perda das funções corporais obriga pode ser vivida como o coroamento de uma vida realizada. As palavras propiciatórias ditas na cabeceira da criança batizada no país Sara, no Senegal, dizem-no explicitamente: "Que ela viva por muito tempo, tenha inteligência, tenha pai e mãe, tenha mais dias do que o mais velho da cidade, que seja velha ao ponto de sua cabeça ser toda florida, a ponto de ela não mais poder andar" (apud Thomas, L.-V.). Ela pode ser vivida também à maneira de uma decadência, de um desgosto de si, segundo a trajetória pessoal da pessoa idosa, segundo seus valores, o sentido que ela atribui aos seus atos, a qualidade de presença do entorno. A mesma situação de dependência pode transbordar, segundo esses fatores de modulação, em atitudes opostas.

É preciso, a esse respeito, sublinhar o juízo social que leva ao impacto mais nuançado do envelhecimento no homem do que na mulher. A mulher idosa perde socialmente uma sedução que ela devia essencialmente ao seu frescor, à sua vitalidade, à sua juventude. O homem pode ganhar com o tempo uma força de sedução crescente, porquanto se valoriza nele a energia, a experiência, a maturidade. Fala-se de "sedutor das têmporas cinza", de "belo velhinho"; esses qualificativos, porém, nunca são associados a uma mulher. Uma mulher que busca ainda seduzir um homem bem mais jovem que ela atrai um juízo sem complacência da sociedade; ao contrário, é absolutamente admitido, e testemunha, em última instância, o "vigor" do homem. Simone Signoret dizia, a justo título, que uma mulher idosa é batizada "uma velha pele", enquanto que do homem idoso se diz: "Ele tem presença". A velhice marca desigualmente, no juízo social, a mulher e o homem. Vemos aqui, independentemente da idade dos atores, a permanência de uma imagem social oposta do homem e da mulher que faz do primeiro um sujeito ativo, cuja apreciação social repousa menos sobre uma aparência do que sobre certa tonalidade de sua relação com o mundo, e da segunda um objeto de encanto, passível de se degradar ao longo do tempo, ao contrário do homem, que permanece sempre um sedutor em potencial.

Dessas influências decorre a constatação de que a equipe encarregada de uma pessoa idosa em um serviço de longa ou média estadia pode acreditar o estigma ou, ao contrário, o desarmá-lo a partir de sua atitude calorosa. A equipe pode empreender com a pessoa idosa uma restauração da imagem do corpo por uma ação direta sobre o corpo, que culmina em uma restauração do sentido. Diferentes ações são possíveis, por exemplo, seguindo certo número de proposições estabelecidas por Renée Sebag-Lanoë: restituir à pessoa idosa sua identidade nomeando-a, buscando reconstruir o fio de sua vida; favorecer a manutenção das relações familiares; ajustar o espaço da instituição de um modo mais personalizado, criando lugares propícios ao intercâmbio; promover uma política de movimento para limitar o acamamento e a demissão do corpo pelo estabelecimento de uma ginástica adaptada; importar-se com as roupas e com o penteado para restaurar o narcisismo; reintroduzir o sentimento do prazer na vida cotidiana; favorecer o contato cuidador-cuidado nos dois sentidos[8]. Pode-se pensar ainda na instalação de um atelier de estética, permitindo às pessoas idosas manter sua aparência, maquiar-se, cuidar do penteado; o rosto é, sem jogo de palavras, a capital do corpo. Agindo positivamente sobre o sentimento em relação ao seu rosto, favorece-se, na pessoa idosa, o retorno a um narcisismo normal, do qual ela se separou pouco a pouco, interiorizando um discurso social que faz da velhice o grau zero da sedução. Reavivando o sentimento do rosto, afirma-se à pessoa idosa que as rugas não alteraram sua identidade, e que ela pode ter prazer em cuidar de sua aparência. Ela atualiza também gestos e sentimentos, faz renascer as recordações, reencontra uma espessura de vida que pouco a pouco se encolhia. Por suas ações, favorece-se a instauração de uma jazida de sentido e de valores que pode permitir à pessoa idosa retomar o gosto por sua existência e reinvesti-la em sua relação com o mundo.

7.4 O olhar do outro

Nosso corpo nos expõe ao trabalho do tempo e da morte. Mas a imagem que o indivíduo forja acerca deles para si modela-se segundo seu avanço na vida, ela o dispensa de uma apreciação de-

---

8. SEBAG-LANOË, R. "A la recherche de l'identité perdue, psychomotricité et gérontologie". *La psychomotricité*, 8, 1984, p. 39-44.

masiadamente brutal de seu envelhecimento. É o outro, sobretudo, que espelha sob uma forma depreciativa a inscrição da senescência. A imagem do corpo não é um dado objetivo, não é um fato, é um valor que resulta essencialmente da influência do ambiente e da história pessoal do sujeito. Não há jamais apreciação bruta das sensações oriundas do corpo, mas decifração, seleção de estímulos e atribuição de um sentido[9]. A identificação de um sentimento, a tonalidade positiva ou negativa que lhe é atribuída, traduzem uma equação complexa entre as influências sociais e culturais, a experiência do sujeito na maneira como, criança, ele foi criado, notadamente em suas relações com sua mãe. Assim, o sentimento da velhice é uma mistura indiscernível de consciência de si (através da consciência aguda de um corpo que muda) e de uma apreciação social e cultural. O sentimento de uma ensomatose (queda no corpo) não é um dado bruto, é a interiorização de um juízo que deprecia a velhice, antes de ser um juízo pessoal.

As coisas do corpo, e sem dúvida também aquelas do desejo, revelam a marca do tempo. Quando o olhar do outro deixa de se voltar para si com a suspensão ínfima na qual o jogo do desejo um instante se pressente, já se inicia a consciência de seu envelhecimento.

É do olhar do outro que nasce o sentimento abstrato de envelhecer. Na mesma ordem de fato, são sequências ao mesmo tempo sociais e individuais que o reformulam em nossa consciência: aniversários, uma separação, ver crescer os filhos, vê-los partir; por sua vez, ver chegarem seus primeiros netos, a aposentadoria, a desaparição súbita mais frequente dos seus amigos etc. O sentido atribuído a esses eventos, seu valor, remetem a uma axiologia social e à maneira pessoal como o sujeito se acomoda a ela. O sen-

---

9. Ibid.

timento de envelhecer vem sempre de alhures, ele é a marca em si da interiorização do olhar do outro. Reencontrar antigas fotos, que remetem a um rosto que não é já mais completamente o seu, ver o rosto transformado dos outros após uma longa ausência, é conhecer uma confrontação íntima do tempo metabolizado. No rosto do outro e em seu próprio rosto, nos movimentos, a maneira de ser, o tempo fez sua obra à sua maneira de formiga. A velhice é uma semente que leva muito tempo para eclodir, é um sentimento vindo de fora que, por vezes, lança raízes precoces; por vezes, ao contrário, tarda infinitamente, porque é uma medida do gosto de viver do sujeito. Não se trata somente de uma cifra cronológica, não começa em uma idade precisa, ela é uma soma de índices que só o sujeito conhece[10]. A velhice é um sentimento.

Nela entrecruzam-se os dados que o campo social integra mal; o corpo, por um lado, porém mais ainda a precariedade e a morte. O *status* atual das pessoas idosas, a denegação que marca a relação por cada um com seu próprio envelhecimento, a denegação também da morte, eis os sinais que mostram as resistências do homem ocidental em aceitar os dados da condição que faz dele, antes de tudo, um ser de carne.

---

10. "É porque a idade não é vivida à maneira de um para-si, porque nós não temos uma experiência transparente como aquela do *cogito*, que é possível declarar-se velho cedo ou de acreditar-se jovem até o fim" (BEAUVOIR, S. *La vieillesse*. Op. cit., p. 311).

8 O HOMEM E SEU DUPLO

O CORPO *ALTER EGO*

8.1 Um novo imaginário do corpo*

Desde o fim dos anos de 1960, e com uma amplitude crescente, um novo imaginário do corpo desenvolveu-se e conquistou domínios de práticas e de discursos até então inéditos. Sucedendo a um tempo de repressão e de discrição, o corpo impõe-se hoje como tema de predileção do discurso social, lugar geométrico da reconquista de si, território a explorar, indefinidamente à espreita das sensações inumeráveis que ele contém, lugar do combate desejado com o ambiente graças ao esforço (maratona, *jogging* etc.) ou à habilidade (a patinação); lugar privilegiado do bem-estar (a forma) ou do bem parecer (as formas, fisiculturismo, cosmética, dietética etc.).

Uma solicitação toda maternal subleva as energias sociais em uma súbita paixão pelo corpo. Mas as ambiguidades herdadas dos séculos XVI-XVII, ilustradas notadamente pelos momentos de Vésale (1543) ou de Descartes (1637), não são abandonadas. O modelo dualista persiste e acompanha a "liberação do corpo". Conhecemos a imagem de Clouzot em *Le corbeau*, na qual um balançar de uma lâmpada pendurada em um fio elétrico modifica o jogo de

---

* Uma primeira versão do início deste capítulo apareceu no *Journal des Psychologues*, 59, jul.-ago./1988.

sombra e de luz, abranda a oposição, inverte os valores, mas respeita, malgrado toda polaridade: "Onde há sombra, há a luz".

O que permanece é a partilha entre o homem e seu corpo. Hoje, a partir dessas práticas e desses discursos, o corpo cessa de simbolizar o lugar do erro ou do rascunho a corrigir assim que o tenhamos visto com a técnica. Não é mais a *ensomatose* (a queda no corpo), mas a chance do corpo, a carne, via de salvação. Em ambos os casos, uma mesma disjunção opõe implicitamente na *persona* a parte do corpo e a parte inapreensível do homem.

Fenomenologicamente, conforme dissemos, o homem é indiscernível de sua carne. Esta não pode ser mantida por uma posse circunstancial; ela encarna o seu ser-no-mundo, aquilo sem o que ele não seria. O homem é esse não-sei-o-que e esse quase nada que transborda seu enraizamento físico, mas não poderia ser dissociado dele. O corpo é a morada do homem, seu rosto. Momentos de dualidade em uma vertente desagradável (doença, precariedade, deficiência, fadiga, velhice etc.), ou em uma vertente agradável (prazer, ternura, sensualidade etc.), dão ao ator o sentimento de que seu corpo lhe escapa, de que excede aquilo que ele é. O dualismo é outra coisa; ele fragmenta a unidade da pessoa, amiúde implicitamente, resulta em um discurso social que faz desses episódios de dualidade um destino; ele transforma o excesso em natureza, faz do homem uma realidade contraditória, onde a parte do corpo está isolada e afetada por um sentido positivo ou negativo, segundo as circunstâncias. O dualismo moderno não esquarteja a alma (ou o espírito) e o corpo, ele é mais insólito, mais indeterminado; ele avança mascarado, temperado, sob diversas formas, mas todas repousam sobre uma visão dual do homem. Lugar de jubilação ou de desprezo, o corpo é, nessa visão do mundo, percebido como outro que não o homem. O dualismo contemporâneo distingue o homem de seu corpo.

Sobre os dois pratos da balança: o corpo desprezado e destituído, da tecnociência, e o corpo mimado, da sociedade de consumo. O ator social está em posição de observador perante seu próprio corpo, da mesma maneira que o esfolado de Valverde contempla pensativamente, sem dor nem nostalgia, sua pele, que ele segura sobre si como uma veste antiga, de cujo conserto ele encarrega seu alfaiate. O estetismo de sua postura, sua aparência voluntária, não deixa na verdade de manter alguma conivência antecipada com a Modernidade.

Esse imaginário do corpo segue fiel e (sócio) logicamente o processo de individuação que marca as sociedades ocidentais de maneira acelerada desde o fim dos anos de 1960: investimento da esfera privada, preocupação com o eu, multiplicação dos modos de vida, atomização dos atores, obsolescência rápida das referências e dos valores, indeterminação. Um novo tempo do individualismo ocidental vem ao mundo e modifica em profundidade as relações tradicionais em relação ao corpo.

8.2 O corpo, marca do indivíduo

Conforme vimos, em uma estrutura social de tipo individualista, a *persona* toma consciência dela mesma como figura realizada, bem-delimitada em sua carne, fechada nela. O corpo funciona como um limite de fronteira, "fator de individuação" (Durkheim), lugar e tempo da distinção. O corpo, de certa maneira, é aquilo que fica quando perdemos os outros (cf. infra), é o traço mais tangível do sujeito, a partir do qual se distendem a trama simbólica e os liames que o vinculavam aos membros de sua comunidade. O individualismo inventa o corpo e o indivíduo ao mesmo tempo; a distinção de um engendrando a distinção do outro em uma sociedade na qual os laços entre os atores são mais frouxos, menos sob a égide da inclusão do que sob aquela da separação. Uma série de rituais tem então por função gerar uma relação com o corpo tornada mais indecisa. Códigos de saber-viver, implicando etiquetas corporais precisas, estabelecem-se e socializam a relação com o corpo sob a forma do recalque. Os valores afetados ao corpo são antes negativos; eles o associam ao mal-estar, e até mesmo à vergonha, ao erro (Descartes). Eles amontoam sobre esse suplemento ambíguo, indigno, mas sem o qual o homem não existiria.

No segundo tempo do avanço individualista, aquele da atomização dos atores, e da emergência de uma sensibilidade narcísica, o corpo torna-se o refúgio e o valor último, aquilo que fica quando os outros se tornam evanescentes e toda relação se faz precária. O corpo permanece a âncora, única suscetível de fixar o sujeito em uma certeza, ainda provisória certamente, mas pela qual ele pode se reatar a uma sensibilidade comum, encontrar os outros, participar do fluxo dos signos e sentir-se sempre capaz de atuar em uma sociedade na qual reina a incerteza. As sociedades ocidentais, confrontadas à dessimbolização de sua relação com o mundo, onde as relações formais vencem sempre mais as relações de sentido (e, portanto, de valores), engendram formas inéditas de socialização que privilegiam o corpo, mas o corpo enluvado de sinais efêmeros[1], objeto de um investimento crescente.

A sociedade, com o emaranhamento de ritos mais ou menos formais, que continuam a regê-la e, portanto, a organizar as relações sociais e as relações do homem com seu meio, tornam-se um quadro cômodo, mas desinvestido, parcialmente esvaziado de

---

1. O símbolo é uma matéria-prima da aliança social, aquilo que dá sentido e valor à troca. Uma cultura é um conjunto de sistemas simbólicos (Lévi-Strauss), mistura de consistência e de precariedade. O sinal é exclusivamente precário, a versão menor do símbolo. Ele se refere a entusiasmos provisórios. Não é como o símbolo, estrutura da identidade pessoal e social.

sentido. A margem de autonomia do ator amplia-se na mesma proporção. O teor do vínculo social modifica-se, torna-se "mecânico" e perde, pouco a pouco, sua "organicidade"[2]. Falamos cada vez mais de comunicação, contato, calor, bem-estar, amor, solidariedade. Lugares e tempos previstos em vista disso, produtos e serviços consolidam, de maneira fragmentada, esses imperativos sociais que impelem o sujeito a buscar em sua esfera privada aquilo que ele não pode mais esperar da socialidade ordinária.

Da frequentação regular das salas de musculação às seções de terapias corporais de grupo, do *jogging* à maratona, do uso do vaso de isolamento sensorial aos esportes sobre o gelo, dos cosméticos à dietética, o indivíduo busca, pela mediação de seu corpo (e porque o corpo é o lugar mesmo da cesura), viver um desenvolvimento no íntimo. A intimidade torna-se um valor-chave da Modernidade; ela engloba a busca de sensações novas, aquelas do bem-estar corporal, da exploração de si; ela exige o contato com os outros, mas sempre com mesura e de maneira controlada. A formação da intimidade substituiu a busca de convivência dos anos de 1960.

O homem descontraído, bacana, cuidadoso com seu visual, o que ele demanda dos outros é essencialmente um ambiente e um olhar. O corpo torna-se uma espécie de parceiro a quem pedimos a melhor apresentação, as sensações mais originais, a ostentação dos sinais mais eficazes. Mas este deve também dar (ao seu senhor?) uma mistura de combatividade e de agilidade, de força e de resistência, de desenvoltura e de elegância, sem jamais se afastar de sua sedução. Exigências típicas da atenuação atual dos signos do feminino e do masculino. Um exemplo entre muitos outros:

> O homem se preocupa consigo mesmo ("isso não é novidade"), ele se preocupa também com sua pele ("ele não gostaria

---

2. Nós invertemos aqui as metáforas célebres de Durkheim.

que soubessem disso"). Os tempos mudaram: já era tempo. O homem tal e qual [...] uma sufragista, descobre, clama, reivindica sua identidade perante o espelho do banheiro. Ele ousa enfim afixar bem alto aquilo que ele fazia por baixo, quando acabava de roubar o creme de sua companheira, sua máscara, e até mesmo seu produto de limpeza de pele. A virilidade doravante não teme mais nada, ela mudou de critérios e seus heróis mudaram de "look". Hoje é de bom-tom ser "clean", impecável da cabeça aos pés. Ser bem-sucedido é antes de tudo estar bem em sua própria pele (publicidade para "Clínica Fórmula Homem").

Seu próprio corpo, o melhor parceiro e o mais próximo de si, o representante mais capaz, aquele pelo qual julgam você.

Esse imaginário do corpo cresce como um rebento novo no cepo tradicional do dualismo homem-corpo, próprio da sociabilidade ocidental desde os séculos XVI-XVII. Mas o valor atribuído ao corpo se inverte. Em lugar de ser o signo da queda, este se torna uma espécie de tábua de salvação. Esta não é senão uma transformação do dualismo temperado, próprio do individualismo ocidental, quando este se estreita, cedendo ainda sempre mais ao indivíduo, e desligando-o da influência social. A sensibilidade mais narcísica do individualismo contemporâneo modificou os termos da relação dualista do homem com seu corpo.

Lugares do corpo, antes submetidos à necessidade da discrição por pudor ou por receio do ridículo, impõem-se hoje sem dificuldade, "sem complexo", tornam-se os sinais mesmos da vitalidade, ou da juventude. O corpo nu da mulher grávida torna-se um valor de sedução na publicidade. As bermudas vestidas pelos homens são banalizadas durante o verão, não somente nas estações balneárias, mas também nas cidades. As pernas do homem deixaram de prestar ao sorriso. O homem descolado já não tem medo de mostrá-las em público. Da mesma maneira os esportistas, quando correm pelas calçadas das cidades. O corpo do homem, seu dorso, tornam-se valores eróticos que invadem a publicidade ou os cartazes de cinema. O fisiculturismo (o corpo "haltere-ego") é a tradução em termos de práticas sociais dessa nova injunção que, há alguns anos, prestava igualmente à ironia. É típico que o cinema americano dos anos de 1970, cinema de crise, de dúvida, centrado em *losers*, em heróis frágeis e dolorosos (Dustin Hoffman, Al Pacino, De Niro, Jane Fonda etc.), cede espaço hoje a heróis agressivos, seguros deles mesmos, adeptos do fisiculturismo, cobertos das armas mais eficazes, e isso curiosamente a partir de um triunfalismo do corpo que não é percebido como contraditório: Rambo, Rocky, Exterminador do Futuro, Braddock etc., híbridos de músculos e de aço, máquinas de guerra, já ciborgues. O paradigma da máquina do corpo é realizado *in concreto* nos papéis que afeiçoam Arnold Schwarzenegger e Sylvester Stallone. É interessante constatar que certos atores, Jane Fonda é o exemplo mais significativo, acompanharam essa mudança de sensibilidade tornando-se os adeptos e os apologistas do corpo musculoso. As mulheres reivindicam o direito à força e entram, por sua vez, nas salas de musculação nos ginásios. Ao mesmo tempo em que o corpo do homem torna-se sexual, o corpo da mulher torna-se musculoso. Os signos tradicionais do masculino e do feminino tendem a se intercambiar, e a alimentar o tema andrógino que se afirma cada vez mais. O corpo não é mais um destino ao qual nos abandonamos, ele é um objeto que fabricamos à nossa maneira. A relação da consciência do sujeito com seu corpo modificou-se profundamente. O imaginário contemporâneo subordina o corpo à vontade, faz do primeiro um objeto privilegiado do âmbito da segunda.

Quanto mais o sujeito se centra nele mesmo, mais seu corpo assume importância ao ponto de invadir o campo de suas preocupações e de situá-las em uma posição dual. A obstinação do sujeito em relação ao seu próprio enraizamento corporal, a ex-estase do corpo toca então em seu ponto de incandescência. O corpo torna-se um duplo, um clone perfeito, um *alter ego*.

8.3 O corpo *alter ego*

Na idade da crise do casal, da família, da "multidão solitária", o corpo torna-se um espelho, um outro si-mesmo, com quem coabitar fraternalmente, gozosamente. No momento em que o código social se pulveriza suavemente no individual correlacionado (a correlação substituindo pouco a pouco a cultura), ou a atomização dos atores testemunha a explosão nuclear que tocou o cerne da socialidade ocidental, o indivíduo é convidado a descobrir seu corpo e suas sensações como um universo em extensão permanente, uma forma disponível à transcendência pessoal. Abandonando o social, o indivíduo ganhou um mundo portátil cuja sedução convém manter, explorar sempre mais até os limites: seu próprio corpo promovido a *alter ego* e não mais parte maldita entregue à discrição e ao silêncio ("a saúde, dizia R. Leriche, é a vida no silêncio dos órgãos"). O corpo é transmutado em substituto da pessoa, esta desempenha o papel de piloto, testemunhando uma versão modernizada de um tema platônico. É mesmo a perda da carne do mundo que impele o sujeito a preocupar-se com seu corpo para dar carne à sua existência. Busca-se uma sociabilidade ausente, abrindo em si uma espécie de espaço dialógico que assimila o corpo à possessão de um objeto familiar, ou o alça à posição de parceiro. No imaginário social, o discurso é frequentemente revelador a esse respeito: frequentemente a palavra *corpo* funciona como um equivalente de *sujeito, pessoa*.

Passagem do corpo objeto ao corpo sujeito. O que mais corresponde ao imaginário do clone[3] realiza-se aí, na promoção do corpo ao título de *alter ego*, completamente pessoa e ao mesmo tempo espelho (não mais espelho do outro no campo do símbolo, mas espelho do ser na demissão do mesmo), antagonista. O indivíduo torna-se sua própria cópia, seu eterno simulacro, pela mediação do código genético presente em cada célula. Sonho de uma capilarização ao infinito do mesmo, por meio do fantasma que a personalidade inteira do sujeito está potencialmente no gene. Da mesma forma o imaginário que rodeia os temas sociobiológicos, afirmando o caráter hereditário de várias qualidades (a inteligência, a força física, a beleza etc.) malgrado o desmentido dos próprios geneticistas[4]. Nesse imaginário, o homem é uma emanação de seu corpo subsumido sob a forma do gene (e até mesmo da "raça"). O corpo destaca-se do sujeito e, no limite, pode conduzir sozinho sua aventura pessoal, uma vez que, estabelecido como um outro do homem, ele reúne todas as suas qualidades pessoais.

O corpo dissociado torna-se, no imaginário moderno, o mais curto caminho para se atingir e transformar o sujeito imaterial que ele reveste de carne e de sensações. Na esteira de maio de 1968, numerosas práticas psicológicas reivindicam o corpo como ma-

---

3. Por um instante, retenhamos essa fantasia, porque o *cloning* pertence a um imaginário do mesmo, a um espelhamento narcísico que esquece o caráter não genético, isto é, não transmissível, daquilo que compõe a identidade do sujeito. O clone não será jamais a duplicação do sujeito porque demasiadas variantes incontroláveis entrariam em jogo no curso de sua educação. Além disso, as condições sociais e históricas de seu desenvolvimento seriam profundamente diferentes.

4. Para uma crítica dessas teses a partir da genética, cf. JACCARD, A. *Eloge de la différence, la génétique et les hommes*. Paris: Seuil, 1978. • JACCARD, A. *Au péril de la science*. Paris: Seuil, 1982. • SAHLINS, M. *Critique de la sociobiologie*: aspects anthropologiques. Paris: Gallimard, 1980. Cf. tb. DUSTER, T. *Retour à l'eugenisme*. Paris: Kimé, 1992. • TESTART, J. *Le désir du gène*. Paris: Champ/Flammarion, 1994.

téria terapêutica ao encontro da palavra que seria o apanágio da psicanálise. Pede-se ao trabalho sobre o corpo que modifique o sujeito em seu caráter e suprima seus mal-estares ou suas resistências. Agindo sobre o bloqueio articular ou muscular, presume-se dissolver as tensões pessoais, reconciliar o homem com sua infância ou sua existência presente, fazendo a economia de um exame de consciência, de um percurso psicológico reduzido ao "palavrório", segundo uma expressão corrente dos adeptos dessas práticas. Segundo a palavra de Zazie, esses últimos dizem na psicanálise: "Você causa, você causa, mas você nada faz". Ao mesmo tempo cartografia da falta de ser, o corpo indica os pontos que é preciso transformar fisicamente para desatar as tensões psicológicas. O inconsciente seria material e facilmente legível para o especialista das "artes do corpo" que se propõe liberar o eu dessa dominação, de uma maneira simples e rápida: "Quem quer que você seja, diz um deles, se você quiser se transformar comece pelo seu corpo" (P. Salomon). A relação dual corpo-sujeito favorece o estabelecimento de prioridade dessa ordem, porquanto agir sobre um engendra necessariamente consequências sobre o outro. A unidade do sujeito não é mais percebida a jusante, nem a montante. Para Lowen, a bioenergia estabelece como preliminar que "as mudanças de personalidade sejam condicionadas pelas mudanças das funções fisiológicas". Fazer do homem um efeito de seu corpo leva a desenvolver a fantasia de que uma simples massagem ou um simples exercício respiratório pode modificar a existência mesma do sujeito. "O corpo, diz G. Vigarello, torna-se massa a reduzir, pilha, emaranhamento a dissolver, suscitando a incursão de uma mão estranha a fim de apagar, deslocar, corrigir. O sonho de uma conversão dos sujeitos resultante de alguma pressão material e tangível, exercida sobre eles, aflora nesses gestos que nunca explicitam seus pressupostos. As massagens que querem alcançar as zonas esquecidas, essas correções que sublinham as tensões desapercebidas"[5].

Mudar seu corpo para mudar sua vida. As ambições da Modernidade são mais modestas do que aquelas dos anos de 1970. Um exemplo impressionante dessa reviravolta de atitude em Jerry Rubin, autor outrora de *Do it*, uma das grandes obras da contracultura americana dos anos de 1970.

> Eu serei um velho ao abrigo desta ameaça (câncer, ataque cardíaco etc.)... (ele abre um armário cheio de frascos e caixas de medicamentos). Eu estou engajado no prolongamento máximo da duração de minha vida. Eu tomo vitaminas, sais minerais. Eu como cereais no café da manhã e salada ao meio-dia. Eu nunca consumo carne nem alimentos engordativos. Eu me ocupo do meu corpo como se se tratasse de uma revolução. Eu como para me alimentar, não por prazer. Esses são os complementos naturais que eu tomo para meu equilíbrio geral. Eu consumo cerca de quarenta a cinquenta desses por dia. Esse é o Max Epi que protege dos acidentes cardíacos. O betacaroteno tirado de plantas e que retarda o envelhecimento das células. E aqui estão outros que impedem o desenvolvimento do câncer, ou que limpam o sangue de suas impurezas. Esse é o Ginseng, que reforça minha energia e me prepara para esforços esportivos. Eu também tomo vitaminas como aquelas que me ajudam a dormir à noite, e vitaminas do complexo B[6].

Belo exemplo da banalização atual do discurso dualista: gestão do corpo próprio como se se tratasse de uma máquina da qual é preciso tirar o máximo rendimento. A unidade do sujeito é analiticamente decomposta a fim de fazer o uso mais racional de todas as

---

5. VIGARELLO, G. "Le laboratoire des sciences humaines". *Esprit*, 62, fev./1982.
6. COHN-BENDIT, D. *Nous l'avons tant ainmée la Révolution*. Paris: Points Actuels, [s.d.], p. 36. A transformação do corpo própria do lugar da transformação do mundo é uma etapa um tanto quanto banal no itinerário de vários antigos militantes dos anos de 1970. Cf. tb. LASCH, C. *Le Complexe de Narcisse*. Paris: Laffont, 1981.

suas partes e nada deixar agreste. Percorremos nosso corpo como um objeto a mimar, como um parceiro cujos favores é preciso conciliar, um motor cujas peças, para o bom funcionamento do conjunto, não convêm absolutamente negligenciar. A dietética, com efeito, é outra faceta dessa intervenção plástica em si, que conhece hoje um sucesso crescente a partir da multiplicação das revistas que difundem seus produtos: orientação da alimentação segundo os imperativos da "forma", busca de uma racionalidade que modifica os dados simbólicos ligados à refeição, referências a novos valores através dos produtos "bio" etc.

Sob uma forma flexível, o corpo é assimilado a uma máquina da qual é preciso cuidar. Outros exemplos: "Atenção aos radicais livres, esses fenômenos naturais que se formam a partir do oxigênio que respiramos. Significa que o organismo se oxida assim como o ferro enferruja ou a manteiga rança [...]" (publicidade para as cápsulas "Eradical"). Ou ainda "'Conforto, flexibilidade, desempenho', essas palavras não pertencem mais exclusivamente ao vocabulário automotor (o homem) os exige agora para sua epiderme, boa parte do sucesso, em todos os domínios, passa pela boa forma e pelo bem-estar a cada dia" (publicidade para "Clínica Fórmula Homem"). O paradigma do corpo confiável e pleno de vitalidade é aqui curiosamente aquele da máquina bem-ajustada, amorosamente supervisionada. Belo objeto cujos melhores efeitos é preciso saber tirar.

Este sendo percebido como um sujeito interior, um *alter ego*, fala-se com o "seu corpo", se o mima, acaricia, massageia, se o explora como um território distinto a conquistar, ou melhor, como uma pessoa a seduzir. O corpo torna-se uma propriedade de primeira ordem, objeto (ou, antes, sujeito) de todas as atenções, de todos os cuidados, de todos os investimentos (com efeito, também aí é preciso preparar o porvir), cuidar bem de seu "capital" saúde, fazer "prosperar" seu "capital" corporal sob a forma simbólica da sedução. Devemos merecer nossa juventude, sua forma, seu *look*. É preciso lutar contra o tempo que deixa seus traços na pele, a fadiga, os "quilos a mais", é preciso "se cuidar", não se "deixar levar". A estetização da vida social repousa em uma encenação refinada do corpo, em uma elegância dos sinais físicos que ele afirma (sinalização) graças à qual se conjura a angústia do tempo que passa. É preciso domesticar esse parceiro reticente, para fazer dele uma espécie de companheiro de viagem agradável.

A paixão do corpo modifica o conteúdo do dualismo sem alterar sua forma. Ela tende a psicologizar o "corpo-máquina", cujo paradigma também persegue aí sua influência de maneira mais ou menos oculta. Mas ela muda sua afetividade. O corpo-máquina (ou o corpo anatomizado) traduzia a dessimbolização da carne, deixando o sujeito à parte como valor nobre e intocável, ele ilustrava sua consideração enquanto matéria pura, enquanto real reificado e dualizado. O corpo *alter ego* não muda em nada a dessimbolização de que o corpo é objeto; ao contrário, ele o testemunha sob outra forma, mas psicologizando a matéria, tornando-a mais habitável, acrescentando-lhe uma espécie de suplemento de alma (suplemento de símbolo). Ele favorece o estabelecimento, na escala do indivíduo, de um campo de relação com o outro. A simbólica social, lá onde ela falta, tende a ser substituída pela psicologia. As carências de sentido não são mais imputadas ao social, mas resolvidas individualmente, em um discurso ou práticas psicológicas, e o corpo é um "significante flutuante" particularmente propício a esses remanejamentos. O corpo se adorna de um valor diretamente proporcional ao esquecimento ou ao desprezo do qual ele foi objeto na outra época do dualismo: é menos o corpo-máquina (que permanece sutilmente) do que a jazida de sensações, de sedução, ao qual é preciso dar a maior amplitude multiplicando-lhe as experiências. Uma espécie de ostentação se conjuga ao apagamento ritualizado do corpo, que continua a organizar o campo social. Um dualismo personalizado recebe amplitude.

8.4 O corpo supranumerário

Desde o neolítico, o homem tem o mesmo corpo, as mesmas potencialidades físicas, a mesma força de resistência aos dados flutuantes do meio. Durante milênios, e ainda hoje, na maior parte do mundo, os homens caminharam para ir de um lugar ao outro, eles correram, nadaram, eles se desgastaram na produção cotidiana de bens necessários para a sobrevivência de sua comunidade. Nunca, sem dúvida, como hoje nas sociedades ocidentais, utilizamos tão pouco a motilidade, a mobilidade, a resistência física do homem. O desgaste nervoso (estresse) tomou historicamente o lugar do desgaste físico. A energia propriamente humana (i. é, os recursos do corpo) se tornou passiva, inutilizável, a força muscular é substituída pela energia inesgotável fornecida pelos dispositivos tecnológicos. As técnicas do corpo, mesmo as mais elementares (andar, correr, nadar etc.), recuam e são apenas parcialmente solicitadas no curso da vida cotidiana, na relação com o trabalho, nos deslocamentos etc. Praticamente já não nos banhamos nos rios e nos lagos (salvo em raros lugares autorizados), já não utilizamos, ou apenas raramente, a bicicleta (e não sem perigo) ou as pernas, para ir ao trabalho ou se deslocar, malgrado os congestionamentos urbanos etc. Nesse sentido, o corpo do homem dos anos de 1950, ou mesmo dos anos de 1960, estava infinitamente mais presente à sua consciência, seus recursos musculares estavam mais no coração da vida cotidiana. A caminhada, a bicicleta, o banho, as atividades físicas ligadas ao trabalho ou à vida doméstica ou pessoal, favoreciam a ancoragem corporal da existência. Na época, a noção de um "retorno" ao corpo teria parecido incongruente, difícil de apreender. Entretanto, com efeito, o engajamento físico do homem em sua existência não cessou de declinar. Essa parte inalienável do homem é socializada segundo o modo do apagamento, diminuída, e até mesmo ocultada. A dimensão sensível e física da existência humana tende a ficar agreste, à medida que se estende o meio técnico.

As atividades possíveis do corpo, aquelas pelas quais o sujeito constrói a vivacidade de sua relação com o mundo, toma consciência da qualidade daquilo que o cerca e estrutura sua identidade pessoal, tendem a se atrofiar. O corpo da Modernidade parece um vestígio. Membro supranumerário do homem, que as próteses técnicas (automóveis, televisão, escada-rolante, esteiras-rolantes, elevadores, aparelhos de todos os tipos...) não conseguiram suprimir integralmente. É um resto, um irredutível, contra o qual se choca a Modernidade. O corpo se faz tanto mais difícil de assumir que se restringe à parte de suas atividades próprias sobre o ambiente. Mas a redução das atividades físicas e sensoriais não é sem consequência sobre a existência do sujeito. Ela determina sua visão de mundo, limita seu campo de ação sobre o real, diminui o sentimento de consistência do eu, enfraquece seu conhecimento direto das coisas. Pelo menos se reduz essa erosão por atividades de compensação, especialmente destinadas a favorecer uma reconquista cinética, sensorial ou física do homem, mas à margem da vida cotidiana.

Atrofia da motilidade e da mobilidade do homem pelo recurso incessante ao automóvel. Diminuição do tamanho das moradias, funcionalização dos cômodos e dos lugares, necessidade de se deslocar rápido sob o ônus de incomodar os outros. Na vida social, o corpo é mais amiúde vivido como um congestionamento, um obstáculo, fonte de nervosismo ou de cansaço, e não como uma jubilação ou a escuta de uma possível música sensorial. As atividades do sujeito consomem mais energia nervosa do que energia corporal.

Donde a ideia, comum hoje em dia, de "bom cansaço" (ligado às atividades físicas) e de "mau cansaço" (ligado ao desgaste nervoso).

Os lugares destinados ao passeio na cidade, os velhos bairros, as calçadas, tornam-se ao longo do tempo menos hospitaleiros aos transeuntes, as estruturas urbanas são dobradas aos imperativos da circulação automotiva. Rarefação do espaço de deambulação. Concentração das atividades nos centros das cidades saturados, abarrotados pelas multidões, que contribuem para privar o passante de seu ritmo deambulatório pessoal para submetê-lo ao imperativo anônimo de uma rápida circulação de pedestres. O deslocamento funcional de um lugar a outro tende a substituir o passeio (à exceção, sem dúvida, dos domingos), o que não é sem repercussão sobre o prazer sensorial e cinético.

Com uma intuição notável, P. Virilio já havia percebido perfeitamente, na década de 1970, esse enfraquecimento das atividades propriamente físicas do homem, sublinhando notadamente o quanto "a humanidade urbanizada torna-se uma humanidade sentada". À exceção de alguns poucos passos dados para ir ao carro ou sair dele, uma maioria de atores permanece sentada ao longo do dia. Virilio colocou muito bem o dilema que nasce da subestimação das funções corporais na existência do homem, notadamente no plano da elaboração de uma identidade pessoal. "Antes de habitar o bairro, a habitação, o indivíduo habita seu próprio corpo, estabelece com ele relações de massa, peso, congestionamento, envergadura etc. É a mobilidade e a motilidade do corpo que permitem o enriquecimento das percepções indispensáveis à estruturação do eu. Retardar, e até mesmo abolir essa dinâmica veicular, fixar ao máximo as atitudes e os comportamentos, implica perturbar gravemente a pessoa e lesar suas faculdades de intervenção no real"[7].

---

7. VIRILIO, P. *Essai sur l'insécurité du territoire*. Paris: Stock, 1976, p. 269.

A Modernidade reduziu o continente corpo. É porque este último deixou de ser o centro radiante do sujeito que perdeu o essencial de seu poder de ação sobre o mundo, que as práticas ou os discursos que o delimitam assumem essa amplitude. Porque ele está ausente do movimento ordinário da vida, ele se torna o objeto e uma preocupação constante sobre a qual se enxerta um mercado considerável e novas apostas simbólicas. As práticas corporais situam-se em um cruzamento onde se cruzam a necessidade antropológica da luta contra a fragmentação sentida em si e o jogo de signos (as formas, a forma, a juventude, a saúde etc.) que acrescenta à escolha de uma atividade física um complemento social decisivo. Se o ator se "libera" nessas práticas, não é pela sua iniciativa exclusiva; a ambiência de um momento o incita a fazê-lo segundo certas modalidades, mas ele entrega-se a elas com tanto mais engajamento pessoal quanto ele mesmo experimenta a necessidade de lutar contra a carência provocada pela não utilização de sua energia corporal.

Mas não pode haver aí um "retorno" ao corpo. O corpo está sempre presente, indiscernível do homem, a quem confere uma presença, qualquer que seja o uso que este faça de sua força, de sua vitalidade, de sua sensorialidade. É antes outro uso de si, a partir de seu corpo, que acontece uma preocupação nova: aquela de restituir à condição ocidental a parte de carne e sensorialidade que lhe faz falta. Esforço por reunir uma identidade pessoal fragmentada em uma sociedade fragmentadora.

A preocupação crescente, com a saúde e a prevenção, leva também ao desenvolvimento de práticas físicas (*jogging*, caminhadas para o coração etc.). Ela leva igualmente os atores a ter uma consciência mais atenta ao seu corpo, à sua alimentação, ao seu ritmo de vida. Ela induz à busca de uma atividade física regular. Aí também se desprende um uso de si que visa restaurar um equilíbrio rompido, ou delicado de se manter, entre o ritmo da Modernidade e os ritmos pessoais. Uma representação da doença menos fatal se estabelece; considera-se que a doença encontra nas maneiras de viver, nos hábitos alimentares, na higiene de vida etc., as condições favoráveis para seu desenvolvimento.

8.5 Do inapreensível do mundo moderno ao inapreensível do corpo

A individualização acentuada que conhecemos hoje não é absolutamente o signo de uma liberação do sujeito, que encontra em seus próprios recursos os meios de uma gestão autônoma de sua existência. O mergulho no universo interior em busca de sensações insólitas, a partida "patrocinada" nos desertos ou nos gelos, em busca da aventura ou de uma "estreia", o gosto do confronto com os elementos nos limites de si mesmo, as provas de maratona, ou de esqui nórdico realizadas por seu termo malgrado a fadiga, o *jogging* cotidiano ou as horas semanais vividas nos ginásios para manter a forma, estas são práticas e discursos que se fazem sob o controle difuso de uma gama de valores ao mesmo tempo comumente e diferencialmente partilhados pelos grupos sociais: a juventude, a forma, a saúde, a sedução, a resistência, a flexibilidade... valores cardinais da publicidade. Essas mitologias modernas valorizam qualidades ligadas à condição física. Cada ator, em seu universo pessoal, e segundo sua posição social, bricola com a constelação de signos que o mercado de bens de consumo, as mídias, a publicidade lhe prodigalizam. As solicitações proliferam; elas giram em torno de atitudes, de preocupações, de procuras próximas, de atores de uma mesma categoria social.

Um punhado de imperativos provisórios, fortemente valorizados, socializam um arquipélago de atores disseminados. Uma mutação antropológica muda a natureza do símbolo que, longe de aliar os atores em uma comunidade solidária de uma mesma destinação, partilhando um sistema de sentidos e de valores fortemente investidos, os justapõem por uma consumação comum de signos e de valores, mas enquanto sujeito privado. Os signos se perdem no efêmero e levam o homem a uma busca incessantemente renovada. Mergulhando no espelho onde forja o sentimento de seu bem-estar e de sua sedução pessoal, o homem individualizado vê menos sua própria imagem do que sua fidelidade mais ou menos feliz a um agenciamento de signos. Uma tonalidade narcísica atravessa hoje *mezza voce* a sociabilidade ocidental.

O narcisismo é originalmente uma posição de independência, um ardil do sujeito que acampa no limiar do coletivo e do individual e se acha preservado de um engajamento comprometido com os outros. A personalidade narcísica julga sua individualidade própria mais digna de interesse do que seu entorno, mas ela não se exclui, entretanto, da troca simbólica. Sabe-se, ao contrário, que poder de atração ela exerce paradoxalmente sobre os outros. Ela ama o amor de que é objeto infinitamente mais do que aqueles que a amam. Ela investe em sua própria pessoa uma energia que os outros prodigalizam antes no seio do vínculo social. Freud escreveu a esse respeito páginas que se tornaram clássicas.

O narcisismo da Modernidade é antes de tudo um discurso, uma das pedras angulares das mitologias atuais. Ele nomeia certa ambiência do social, uma tendência, antes que um domínio, uma intensidade social particular própria de certas categorias (infra), de certos lugares (infra). É uma das veias da sociabilidade. Mas não é a única. Ela nos interessa aqui porque necessariamente o narcisismo moderno é uma ideologia do corpo, a procura deliberada de uma culminação do sentimento e da sedução, obedientes a uma atitude ao mesmo tempo descontraída e voluntária, um dualismo que erige o corpo em antagonista.

Jean Baudrillard analisou bem a reversão atual do narcisismo. De lugar de soberania, este se transformou em utensílio de controle social, não "manipulado" (por quem?), mas "livremente" escolhido na gravidade de uma ambiência social em um momento dado, que faz convergir as escolhas dos atores para práticas, objetos, discursos idênticos. Cada um segue os impulsos de seu jogo interior como o exercício de uma liberdade quando não faz mais do que dobrar-se às injunções de um campo social cujo impacto sobre si ele desconhece. O que distingue esse narcisismo daquele, tradicional, do qual falamos aqui, é que a lei do valor rege o funcionamento. "É um narcisismo dirigido, constata J. Baudrillard, uma exaltação dirigida e funcional da beleza a título de antagonista e da permuta de signos"[8].

O narcisismo de hoje não é o índice de um abandono à preguiça, ao gozo do tempo que passa; mesmo ele engendra prazer, também é fruto de um trabalho sobre si, da busca de uma personalização da relação com o mundo pela valorização de signos indumentários, de atitudes, mas também e, sobretudo, de signos físicos. Enunciação na primeira pessoa do relato mitológico. Trata-se não somente da posição do sujeito no seio do vínculo social, traduzindo-se por uma soma de signos, mas também e, sobretudo, do sentimento difuso da melhor adequação possível aos signos valorizados de um tempo. Seu paradoxo consiste em ser um indutor de sociabilidade; ele traduz a ficção de uma escolha personalizada, o sentimento de uma consciência soberana quando a pregnância da

---

8. BAUDRILLARD, J. *L'échange symbolique et la mort*. Paris: Gallimard, 1976, p. 172. Cf. tb. SENNET, R. *Les tyrannies de l'intimité*. Paris: Seuil, 1979. • LASCH, C. *Le Complexe de Narcisse*: la nouvelle sensibilité américaine. Paris: Laffont, 1981. • LIPOVETSKI, G. *La societé du vide*. Paris: Gallimard, 1985.

ambiência social não é mais percebida como tal, mas alarga ainda seu campo de influência na esfera mais íntima do sujeito[9].

O narcisismo moderno traduz esse fato paradoxal de uma distância em relação a si mesmo, de um cálculo; ele converte o sujeito em operador, fazendo de sua existência, e de seu corpo, uma tela onde agenciar favoravelmente signos. A libido narcísica reencontra os signos sociais da atenção a si e apropria-se deles. Ela tira para tanto da tenda generosa das solicitações, das mitologias que constituem a ambiência de um momento. Ao contrário do caráter, em certa medida, intemporal do narcisismo tradicional.

O outro paradoxo do narcisismo moderno se deve a seu rosto mutante, a seus entusiasmos provisórios, que lhe dão o aspecto de um vestiário de teatro. A libido narcísica é fragmentada, envolve seletivamente práticas ou objetos segundo uma codificação simbólica própria de um momento dado. O trabalho do signo produz um relato já constituído que o sujeito enuncia com suas entonações próprias. Seu talento se deve à capacidade de agenciar da maneira mais pessoal os materiais de base que todos dispõem. Ele cria menos sua intimidade do que é sociologicamente produzido por ela, afinal. O corpo de cuja substância esquecida o indivíduo acredita apropriar-se não é senão a restituição de um relato. Ele é o artefato que desencadeia nele próprio o ambiente de um momento. Será nesse sentido menos o objeto de um desejo do que de uma preocupação, menos o objeto de um gozo do que de um imperativo.

Se há uma gestão de seu corpo enquanto propriedade pessoal pelo sujeito, esta obedece às mesmas flutuações que a bolsa. Os valores seguros de um momento econômico cessam logo de sê-lo sob o impulso de valores novos: na era da flutuação do sentido e dos

---

9. Richard Sennet chega a colocar que "o narcisismo é a ética protestante dos tempos modernos".

valores, o corpo não tem muito mais espessura do que uma tela. Nela se projeta a ficção sem cessar renovada da panóplia provisória onde se constrói uma identidade individual tornada, por um lado, sem raízes. O corpo é metáfora, jazida inesgotável que concede ao narcisismo moderno sua ancoragem privilegiada ao mesmo tempo em que seu aspecto heterogêneo, efêmero. A chance do narcisismo, aqui, é a de renovar seus dados a cada modificação do ambiente. Independentemente das ideologias, o corpo é um continente, porque a existência social do homem não é outra coisa senão uma sorte lançada entre uma infinidade de combinações possíveis. O efêmero pode reinar sobre o homem e se multiplicar do social ao individual; ele jamais esgota a extensão dos possíveis. A cartografia do corpo é produto do campo social, ambos são inumeráveis.

8.6 Categorias sociais

É preciso sublinhar agora que o corpo é uma aposta simbólica para categorias sociais relativamente precisas. Não parece, por exemplo, que camadas rurais ou operárias sejam muito afetadas por esse entusiasmo em relação às coisas do corpo. Essas categorias sociais valorizam antes a força ou a resistência, do que a forma, a juventude ou o bem aparecer. Elas teriam antes tendência a distinguir-se daqueles que "se escutam demais". Estes são ademais categorias sociais que exercem uma atividade física: a exaustão muscular e o uso de técnicas do corpo particulares formam o essencial de seu trabalho. A fadiga acumulada ao longo do dia não deixa, após a jornada de trabalho, muita vontade de um lazer que engaje de novo os recursos energéticos do corpo. O afastamento dessas práticas ou desses produtos de seu sistema de referência, seu custo, o tempo que é preciso consagrar-lhes os tornam menos familiares para essas categorias sociais. Estas estão em contato com seu corpo, em um desgaste físico permanente; aquilo que buscam justamente de um modo lúdico, as categorias sociais mais demandantes dessas práticas ou desses produtos orientados sobre o corpo. Essencialmente as camadas médias e privilegiadas, as profissões liberais, categorias inclinadas a privilegiar a "forma" e o bem aparecer, preocupadas em se desgastar para reencontrar uma vitalidade embotada pela imobilidade, pela falta de atividade física em seu exercício profissional[10]. Categorias igualmente atentas à sua saúde, à prevenção, preocupadas também em transformar a "fadiga nervosa" acumulada no curso de seu trabalho em uma "fadiga sadia", isto é, uma fadiga muscular e não mais difusa no corpo.

Estas são também profissões marcadas por uma responsabilidade tangível em relação aos outros (professores, enfermeiros, psicólogos, trabalhadores sociais, executivos, profissionais liberais, pequenos empresários), frequentemente difícil de assumir, propícia a questionamentos em uma interiorização do conflito que leva a não "sentir-se bem em sua pele", a ter vontade de "explodir": Eliane Perrin mostra que as novas práticas corporais de inspiração californiana (expressão corporal, *Gestalt*, bioenergia, grito primal etc.) recrutam nas categorias sociais cuja "relação com o trabalho expõe à agressividade mais direta, enquanto sua profissão lhe proíbe de manifestar a menor agressividade em retorno. Aqueles cujo papel consiste precisamente em neutralizar permanentemente toda relação social agressiva, seja pelo diálogo, pela explicação, pela discussão, ou pela palavra em geral [...]. Elas encontrariam nas novas práticas do corpo uma situação na qual toda resistên-

---

10. Para a ginástica ou o esqui nórdico, a maratona ou o *jogging*, encontram-se os mesmos recrutamentos sociais, cf. os artigos de Olivier Bessy, Jean-Claude Ragache ou Jean-Michel Faure, em *Esprit*, "Le nouvel age du sport", número especial, abr./1987. Sobre a emergência das atividades de risco, remetemos a LE BRETON, D. *Passions du risque*. Paris: Métailié, 1991.

cia social é abolida, e até mesmo proibida, um lugar fechado, fora do mundo protetor, espécie de parêntese no qual todos são iguais, onde só contam emoções e sensações e onde elas poderiam exteriorizar sua agressividade fora das formas que lhes são habituais: aquelas da palavra"[11]. Tempo de respiração e de reconciliação para categorias sociais estabelecidas permanentemente no centro de tensões relacionais que "tomam sobre elas". Busca, por meio dos signos corporais tangíveis, de uma via para escapar da incerteza das práticas profissionais.

Em um quadro neutro, sem consequências sobre a vida pessoal, há uma busca de convívio, de calor, de confiança, de exercício. Uma descarga de tensões a partir de uma série de treinamentos nos quais se remetem a um "sujeito que se supõe saber". Porque, estranhamente, a busca de si, a "apropriação" do corpo, passa pela fidelidade dos participantes à palavra de um mestre disposto a partilhar seus conhecimentos. Antes de serem experimentados, as sensações ou os efeitos físicos que devem atravessá-los são descritos pelo animador, lidos em brochuras de referência, esperados pelos usuários em um dispositivo de ambiência cuja pregnância os envolve. A descoberta de si ou o trabalho realizado em seu corpo passa primeiro pelo reconhecimento da palavra de um outro, e o empréstimo de um caminho já percorrido por outros (testemunhos nas revistas, os panfletos, as obras de vulgarização, as experiências vividas pelo entorno, a apresentação de exercícios pelo responsável pelo curso etc.). Essas categorias sociais encontram aí uma forma de orientação, de submissão fiel a uma autoridade à qual elas estão acostumadas em suas instituições. O corpo se oferece à maneira de um labirinto cuja chave o sujeito perdeu, a qual só lhe pode ser

---

11. PERRIN, E. *Les cultes du corps*. Lausanne: Favre, 1985, p. 124.

restituída por aquele que, pelo seu conhecimento, sabe desenrolar o fio de Ariadne. Os usuários são então convidados a explorar seu sentimento sob a condução de um animador que já sabe aquilo que convém sentir e em que momento. Da mesma forma os frequentadores mais antigos guiam o novo adepto. O labirinto se muda em trajetória já balizada.

8.7 O segredo do corpo

Visto que nas representações ocidentais, influenciadas por um dualismo subjacente, o corpo é usualmente distinguido do homem, presume-se que ele detenha um segredo, oculte labirintos enterrados cujas galerias se pode percorrer, para chegar, em seu centro, a revelações que não podem ser enunciadas porque lhes falta o fio condutor. A revisão anatômica tomou a carne à letra de suas matérias. Levando sua percepção a uma espécie de grau zero do simbólico, a imagem ocidental do corpo contribuiu para torná-la enigmática. Porque sua evidência anatômica e fisiológica não responde àquilo que o homem pode sentir nele de complexidade, supõe-se que o corpo seja portador de um mistério. O apelo a representações ou a técnicas do corpo vindas do Oriente, após seu trânsito pela Califórnia, ou o recurso a tradições esotéricas mais ou menos fundadas, legitimam a busca do outro enterrado nas dobras da carne. Um trabalho rigoroso sobre si deve favorecer o surgimento do continente baldio, o corpo é a ganga da qual se pode extrair o diamante sob a condição de se dar à pena do trabalho que isso exige. A ausência de Deus permite a busca de uma centelha de divino na noite do corpo.

"A melancolia do anatomista" (J. Starobinski) está conjurada pelo sopro do imaginário, insatisfeito com a representação insípida de um corpo cuja relação consigo, relação com uma riqueza de sentimento contradita pela secura do saber biomédico, paradigma oficial da representação do corpo, mal se discerne.

Porque o corpo é o lugar da divisão, se lhe presta o privilégio da reconciliação. Eis onde é preciso aplicar o bálsamo. A ação sobre o corpo traduz a vontade de preencher a distância entre a carne e a consciência, de apagar a alteridade inerente à condição humana: aquela, banal, das insatisfações do cotidiano, como aquelas, fundadoras, do inconsciente. O imaginário social faz então do corpo o lugar possível da transparência, da positividade. O trabalho sobre o sentimento, a respiração, o movimento, domestica o inconsciente e o pulsional. Uma psicologia implícita da vontade aplicada com disciplina ou criatividade é suscetível, mediante o recurso a técnicas precisas de apagar a cesura, de fundar uma "civilização do corpo" (J.M. Brohm) (paradoxo de uma formulação dualista para nomear a reconciliação sonhada do homem com seu corpo, que é apenas um ato de representação e de discurso), onde a repressão e a falta seriam conjuradas. Encontramos aqui o tema da boa natureza do corpo que seria deturpado pelo social e que é preciso reconquistar[12].

Lugar do limite, da individuação, cicatriz de uma indistinção que muitos sonham encontrar, é pelo corpo que tentamos preencher a falta pela qual cada um entra na existência como um ente inacabado, produzindo sem cessar sua própria existência em sua interação com o social e com o cultural. O medo de signos, consumados e imaginados, assegura uma proteção contra a angústia difusa de existir, como se a solidez dos músculos, a melhor preparação ou o conhecimento de inúmeras técnicas do corpo

---

12. "O corpo não mente" etc. Tema recorrente do movimento do potencial humano, mas cujo ideal é hoje banalizado.

tivessem o poder de conjurar os perigos ligados à precariedade, à falta. "Alguma parte no inacabado" (Rilke), a partir da positividade tangível de seu corpo, o homem busca dissipar uma angústia flutuante. A busca do segredo traduz aquela da deficiência, chama a irrupção no homem do divino, ela visa uma conjuração da incompletude ligada à condição humana. Fetiche que abole a divisão do sujeito. O corpo torna-se o lugar onde se denega o inconsciente, lá onde a identidade do sujeito se forja sobre uma nova afirmação do *cogito*.

Essa busca inquieta e insistente está ligada à incerteza do tempo, à influência crescente do provisório na sociedade ocidental. Quando tudo se torna elusivo, incontrolável, mesmo a relação com o outro no casal e na família, quando a segurança existencial se interrompe, resta como única certeza a carne na qual o homem está preso, o lugar de sua diferença e de sua separação em relação aos outros. O estilo dualista da Modernidade deve-se ao imperativo do fazer, que impele o sujeito a moldar-se como se fosse outro, convertendo seu corpo em objeto a esculpir, manter e personalizar. De seu talento em fazê-lo depende, em grande medida, a maneira pela qual ele será percebido pelos outros. O inconsciente já não é um valor levado em conta por essas novas práticas. Ou bem elas edulcoram-lhe o conteúdo (bioenergia, grito primal, *gestalt* etc.), ou bem subentendem uma psicologia derivada do *cogito*, na qual as noções de vontade e de trabalho têm primazia.

O corpo, neste imaginário, é uma superfície de projeção na qual se põem em seu devido lugar os fragmentos do sentimento de identidade pessoal fragmentado pelos ritmos sociais. A partir da colocação em ordem e em sentido de si, pela mediação de um corpo que ele dissocia e transforma em tela, o indivíduo age simbolicamente sobre o mundo que o cerca. Ele busca sua unidade de sujeito agenciando signos nos quais procura produzir sua identidade e se fazer reconhecer socialmente.

A clínica dos migrantes pôs em evidência uma patologia que empresta o mesmo recurso ao corpo, mas que, ao contrário de produzir prazer, engendra um sofrimento, a sinistrose. Após uma lesão, uma ferida, uma doença, um traumatismo, a sinistrose marca no sujeito transplantado fora de seu meio de origem (inclusive o doente francês longe da região à qual está ligado, ou mesmo se ele está simplesmente marginalizado) a permanência de uma queixa, de um sofrimento além da restauração "orgânica". Curado, o sujeito continua a sentir uma dor vaga, aflitiva, por não poder se servir do órgão outrora lesado. Os exames médicos mais aprofundados, quando se restringem a uma pura tecnicidade, não revelam qualquer alcance orgânico. Entretanto, o sofrimento está lá. Uma escuta diferente da técnica mostra que o sujeito sofre em sua vida, e que ele utiliza sem saber sua dor como o único mediador suscetível de fazer reconhecer sua existência aos outros, e de manter para si mesmo uma identidade que, de outra maneira, já não teria sentido. Detecta-se aí um mecanismo antropológico, mas invertido quando se trata do "culto" moderno do corpo. A sinistrose marca o negativo exato desse "retorno" lúdico ao corpo, em um ator reduzido a si mesmo, atomizado pelas condições sociais da Modernidade e procurando o contato através de seu corpo como pretexto. O investimento no próprio corpo traduz a ausência dos outros. Quando a identidade pessoal está em questão a partir dos remanejamentos incessantes de sentido e de valores que marcam a Modernidade quando os outros se fazem menos presentes, que o reconhecimento de si se afigura um problema, mesmo se em um nível não muito acentuado, resta, com efeito, o corpo, para fazer ouvir uma reivindicação de existência. Trata-se de fazer de si uma escritura, por intermédio dos signos do consumo ou, no pior dos casos, pela somatização. A sinistrose é nesse sentido solidária (em outra vertente) da paixão do corpo que atravessa a Modernidade. No sofrimento, o migrante dá o seu sintoma ao médico na esperança de ser reconhecido como sujeito, lá onde suas outras tentativas fracassaram. No jogo, o homem da Modernidade que se acostuma a viver no precário, "imigrado do tempo" (Margaret Mead), faz de seu corpo uma espécie de sinal de reconhecimento. No inapreensível do mundo, apenas seu próprio corpo lhe oferece um domínio sobre sua existência.

9 Medicina e medicinas: de uma concepção do corpo a concepções do homem

9.1 Estado dos lugares

O recurso contemporâneo às medicinas ditas "paralelas"[1] traduz a emergência de valores ascendentes que organizam cada vez mais as formas da socialidade: primado do indivíduo, preocupação com o natural, com o corpo, com a forma, direito à saúde, culto da juventude (menos a da idade do que a da vitalidade). Valores privilegiados, para não dizer altamente proclamados, dessas medicinas[2]. Mas esse entusiasmo supõe também uma discrepância crescente entre as demandas sociais em matéria de cuidado de saúde e as respostas da instituição médica. Sabemos que é mais frequentemente o fracasso do tratamento médico que leva os clientes a se voltarem para médicos de outra ordem.

Para compreender a partir de quais lógicas sociais e culturais se constrói nos usuários o recurso às "medicinas paralelas", é preci-

---

1. Seria preciso escrever uma mitologia à maneira de R. Barthes sobre os qualificativos com os quais se apelidam essas medicinas: paralelas, outras, alternativas, globais, suaves, naturais, diferentes, empíricas etc.
2. As medicinas populares situam-se alhures; sua legitimidade social é antiga, enraizada nas tradições; elas recolhem hoje um suplemento sensível de favor e de respeitabilidade que modifica a base social, graças à brecha aberta na instituição médica.

so interrogar a crise do modelo hegemônico, aquele da instituição médica que cessa hoje, uma dezena de anos desde o início do movimento de reunir o consenso social do qual ela aparentemente se beneficiou desde o início do século. Para dizer a verdade, é preciso lembrar que a medicina não se impôs sem embate, sobretudo com as camadas populares, cujas tradições medicinais e curandeiros ela combateu; para estes últimos, menos no terreno da doença do que frequentemente perante os tribunais, quando a lei de 1892 organizou a profissão e assegurou-lhe o monopólio do direito de tratar[3]. Menos o privilégio mais sutil de curar ou a capacidade de se impor socialmente, ao que parece, porquanto a vivacidade das medicinas populares jamais foi desmentida, malgrado a oposição determinada dos médicos e a amálgama quase sistemática durante decênios entre charlatães e curandeiros[4].

Não, aliás, que a medicina não tenha tido que combater legitimamente vários charlatães ao longo do século XIX (cf. J. Léonard), quando ela buscava firmar sua autoridade junto às populações. Mas ela soube servir-se deles e de suas pretensões derrisórias para pleitear sua causa e estender habilmente a acusação a todos os curandeiros tradicionais não pertencentes, por sua formação e sua legitimidade, ao seu sistema de referência. O charlatão é aquele que não é médico. Como se a destreza para aliviar o sofrimento ou para curar fosse uma natureza subitamente outorgada pela possessão de um diploma que colocaria, de uma vez por todas, o

---

[3]. Sobre a história da medicina no século XIX, e notadamente as vicissitudes que esta encontra em sua busca da legitimidade social, cf. LÉONARD, J. *La France médicale au XIXe siècle*. Paris: Gallimard, 1978.

[4]. Cf., p. ex., as dificuldades encontradas pela quiropraxia. Cf. GAUCHET, P.-L. *La quiropraxia, contribuition à l'histoire d'une discipline marginalisée*. Le Mans: Jupilles, 1985.

médico acima de qualquer suspeita[5]. Historicamente, aqueles que a medicina taxou de charlatães eram antes de tudo mascates indo de cidade em cidade vender poções de eficácias desiguais cujos méritos eles sabiam gabar. Os curandeiros populares não pertenciam a este registro: mesmeristas, ortopedistas, benzedeiros, feiticeiros, pajés, adivinhos etc. Estes são terapeutas solidamente inseridos no campo social e cultural, o mais frequentemente benzedores ocasionais, aos quais sua vizinhança confere uma reputação favorável em decorrência de uma eficácia em tratar cuja demonstração eles não cessam de renovar. O boca a boca, isto é, a verificação popular, o consenso dos interessados, em certa medida, funda a legitimidade do curandeiro, não o caráter científico de sua ação que não é admitida aqui e que se estabelece em um consenso de outra ordem.

A acusação de charlatanismo para visar também o curandeiro rural traduz, de fato, uma luta de precedência pela qual a cultura erudita se arroga o direito de julgar em absoluto outros sistemas culturais e, fora de toda compreensão antropológica de sua eficácia, de sufocar costumes e crenças que suas categorias mentais não lhe permitem pensar. O conflito entre médicos e curandeiros é antes de tudo um conflito de legitimidade; ele opõe a "cultura erudita", encarnada pelas instâncias universitárias e acadêmicas, aos conhecimentos originados pelos curandeiros tradicionais que

---

5. É claro que os dados do problema são mais complexos. Se o charlatão é aquele que dispensa a ilusão sem curar, o médico está exposto ao mesmo risco que o curandeiro. A relação terapêutica se constrói, ela não é dada. Tratar e curar não reclama somente um saber, mas também e, sobretudo, um saber--fazer duplicado de um saber-ser, isto é, a eficácia dos métodos utilizados e das qualidades humanas, da intuição etc. As medicinas tradicionais, notadamente aquelas que conhecemos ainda na França ou na Europa, demonstram, nesse sentido, uma eficácia fundada em outra definição de homem. Sobre o charlatanismo dos médicos e sua má reputação nos meios populares, é preciso ler a coletânea de provérbios estabelecida por LOUX, F. & RICHARD, P. *Sagesse du corps* – La santé et les maladies dans les proverbes français. Paris: Maisonneuve & Larouse, 1978, p. 159ss.

são menos formalizáveis, provenientes de saberes populares e da experiência pessoal do médico. Estas são visões de mundo, abordagens opostas do corpo e da doença, duas concepções do homem. A medicina, em sua diversidade, e o curandeirismo, em sua diversidade, representam dois polos de saber e de ação. Seus modos de validação são contraditórios. O que não significa que um ou outro sejam falsos. A pertinência de um ato terapêutico não significa que o outro seja errôneo; sua modalidade de aplicação pode diferir e levar, entretanto, ao mesmo resultado positivo. É isso o que mostra hoje o campo diversificado dos recursos terapêuticos na Modernidade e sua eficácia bem partilhada.

A centralidade médica, portanto, nunca cessou de ser questionada pelos dissidentes que ela mantinha nela (homeopatia, quiropraxia etc.) e pelas medicinas tradicionais. A pluralidade atual das medicinas exercidas no campo social dificilmente estraga aquela das épocas precedentes. Hoje, certamente, uma floração de medicinas "novas" faz sua entrada no mercado dos tratamentos. Mas a instituição médica jamais conheceu nos fatos o monopólio que lhe outorgava a lei. O que muda hoje, em compensação, é a passagem de várias práticas da clandestinidade a uma espécie de oficialidade relativa, que se traduz pela publicação de obras de divulgação, de revistas (*L'impatient, Médicine douce* etc.), de colunas regulares em revistas de grande circulação, pela criação de associações, a publicação de guias de curandeiros, de encartes publicitários ou de pequenos anúncios nos jornais locais fazendo conhecer os médicos[6], a organização regular de debates no rádio ou na televisão.

---

6. O modo de recrutamento por pequenos anúncios traduz, aliás, a deriva das medicinas populares na sociedade moderna. Ele expõe a um descrédito aqueles que recorrem a elas porquanto o curandeirismo tradicional repousa sobre um boca a boca que é uma espécie de garantia. Nesta análise deixamos de lado os "curandeiros" que não só se autorizam por si mesmos, não dispondo, frequentemente, de nenhuma qualidade terapêutica particular, senão aquela que lhe con-

Esse fervilhar atual de medicinas, mesmo se elas não estão todas oficializadas pela faculdade, ou não são reembolsadas pelo seguro social, restitui ao usuário a possibilidade de uma escolha limitada somente pela informação pessoal que ele recolheu. Pode-se ter aí uma espécie de revanche tardia dos atores contra a reivindicação de monopólio sustentada pela medicina, ao mesmo tempo, aliás, que a vitória da ideologia médica, que vê em todo homem um doente a prevenir ou a curar: "um homem em boa saúde é um doente que se ignora", dizia já Dr. Knock. A preocupação com a saúde e com a forma torna-se a pedra angular dos valores da Modernidade.

9.2 Crise da instituição médica

A medicina quer situar-se fora do quadro social e cultural como palavra de verdade, única "científica", e por isso mesmo intocável. Ela remete o conjunto das outras medicinas, sejam estas ocidentais ou de alhures, à dúvida quanto à sua validade. Tudo se passa como se a medicina ocidental fosse a medida pela qual se deveriam avaliar os outros modos de gestão do mal. Para mensurar a crise da instituição médica e compreender as sociológicas que favorecem a eclosão das medicinas "paralelas", é sobre este impensado que é preciso refletir. Interrogar a medicina como instituição social, notadamente através da visão do homem que ela defende, e a representação do corpo sobre a qual ela repousa.

---

fere a eventual confiança de seus pacientes. Nas cidades, notadamente, há uma questão sociológica posta pela presença de vários "curandeiros" cuja seriedade é difícil avaliar pelo fato de funcionarem fora dos quadros tradicionais, segundo o modelo das profissões liberais. Quanto à sua eficácia terapêutica, ela é mais difícil ainda de apreciar pelo fato de que esta não é uma "natureza" do curandeiro, mas antes de tudo uma modalidade de ação que se constrói no interior de uma relação, e que não é forçosamente reprodutível a cada vez.

Hoje a instituição médica transbordou do interior pelas novas exigências de numerosas medicinas que se reconhecem mal no quadro clássico, e frequentemente optam por "novas" medicinas (homeopatia, acupuntura, auriculoterapia, quiropraxia, osteopatia etc.) ou mesmo tentam levar mais em conta a personalidade de seu paciente no contexto familiar, reencontrando aí, enquanto generalista ou especialista, o que outrora fazia a força do "médico de família", cuja tradição se perdeu; transbordou do exterior pela emergência de novos terapeutas (osteopatas, quiropraxistas, sofrologistas etc.) que se insurgem contra o monopólio do direito de tratar das medicinas, e buscam, por sua vez, impor-se no mercado dos tratamentos; transbordou, enfim, pelo ressurgimento das medicinas populares (magnetismo, vidência, benzedeiros, radiestesistas etc.) cujos procedimentos (sobretudo técnicas do corpo) são frequentemente repetidos fora do contexto rural e tradicional por atores vindos de classes médias e vivendo nas cidades. É preciso sublinhar, enfim, que não há impermeabilidade nos recursos. Os usuários solicitam, frequentemente de maneira simultânea, o médico e o curandeiro[7], a medicação homeopática e a medicação clássica etc. Conhecemos igualmente curandeiros (magnetizadores) que às vezes enviam pacientes para um médico, ou um médico de medicinas suaves; médicos que dirigem eles próprios alguns de seus pacientes para os curandeiros; ou ainda curandeiros que intervêm, frequentemente de modo clandestino, algumas vezes em total transparência, nos serviços hospitalares para aliviar doentes e por vezes curá-los. Não somente "pajés" ou benzedeiros para queimaduras, herpes zoster etc., mas também magnetizadores que podem intervir em patologias mais complexas.

---

7. Cf. exemplos desse duplo recurso em LOUX, F. *Les jeunes enfant et son corps dans la médicine tradicionnelle*. Paris: Flammarion, 1978.

Para melhor delimitar os motivos da crise da instituição médica é interessante construir, aceitando os limites dessa esquematização, uma espécie de tipo ideal (no sentido da sociologia compreensiva de Max Weber) da prática e da visão do corpo que a funda, enfatizando não os sucessos, mas aquilo que pode aparecer como suas carências antropológicas, aí onde ela é hoje contestada, aí também onde as medicinas "paralelas" tiram ao contrário sua força e ganham legitimidade junto aos usuários.

9.3 Saber sobre o homem, saber sobre o organismo

Historicamente, a partir da *Fabrica* de Vesalius, a invenção do corpo no pensamento ocidental responde a uma tripla excisão: o homem é cindido de si mesmo (distinção entre homem e corpo, alma-corpo, espírito-corpo etc.), cindido dos outros (passagem de uma estrutura social de tipo comunitário a uma estrutura de tipo individualista), cindido do universo (os saberes da carne não se extraem mais de uma homologia cosmos-homem; eles tornam-se singulares, próprios somente à definição intrínseca do corpo). É provável, com efeito, que as teorias do corpo, que buscam em sua materialidade mesma o princípio de análise, sem recorrer a significações que já tenham uma existência autônoma alhures, estão sempre ligadas a sociedades que perderam seu enraizamento holista em proveito de uma divisão individualista. O corpo, com efeito, funciona como "princípio de individuação" (Durkheim), uma espécie de marco de fronteira que encerra a realidade do sujeito e o distingue dos outros. A partir dos primeiros anatomistas, e, sobretudo, de Vesalius, a representação do corpo não é mais solidária de uma visão holista da pessoa; ela já não transborda o corpo para procurar, por exemplo, em um cosmos humanizado, o princípio de sua visão do mundo. Os anatomistas distinguem o homem de seu corpo, eles abrem os cadáveres e se inclinam sobre "um belo exemplar da máquina humana" (Marguerite Yourcenar), cuja identidade é indiferente. O pedestal epistemológico da medicina repousa sobre o estudo rigoroso do corpo, mas de um corpo cindido do homem, tornado leve, percebido como receptáculo da doença. Com Vesalius se estabelece um dualismo metodológico que alimenta, ainda em nossos dias, as práticas e as pesquisas da instituição médica. O saber anatômico e fisiológico sobre o qual repousa a medicina consagra a autonomia do corpo e a indiferença em relação ao sujeito que ele encarna. Ele faz do homem o proprietário mais ou menos feliz de um corpo que segue suas regras biológicas próprias.

9.4 Uma antropologia residual

Para melhor compreendê-la, a medicina despersonaliza a doença. Esta não é mais percebida como a herança da aventura individual de um homem situado e datado, mas como a falha anônima de uma função ou de um órgão. O homem é atingido pelo ricochete de uma alteração que concerne apenas ao seu organismo. A doença é colocada como uma intrusa, nascida de uma série de causalidades mecânicas. Na elaboração gradual de seu saber, e de seu saber-fazer, a medicina negligenciou o sujeito e sua história, seu meio social, sua relação com o desejo, a angústia, a morte, o sentido da doença, para considerar apenas o "mecanismo corporal". A medicina faz a aposta do corpo, repousa sobre uma antropologia residual. Não é um saber sobre o homem, mas um saber anatômico e fisiológico, levado hoje ao seu extremo grau de refinamento. A hiperespecialização da medicina atual em torno de certas funções ou de certos órgãos, o uso das novas tecnologias de imagens na elaboração do diagnóstico, o recurso terapêutico aos meios sempre mais tecnicizados, notadamente o recurso a sistemas de perícia informatizados para auxiliar no diagnóstico, tais são lógicas médicas, entre outras, que chegam a algum resultado. O corpo já era distinguido do homem; ele se vê hoje fragmentado ao extremo. O homem é concebido *in abstracto* como o fantasma reinante em um arquipélago de órgãos, isolados metodologicamente uns dos outros.

A medicina repousa essencialmente em uma física do homem, que assimila os movimentos fisiológicos, e seu enraizamento anatômico e funcional, a uma máquina sofisticada; basta, portanto, conhecer o processo nosológico e as reações do corpo a seu respeito para contornar a doença, percebida como estrangeira[8]. Essa percepção mecanicista era nuançada sensivelmente pelo estilo próprio do médico e pelo recurso, que durante muito tempo prevaleceu, ao médico de família (hoje ao generalista), que conhecia bem a família e a história de seu paciente, e fazia intervir intuitivamente muitos outros dados na apreciação de sua doença e dos meios de curá-la. Nessa relação mais personalizada, o médico é outra coisa que um técnico do corpo humano. Ele pode, se tiver a competência e a sensibilidade necessárias para tanto, atingir o doente além da proteção do sintoma.

Na busca de sua eficácia própria, a medicina construiu uma representação do corpo que coloca o sujeito em uma espécie de posição dual em face de si mesmo. O doente é então apenas o epifenômeno de um evento fisiológico (a doença) que advém em seu corpo. A linguagem dos doentes ("é o coração que começa a ser usado", "é o meu colesterol" etc.), ou por vezes aquela da rotina de certos serviços hospitalares ("o pulmão do 12", "o escarro do 34"...), registram perfeitamente esse dualismo que distingue o homem de

---

8. Para uma abordagem comparada da medicina ocidental e da medicina oriental, ler o belo artigo de LOCK, M.M. "L'homme-machine et l'homme-microcosme, l'approche occidentale et l'approche japonaise de soins médicaux". *Annales ESC*, vol. 35, n. 2, 1980.

seu corpo, e sobre o qual a medicina estabeleceu seus procedimentos e sua busca de eficácia, ao mesmo tempo que seus limites. Ela favoreceu paralelamente uma visão instrumental do corpo perceptível nos exemplos anteriores ("consertar o corpo", "recolocar as ideias no lugar" etc.). O homem, em sua identidade própria, ocupa um lugar anônimo nesse edifício de conhecimento e de ação.

Essa visão da doença só pode conduzir o doente a depor-se passivamente entre as mãos do médico, e a esperar que o tratamento recebido faça seu efeito. A doença é outra coisa que não ele; seu esforço em curar, sua colaboração ativa não são considerados essenciais. O paciente não é encorajado a interrogar-se acerca do sentido íntimo de seu mal, nem a envolver-se. Pede-se justamente que ele seja paciente, que ele tome sua medicação e espere pelos seus efeitos.

Tal é o obstáculo de uma medicina que não é aquela do sujeito: o recurso a um saber do corpo que não inclui o homem vivo. As razões de sua eficácia são também as de suas falhas. Trata-se da escolha de um olhar, de uma moral, que clareia com o seu feixe certo número de fatos, deixando os outros na sombra. A medicina considera as eficácias que ela suscita superiores àquilo que ela falha. Mas assim ela enseja um debate público. A medicina, frequentemente, trata uma doença, não um doente, isto é, um homem inscrito em uma trajetória social e individual. Os problemas éticos suscitados hoje pelas investigações em biotecnologias, pela obstinação terapêutica ou pela eutanásia, são as ilustrações mais proeminentes dessa aposta médica feita sobre o corpo humano, mais do que sobre o sujeito.

Nessas condições, para numerosos médicos o aspecto relacional não é considerado essencial (e, paradoxalmente, mesmo em psiquiatria), a consulta ou a visita à cabeceira do doente é reduzida exclusivamente à coleta das informações necessárias ao diagnóstico[9]. Na medicina liberal, frequentemente por causa de uma preocupação com a rentabilidade, muito pouco terapêutica para o paciente. Na medicina hospitalar, o aspecto relacional é delegado aos enfermeiros e aos auxiliares de enfermagem. A medicina valoriza antes o aspecto técnico de seu ofício. Um exemplo revelador: a mobilização atual em favor do acompanhamento dos moribundos (às vezes simplesmente o acompanhamento dos doentes) decorre da negligência em relação às pessoas no final da vida, o abandono de que elas frequentemente são vítimas nos hospitais em nome do famoso "fracasso" do médico (diz-se mais elegantemente "fracasso da medicina"). Não solidão ou abandono técnico, certamente, mas humano. O moribundo cria isolamento em torno dele. René Schaerer, que muito lutou pela humanização de seu hospital, fala de maneira significativa da "parte militante de seu trabalho" quando evoca, como médico cristão (ou simplesmente responsável), o acompanhamento de doentes no fim da vida no serviço de cancerologia do hospital de Grenoble.

9.5 A eficácia simbólica

O mal-estar atual da medicina, mais ainda aquele da psiquiatria, e o afluxo de doentes aos curandeiros e aos praticantes de medicinas ditas paralelas, atestam bem a amplitude do fosso que se escavou entre o doente e o médico. A medicina paga aí pelo seu desconhecimento dos dados antropológicos elementares. Ela

---

9. Na esteira aberta pelos trabalhos de M. Balint, que justamente trabalhou na elucidação das carências da relação terapêutica, vários médicos reencontram hoje a importância do diálogo com o doente, a necessidade do contato. Eles percebem cada vez mais que o doente é antes de tudo um homem que sofre em sua vida antes de sofrer em sua carne. Isso, as medicinas "paralelas" apreenderam bem.

esquece que o homem é um ser de relação e de símbolo, e que o doente não é somente um corpo que precisa ser consertado[10].

Há uma pluralidade de corpos como há uma pluralidade de culturas. Entretanto, estruturas antropológicas comuns deixam-se adivinhar sob a face cambiante das coisas. O corpo é uma construção social e cultural cuja "realidade última" nunca é dada. O corpo emaranha-se, com suas *performances* e seus componentes, na simbólica social, e ele só pode ser apreendido relativamente a uma representação que jamais se confunde com o real, mas sem a qual o real seria inexistente. O simbolismo social é a meditação pela qual o mundo humaniza-se, alimenta-se de sentido e de valores, e torna-se acessível à ação coletiva. É da natureza do corpo ser metáfora, ficção operante. Freud, com seus *Estudos sobre a histeria* (1895), escritos em colaboração com J. Breuer, ofereceu um primeiro rascunho desse modelo. O corpo explorado pela psicanálise revela uma "anatomia fantástica", invisível ao olhar, que transborda as representações médicas, mostra suas lacunas no plano antropológico. A carne é transparente às figuras do inconsciente. As veias de Eros irrigam os órgãos ou as funções do organismo. À representação médica do corpo, impessoal e fora do tempo, mecanicista, Freud opõe uma abordagem biográfica, viva e singular. Ele deixa falar "o poema do corpo", diz Pierre Fédida, que acrescenta que "as partes do corpo, os órgãos, assim como as posições e as atitudes, estão primitivamente

---

10. Com certeza, a medicina não é una. É muito difícil escrever sobre ela por causa da diversidade das práticas que nutre. A parte do médico é aí essencial. Sabe-se bem no hospital que, de um serviço ao outro, a qualidade da presença junto aos doentes não é a mesma. Serviços são reputados por sua qualidade de acolhimento, pelo clima de confiança, pela preocupação em articular competências, enquanto outros funcionam de maneira autoritária, independentemente das competências, em detrimento dos cuidados dados ao paciente. Os serviços hospitalares são atravessados pelas tensões próprias a todos os grupos. A atitude do chefe de serviço está na maior parte do tempo na origem do clima institucional que pode ser nocivo ou favorável. A eficácia terapêutica não pode deixar de ser afetada.

engajadas na cena imaginária dos fantasmas mais arcaicos. Da maneira como o psicólogo designa sua síntese na imagem (entendida como imagem do corpo), o corpo não é o efeito de uma elaboração secundária? Nesse caso, a psicanálise pode preocupar-se com ele sem tratá-lo como o conteúdo manifesto do sonho"[11].

Sonho de um indivíduo singularizado por seu itinerário pessoal, mas também, e antes de tudo, sonho de uma comunidade humana em um momento dado de sua história. A segunda brecha aberta no modelo médico é revelada pela antropologia. Como tudo aquilo que é sentido, o corpo é uma ficção bem real, que recolhe o crédito de uma sociedade dada, uma representação unanimemente ou diferencialmente partilhada, mas cuja extensão além do grupo colocaria dificuldades. Não pode haver conhecimento radical e definitivo do corpo quando suas definições e suas *performances* obedecem a modelos contraditórios de uma área social e cultural a outra. E essas representações, essas crenças, não são fantasmagorias, suplementos sem incidências sobre a natureza das coisas; é a partir delas que os homens agem sobre o mundo e que o mundo age sobre o homem.

M. Mauss estudou outrora a força dessas representações a partir da "ideia de morte sugerida pela coletividade"[12] ao encontro de um indivíduo subtraído por qualquer razão (infração de um tabu, magia etc.) do tecido religioso que o sustentava em sua relação com o mundo. Em seguida à negligência ou à ofensa cometida, o sujeito vê-se como que desligado de toda proteção social e religiosa; ele interioriza a ideia de que a morte está sobre ele e, com efeito, ele

---

11. FÉDIDA, P. *Corps du vide, espace de séance*. Paris: Delarge, 1977, p. 28.
12. MAUSS, M. "Effet physique chez l'individu de l'idée de mort suggérée par la collectivité (Australie, Nouvelle-Zélande)". *Sociologie et anthropologie*. Paris: PUF, 1950.

falece alguns dias mais tarde. Tal é o efeito de uma palavra coletiva que ilustra maravilhosamente a porosidade do corpo à ação do símbolo. Os componentes da pessoa não são estrangeiros à palavra coletiva que pressagia sua morte ou que o incita à vida. A eficácia simbólica analisada por C. Lévi-Strauss não provê somente esse acréscimo de energia de que se nutre a cura; em certas condições ela abre o caminho à morte ou a desgraça. A feitiçaria, com certeza, funciona em uma lógica social dessa ordem. Se a palavra, ou o rito, podem denotar um sintoma, ou suscitar a morte, é porque eles encontram, antes de tudo, um eco no corpo, uma ressonância na carne. A palavra, o rito ou o corpo bebem aqui na mesma fonte. Sua matéria-prima é comum: o tecido simbólico. Apenas diferem os pontos de imputação. Se o símbolo (o rito, a oração, a palavra, o gesto...), mediante certas condições, age com eficácia, embora pareça, a princípio, de uma natureza diferente do objeto sobre o qual ele se aplica (o corpo, a desgraça etc.), é que ele vem mesclar-se, como água na água, à espessura de um corpo ou de uma vida que são eles mesmos tecidos simbólicos. Não há contradição entre os dois termos da intervenção midiatizada pelo operador (xamanismo, adivinhação, medicina, psicanálise...). Este último tapa um rasgo no tecido do sentido (o não sentido do sofrimento, da doença, do infortúnio); ele combate a estase do símbolo, por outras formas simbólicas. Seus atos contribuem para uma humanização, para uma socialização do transtorno.

9.6 A eficácia médica

A medicina, em busca da melhor objetivação, estabelece a separação absoluta entre o sujeito e o objeto de seu conhecimento, ela se separa do doente e de sua doença para estabelecer essa última enquanto saber. Percurso diferente para os médicos ditos "suaves", que a princípio não negligenciam o que se passa entre o doente e o médico, e esforçam-se em religar o mal ao sujeito. Percurso levado ainda mais longe nas medicinas populares, sobretudo entre os magnetizadores, nas quais o saber sobre a doença não é efeito de uma aprendizagem separada, mas, antes de tudo, uma experiência vivida da doença, prova superada, que em seguida prolonga um aprendizado junto ao curandeiro, que se faz o anunciador, junto ao doente, da "força" que este detinha em si sem sabê-lo. É o que mostra frequentemente a coletânea das histórias de vida dos curandeiros. As medicinas populares são fundadas sobre um conhecimento (no sentido de conascer; nascer com o outro) antes que sobre um saber (universitário); elas repousam sobre uma conduta existencial antes que científica. A ciência marca a repetição de um saber experimentado, mas separado do objeto que ele visa. Não é porque ele estava doente que o médico está autorizado a tratar, mas porque ele possui um saber aprofundado, sancionado por um diploma, é porque ele mesmo esteve doente, e superou essa prova, que o magnetizador[13] entra em uma aprendizagem junto a outro curandeiro que reconheceu suas qualidades, e que um dia ele será levado a tratar. Se admitirmos que a eficácia simbólica seja um processo antropológico situado entre o curandeiro e o doente, a concepção médica que distingue absolutamente os dois termos parte aqui com uma deficiência que seu saber de outra ordem nem sempre pode preencher. A medicina separa-se então de um recurso, aquele do símbolo, apto, entretanto, a potencializar seus efeitos. Não que a dimensão simbólica esteja ausente da relação médico-paciente;

---

13. É antes esse percurso o que apresenta a maior universalidade: a experiência da doença como via de entrada nos procedimentos para tratar os outros. Cf., p. ex., ELIADE, M. *Le chamanisme et l'expérience archaïque de l'extase*. Paris: Payot, 1968. • BOUTEILLER, M. *Médicine populaire d'hier à aujourd'hui*. [s.l.]: Maisonneuve & Larouse, 1966.

ela está sempre mais ou menos lá, quanto mais se o médico estiver investido da confiança de seu paciente, mas a manifestação dessa eficácia é amenizada pela posição social e cultural do médico, pelo caráter, não raro, exclusivamente técnico dos cuidados dispensados. Na relação médico-doente (e *a fortiori* no campo psiquiátrico, ainda mais significativo), só encontramos de maneira residual os elementos que dinamizam a eficácia do símbolo: a pertença a um mesmo tecido social de sentido, a dimensão comunitária e o consenso social que o cerca. Ora, a medicina moderna nunca dispôs de uma unanimidade irrestrita, pois nasceu ao mesmo tempo que o individualismo ocidental. Em sua conduta mesmo, ela implica o isolamento do doente e a divisão de tarefas. Além disso, a distância social e cultural é frequentemente grande entre o médico notável, possuidor de um saber esotérico que ele raramente busca partilhar, e o paciente despossuído de seu saber sobre ele mesmo, ignorante dos significados que o atravessam e que ele está destinado a não compreender.

9.7 O efeito placebo

As condições de eficácia da medicina também são frequentemente as razões de seus fracassos ou de suas dificuldades. Sua aposta na eficácia técnica a impede de associar a esta uma eficácia de outra ordem. Numerosas pesquisas sobre o *placebo*, elaboradas no campo médico, têm, entretanto, mostrado a importância da maneira pela qual são administrados ao doente os medicamentos ou os cuidados. Pudemos mensurar a força do imaginário, isto é, as significações que o doente associa aos meios curativos utilizados nele, por meio dos procedimentos experimentais comuns. Resta por fazer um estudo apaixonante sobre o uso do termo *placebo* na literatura médica como analisador da capacidade do médico levar em conta os dados antropológicos da relação terapêutica. A noção de "efeito *placebo*" é a reformulação médica do vetor simbólico ligado ao procedimento terapêutico; ela implica tanto a maneira de dar conta quanto a natureza do produto e do ato. Ela mostra que o terapeuta, seja ele quem for, trata com aquilo que ele é e com aquilo que faz. O saber-ser se revela às vezes mais operante do que o saber-fazer, ao ponto de inverter os dados farmacológicos. Aí também o corpo mostra sua natureza simbólica e o caráter relativo do modelo fisiológico. "O efeito *placebo*" aponta também as projeções do doente, o trabalho do imaginário que acrescenta ao ato médico um complemento decisivo. Ele sublinha os limites da relação terapêutica considerada de maneira demasiadamente "técnica".

Mas o discurso médico atribui frequentemente esse aumento de eficácia à credulidade do paciente, à sua ignorância, e o desafio ao entendimento é neutralizado por uma atitude mais ou menos jocosa em relação ao paciente. Tradução da antropologia residual que se entalha no saber médico. Como conclusão de pesquisas experimentais sobre o *placebo*, fala-se eventualmente, não sem reticência, das "necessidades" psicológicas do doente, outra maneira de reduzir a complexidade das coisas e de manter intacto o dualismo homem-corpo. Presume-se que o remédio, o tratamento ou a operação cirúrgica, por exemplo, agem, pela objetividade de seu caráter peculiar, de maneira direta sobre o corpo. O suplemento perceptível no efeito *placebo* não concerne à medicina.

Mesmo se a cura de certos doentes é presumida pelo médico "ter-se passado em sua cabeça", ou "porque eles acreditam nela", mesmo se o remédio revela-se um *placebo*, ao contrário de suscitar a indulgência, e até mesmo o desprezo, esses fatos devem despertar um questionamento sobre o sentido de sua eficácia. Há na cura desses doentes algo que escapa, de longe, desses clichês e ultrapassa o mero caso pessoal. A eficácia simbólica é uma noção estrangeira ao saber médico.

A atitude coerente aqui é aquela do médico que, com compreensão, pesa esses dados na administração dos remédios e na qualidade de sua presença perante o doente. Assim, esse médico cheio de paciência e de tato perante um doente africano que recusa tomar simultaneamente vários remédios. Ele pergunta ao homem se o seu pai, quando partia na savana à caça da grande fera, carregava apenas uma flecha. À resposta negativa do doente, o médico acrescenta que ele mesmo não poderia "matar" a doença sem recorrer a vários remédios de uma só vez, como seu pai não podia vencer a fera sem várias flechas. É reencontrando o "contato" e o símbolo, um não andando sem o outro, que o médico suscita a adesão do doente à conduta terapêutica. Este último pode então atribuir um sentido pleno à medicação. O jogo da estima e da confiança pode instaurar-se e nutrir a relação terapêutica (se o médico está "presente" em sua palavra, bem-entendido. Não se trata aí de uma fórmula, de uma receita, mas da constituição de uma troca). À eficácia farmacológica, a partir do reconhecimento do doente, o médico acrescentou a eficácia simbólica. E pode-se pensar que a eficácia da primeira não produz seu pleno rendimento senão associada à segunda. A ação simbólica potencializa os efeitos psicológicos induzidos pelo ato médico. Outros estudos mostram, além disso, que as plantas ou as drogas têm uma ação farmacológica mais ou menos comum sobre o conjunto dos homens, mas que seus efeitos são modificados segundo os contextos culturais[14] nos quais elas são utilizadas.

---

14. Cf., p. ex., FURST, P. *La chair des dieux*. Paris: Seuil, 1974. • BECKER, H. "Les fumeur de marijuana". *Outsider* – Etudes de sociologie de la déviance. Paris: Métaillié, 1985. Sobre o alívio da dor, cf. LE BRETON, D. *Antropologie de la douleur*. Paris: Métaillié, 1995.

Não há uma objetividade estrita da ação dos princípios ativos, a cultura (ou a crença pessoal do sujeito, como no efeito *placebo*, ou aquela do grupo que cerca o doente fortemente, como que substituto à cultura) ou o campo social multiplica, anula ou altera os efeitos químicos.

9.8 Outras medicinas, outras antropologias

Ao contrário, a ironia em torno do *placebo*, a superstição ou a ignorância são aí tantos juízos de valor que desconhecem e estigmatizam diferenças de visão do mundo, mas, sobretudo, interrompem o contato com o doente que não se sente nem respeitado, nem reconhecido. O médico interrompe então a circulação do símbolo e priva-se de um recurso essencial. Mesmo se a medicina não cessa de tropeçar contra a irredutibilidade do símbolo, ela jamais tentou o desafio enquanto disciplina; é aí, para nós, a maior causa de seu fracasso em impor-se de maneira unânime, quando a lei de 1892 deixava-lhe o campo livre. Submetida à prova dos fatos, ela nunca conseguiu convencer os diversos componentes sociais da firmeza dos fundamentos desse monopólio. A presunção de ignorância aplicada ao doente (ou aos médicos que ela não controla), que garante a instituição médica na certeza e em superioridade de seu saber, nutre também as reticências e as deserções de uma clientela que busca alhures uma melhor compreensão. Está aí, para nós, a falha mais enraizada e a mais decisiva da instituição médica, aquela que caracterizou sua atitude no fim do século XIX e no curso desse século em relação às medicinas populares, e hoje em relação às medicinas "suaves". Encontramo-las também nos países ditos do "Terceiro Mundo", onde a incompreensão perante as tradições e as populações locais frequentemente engendrou erros e às vezes tornou difícil o contato com os doentes[15]. Sem a busca de uma troca compreensiva, o estabelecimento de uma conivência, o médico expõe-se à ineficácia do tratamento prescrito. A medicina revela tanto de arte quanto de ciência; seu campo de conhecimento e de ação, se não é transmutado em sensibilidade, e se funciona como repertório de receitas indiferentes, separa-se dos dados antropológicos, torna-se "excessivamente cheio de saber", que obstrui a pulsação íntima das situações. O vetor simbólico só funciona em um modo residual (investimento na pessoa do médico ou na técnica). A bem conhecida demanda de medicamentos por parte do paciente amiúde não está ligada a uma carência relacional. O medicamento toma o lugar de uma escuta ou de um contato que não se dá pelo tempo suficiente para satisfazer o doente, para reconhecê-lo em seu sofrimento. A dimensão simbólica é aqui restaurada em contrabando por esse recurso.

Nos campos franceses, os saberes tradicionais sobre o homem doente, notadamente aqueles que concernem ao curandeirismo, estão longe de ter desaparecido, a despeito da oposição médica. Esses saberes, até os nossos dias, perseguiram seu percurso subterrâneo, fazendo do costume e do boca a boca sua única legitimidade. Circunscritos secularmente às camadas rurais, hoje sua influência não cessa de crescer, de ganhar outras camadas sociais, especialmente desde a crise de confiança que afeta a medicina há uma dezena de anos. Esse apelo a práticas consideradas ainda recentemente como

---

15. Evocamos aqui não a medicina dos campos de refugiados, ou a medicina de urgência, que trata dos grupos frequentemente marginalizados e alienados de sua cultura, mas antes da ajuda médica aplicada a países que já dispõem de medicinas locais e de tradições. Esse contato com as populações e a eficácia da ajuda só podem construir-se no diálogo entre os grupos, e não na imposição unívoca de uma medicina apresentada como a única verdadeira. Cf., p. ex., um estudo conduzido em Nova Iguaçu, no Estado do Rio de Janeiro: *L'esprit et le corps*. Paris: MSH, 1983. Cf. tb. ROSSI, I. *Corps et chamanisme*. Paris: Armand Colin, 1997.

"irracionais", "mágicas" ou dignas de meros charlatães, a inversão de perspectiva ao seu respeito, testemunham bem essa surda resistência social que G. Balandier denominou "recurso à contramodernidade". O citadino que retoma o caminho do campo, e talvez suas raízes, está à procura de uma cura possível de transtornos que a medicina frequentemente fracassou em curar, mas aí ela encontra, além disso, uma imagem nova de seu corpo, bem mais digna de interesse do que aquela fornecida pela anatomia ou pela psicologia. Além de uma eventual cura, ele reconquista uma dimensão simbólica que adorna seu corpo e, portanto, sua própria existência como homem, de um valor e de um imaginário que lhe fazem falta. Ele enriquece sua vida com um acréscimo simbólico. Da mesma forma, as medicinas "suaves" dão ao doente esse acréscimo de sentido necessário à segurança ontológica. As origens orientais da acupuntura, a abordagem insólita da homeopatia, o apelo à "energia", as referências à "suavidade", à "diferença", às "alternativas"... são significantes que mobilizam os recursos do imaginário.

A ilusão se entremeia ao entendimento e dá ao doente uma reserva de sentido à qual ele pode recorrer para manter o mal à distância e amenizar a ansiedade. O recurso sempre possível ao imaginário o preserva do sentimento de ser incompreendido pelo médico e indigente perante a complexidade de seus transtornos. Distanciamento que o discurso médico não permite. Poderíamos, a esse respeito, opor o imaginário cósmico e "otimista" das medicinas paralelas às restrições do imaginário da instituição médica e à conotação mais "pessimista" de suas considerações, ao qual replica diretamente, aliás, o qualificativo de "suavidade" da maior parte das outras medicinas.

No plano social e antropológico, o médico e o curandeiro funcionam como sujeitos que supostamente sabem e que supostamente curam. A legitimidade de um é assegurada por uma longa permanência nos bancos da universidade e pela homologação de um diploma, ao passo que a da outra, pelo seu enraizamento no seio de uma dada comunidade humana e pela rede de boca a boca suscetível de alimentar um consenso acerca da presunção de sua eficácia. Oposição tradicional entre a cultura erudita e as culturas populares, que não procedem das mesmas lógicas sociais. Hoje, entretanto, esse esquema foi transbordado pela emergência de novos médicos cuja legitimidade de terapeutas situa-se a meio caminho entre esses dois modos de reconhecimento social. Oriundos, em sua maioria, das classes médias urbanas, eles beneficiam-se da etiqueta ao mesmo tempo do boca a boca (muito ativo no recrutamento da clientela das medicinas "paralelas") e da posse de um diploma universitário (acupuntura, homeopatia...) ou extrauniversitário (osteopatia, quiropraxia, sofrologia, massagens...). As medicinas paralelas reúnem as condições de um consenso social e de um forte investimento pessoal daqueles que os solicitam (custo mais elevado não considerado pela segurança social ou incompletamente reembolsável, implicação do doente no processo de busca de cura...). Elas mobilizam mais "a vontade de curar" do doente pelo esforço maior que elas exigem dele.

9.9 O curandeiro e a Modernidade

Sem ter necessariamente elucidado as condições dos usos de uma eficácia simbólica, as medicinas paralelas repousam cada uma em um saber e um saber-fazer particulares, mas elas não se cindiram da intuição de sua importância na cura do paciente. Elas fizeram do "contato" seu primeiro imperativo, lá onde a instituição médica, privilegiando outros utensílios, tende a manter uma distância social e cultural. As consultas nos consultórios desses médicos (ou no domicílio do curandeiro) são mais longas, mais personalizadas, são medicinas que questionam a existência do sujeito. Elas encarregam-se, sem nelas deter-se, à maneira de uma psicoterapia, das patologias crescentes da Modernidade (estresse, solidão, medo do porvir, perda do sentimento de identidade própria etc.), o que tranquiliza o paciente, suspende suas defesas. O acompanhamento "psicológico" do curandeiro ou do médico das medicinas suaves (ou do médico generalista que conhece bem seu paciente e sua família) está diluído em atitudes profissionais. As dificuldades pessoais são ditas como que de passagem, sem nelas se demorar; mas elas são ditas. E o médico pode oferecer suas respostas profissionais além da atenção compreensiva que presta ao seu paciente. A suposição de competência do curandeiro ou do médico de medicinas "suaves" é provavelmente mais ampla do que aquela com que o público investe o médico. Elas oferecem respostas que não se atêm ao órgão ou à função doente, mas se comprometem em restaurar equilíbrios orgânicos e existenciais rompidos. São, sobretudo, "medicinas da pessoa". Elas dão-se o tempo da palavra ou da escuta, o tempo do gesto, e do silêncio, e exigem desses médicos uma sólida capacidade de resistência à angústia do paciente. Mas elas restituem ao sujeito sua plena responsabilidade no tratamento de seus transtornos. A força das medicinas paralelas se atém a essa capacidade de mobilizar uma eficácia simbólica frequentemente negligenciada pela instituição médica.

Poderíamos ilustrar esses propósitos mostrando alhures, em outros contextos sociais e culturais, um recurso crescente às medicinas tradicionais. No Brasil, por exemplo, os *terreiros* de candomblé ou de umbanda drenam, para a cultura popular negra, brancos de diferentes camadas sociais urbanas na busca noturna de outro modo de eficácia terapêutica. Encontramos instituída em dados diferentes a necessidade antropológica do suplemento de sentido e de valor. O diálogo com os Orixás da noite dá ao homem das grandes cidades a parte de símbolo que falta à sua vida cotidiana e que constitui nela mesma uma medicina.

São os camponeses do Senegal que nos oferecem a ilustração mais proeminente desse recurso, quase à maneira de uma parábola. Por uma atividade de alteração do papel social e profissional do médico, que culmina em colocá-lo na posição tradicional do curandeiro, eles restauram a simbólica no cerne mesmo da relação terapêutica.

Ao contrário das sociedades ocidentais, onde o recurso aos curandeiros vem após os fracassos da medicina, nas sociedades do Terceiro Mundo é antes o insucesso encontrado junto aos curandeiros o que leva ao consultório dos médicos. Mas às vezes o percurso não se faz sem um disfarce singular do papel do médico. Em Saint-Louis, no Senegal, o Dr. Dienne há muito tempo atendeu seus primeiros clientes. Foi preciso que uma rede de boca a boca testemunhasse sua eficácia na região. Primeira anomalia que subordina a legitimidade de seu exercício profissional aos sucessos atestados pela coletividade antes que na posse de um diploma. Outra anomalia, os pacientes não se contentam em pagar a consulta do modo oficial imposto pelo Estado, eles acrescentam um suplemento (o suplemento de símbolo, suplemento de sentido e de valor), em bens (aves, pratos cozidos etc.), por vezes em dinheiro, que frequentemente dobram-lhe o preço. O dom tem por efeito personalizar a relação com o médico e reduzir assim a estranheza que ele representa. A cultura erudita é conjurada e absorvida de outro modo pelo desvio popular. Graças ao boca a boca, e ao dom que familiariza o recurso aos seus serviços, o médico é considerado à imagem do curandeiro, como aquele que possui um "segredo", e o insólito de seu saber e de suas maneiras é apenas uma versão entre outras daquelas que distinguem todos os curandeiros[16].

---

16. Tomamos este exemplo emprestado do belo livro de N'DIAYE, C. *Gens de sable*. Paris: POL, 1984, p. 72ss.

Com a passagem das medicinas "paralelas" da clandestinidade a um reconhecimento menor, a realidade social da gestão do mal nas sociedades ocidentais é hoje de uma grande complexidade. À sociedade dual que divide a Modernidade replica uma medicina dual, uma medicina com duas velocidades, mas enriquecida, entre esses dois polos, de inúmeras nuances intermediárias: de um lado uma medicina que aposta na tecnologia e na pesquisa de ponta, do outro uma medicina mais relacional, que utiliza antes a palavra e o corpo, e recorre a medicações menos "agressivas". É essencialmente a preocupação com o simbólico que traça a linha divisória entre esses dois polos[17].

---

17. Com certeza, é preciso acrescentar que o recurso às técnicas, ainda que, sobretudo, às técnicas do corpo (magnetismo, osteopatia, massagem, quiropraxia etc.), é inevitável, e que o aspecto relacional não é necessariamente negligenciado na instituição médica. Os médicos generalistas, aliás, frequentemente desempenham um papel importante a esse respeito. Sobre o pluralismo médico remetemos a BENOIST, J. (org.). *Tratar au pluriel* – Essai sur le pluralisme medical. Paris: Karthala, 1996.

10 Os hieróglifos de luz: da imagética médica ao imaginário do corpo

10.1 Um mundo tornado imagem*

As imagens tornam-se hoje as peças para a convicção de uma realidade sempre mais evanescente. O mundo faz-se amostragem (e, portanto, demonstração); ele organiza-se, antes de tudo, nas imagens que lhe dão a ver. Da mesma maneira que o desenrolar do crime decifra-se *in abstentia* pelos indícios deixados pelo criminoso, a Modernidade dá-se a ler a partir das miríades de signos que se afirmam mais reais do que o real, e se lhe substituem. Uma nova dimensão da realidade se oferece por meio da universalidade do espetáculo, e o homem se faz essencialmente visão, em detrimento dos outros sentidos. As imagens tornam-se o mundo (mídia, tecnologia de ponta, fotografia, vídeo...). Elas o simplificam, corrigem suas ambivalências, aplainam suas sinuosidades, tornam-no legível (frequentemente destinado apenas aos especialistas). Em *Les carabinieres* (1963), J.-L. Godard conta a história de dois homens engajados em uma tropa em campanha, aos quais prometeu-se uma boa parte dos despojos. Quando voltam para as suas casas, vários anos mais tarde, eles só podem mostrar às suas esposas um

---

* Uma primeira versão deste capítulo apareceu em GRAS, A. & POIROT-DELPECH, S. *Au doigt et à l'oeil, l'imaginaire des nouvelles technologies*. [s.l.]: L'Harmattan, 1989.

punhado de cartões postais, representando lugares, objetos, rostos, situações, a efígie de tudo aquilo que eles gostariam de possuir, mas se lhes furtou.

As imagens consolam da impossibilidade de se apreender o mundo. Fixando a confusão dos eventos, ou do escoamento do tempo, por uma série de fotografias ou de mapas, de desenhos ou de registros na tela, o homem exorciza uma falta de influência sobre sua existência e sobre seu ambiente. Na imagem há uma homeopatia da angústia nascida da parte de não sentido, da "irracionalidade ética" (Max Weber) que acompanha a vida do homem, de sua sombra insistente. As imagens de guerra ou de fome, em horário fixo, ou a fotografia das células cancerosas, são apenas imagens, sendo mesmo o objeto de uma estética. Maneira de fixar o mal (a pulsão de morte, o escoamento do tempo, a complexidade etc.) fora de si transpondo-o sob seus próprios olhos. As imagens fazem do mundo um relato inesgotável, ao mesmo tempo sempre idêntico e sempre renovado elas introduzem o inteligível ou o olhar lá onde reina a incoerência ou o invisível. A ampliação que elas operam no fluxo do real, ou nos entrelaçamentos das coisas, frequentemente deforma seu conteúdo, mas elas oferecem essas realidades de outra maneira inapreensíveis em sua espessura e em sua complexidade, uma imagem que permite começar a compreendê-las, a aproximar-se mais delas.

Abole-se a distância onde se dá o evento por uma captação de imagem que neutraliza sua irredutibilidade. A fixação do infinitamente pequeno, ou do infinitamente afastado, a perseguição fotográfica ou televisiva através do mundo em busca incansável da "imagem-choque", do "jamais-visto", da "façanha", do "horror", responde bem a essa preocupação do homem moderno em ter sob os olhos tudo quanto é suscetível de escapar ao seu olhar; a ubiquidade da imagem é então sem limite, trata-se de colar no real, de nunca parar de filmar, de fotografar ou de mostrar (mesmo e, sobretudo, sob a ameaça de projéteis ou estilhaços). As imagens acalentadas da Modernidade são aquelas que impelem aos limites extremos um desejo frenético de ver, de estar nos primeiros recintos de uma realidade dada em seu aspecto bruto e sua brutalidade. Emblemático a esse respeito, o personagem do *Voyeur* (*Peeping Tom*, 1959) de M. Powell, que filma o terror e a angústia das mulheres que ele mata com o pedestal de sua câmera. Que nos recordemos dos filmes e das fotografias consagradas à pequena boliviana morta asfixiada na lama. Rostos familiares daqueles que morrem de fome etc. Imagens-limite, mas que dizem a força desse desejo de ver. Certas técnicas de diagnóstico por imagem permitem, por exemplo, visualizar a atividade cerebral de um homem que se confronta a diversas situações[1]. Uma câmera de pósitrons faz a cartografia das zonas do encéfalo com cores diferentes segundo estejam ativas ou inativas. Meios modernos de espionagem por satélite, vigilância dos clientes e transeuntes, com câmeras de vídeo, banalizadas nas lojas ou nos lugares públicos etc.

A paixão pelo real, e o declínio moderno da metáfora, são particularmente sensíveis na evolução recente do cinema fantástico, cada vez mais grotesco à força de mostrar, sob todos os ângulos, rios de sangue, corpos em mingau, cabeças ou peitos que explodem, membros cortados com motosserra etc. Hiper-realismo da imagem e do som, que impede de sonhar o medo. Índice, aliás, da explosão esquizofrênica do corpo ocidental e maneira de conjuração social de uma fragmentação à qual ninguém escapa. A an-

---

1. Isaac Asimov, em uma ficção, *Le voyage fantastique*, leva às últimas consequências essa paixão de ver o interior do corpo, imaginando uma expedição médica realizada no seio mesmo do organismo de um homem, por uma equipe cujos membros são reduzidos a uma escala microscópica. O corpo se torna a escala do universo, mas ele se torna ao alcance do olhar e da mão do homem.

gústia sendo já grande no campo social, o cinema de horror libera uma homeopatia fundada na imposição de um real possível da angústia. Canalização de significantes flutuantes do medo social em imagens do grande fantoche.

A apreensão moderna da imagem não favorece mais a distância, esse jogo da sombra e da luz, essa modulação possível do olhar, que confere ao simbolismo a sua maior força. De fato, ela substitui a distância simbólica apenas pelo afastamento técnico, isto é, pelo sentimento da proximidade física. Ela transforma a qualidade em quantidade, desenraíza o objeto de seu solo natal ou de sua escala para colocá-lo fora da gravidade da duração e do espaço de sua própria realidade. No momento em que o próprio corpo entra na era de sua reprodutibilidade técnica, toda obra do real é declinável em simulacro possível. A Modernidade coincide com um mundo horizontalizado, hiper-real, para retomar a fórmula de J. Baudrillard que não tolera mais a distância nem o segredo, e impõe uma transparência, uma visibilidade que nada deve poupar.

10.2 O corpo posto em evidência

É sobre a imagem médica do corpo humano que iremos tratar em nossa reflexão. Poderíamos nos espantar, inicialmente, com essa valorização do olhar na gênese do conhecimento. No século XVII a inteligibilidade mecanicista faz das matemáticas a única chave para a compreensão da natureza. O corpo é tocado pela suspeita. O universo vivido, sentido, tal como ele aparece graças à atividade sensorial, cai em desgraça em proveito de um mundo inteligível, do qual apenas o pensamento racional pode dar conta sem erro. Ao mesmo título que a imaginação, os sentidos são enganadores. Não se poderia, sem risco para a verdade, fundar sobre eles uma certeza de conhecimento. É preciso, segundo Descartes, purificar a inteligência das escórias corporais e imaginárias, suscetíveis de macular a atividade de conhecimento com seu peso de ilusão. Em sua *Meditação segunda*, por meio da parábola do pedaço de cera, Descartes fornece uma memorável ilustração dos erros dos quais os sentidos são capazes se não forem controlados por uma vigilância científica[2]. Entretanto, conforme dissemos, na *episteme* ocidental o acesso ao conhecimento passa, de maneira privilegiada, pela via do olhar. Não o olhar nu, e de certa maneira ingênuo, sobre o qual repousa a vida cotidiana, porquanto, para Descartes, ver não basta, mas, ao contrário, esse olhar aparelhado e analítico que guia o pensamento racional. O próprio Descartes, no *Discurso*, escreve um elogio da luneta inventada por J. Metius; ele recorda nessa ocasião que a condução da existência depende de nossos sentidos, "dentre os quais, sendo aquele da visão o mais universal e o mais nobre, não há dúvida de que as invenções que servem para aumentar sua potência não sejam das mais úteis que possam existir"[3]. Se os sentidos são acusados de indignidade científica, apenas a visão, mediante sólidas reservas, sai indene do exame. Na medicina, sobretudo. Os anatomistas, especialmente a partir de Vesalius, exploram a espessura invisível do corpo humano, contornando o obstáculo da pele e da carne. Eles abrem a noite do corpo ao olhar. Os clínicos anatomistas fundam, sobretudo a partir de Bichat, uma nova disciplina que, por meio da autopsia, explora sistematicamente as anomalias que marcam os órgãos de

---

2. DESCARTES, R. *Méditations métaphysiques*. Paris: PUF, 1970, p. 45ss.
3. DESCARTES, R. "La dioptrique". *Discours de la méthode*. Paris: Garnier/Flamarion, 1966, p. 99. A partilha dos sentidos inaugurada pelos filósofos mecanicistas do século XVII privilegia a visão, ao contrário, p. ex., dos homens da Idade Média, especialmente os contemporâneos de Rabelais, que priorizavam a audição e consideravam a visão como um sentido secundário; cf. FEBVRE, L. *Le problème de l'incroyance au XVIe siècle*. Paris: Albin Michel, 1968, p. 402ss.

um paciente falecido, estabelecendo os vínculos com os sintomas de sua doença. É, aliás, sempre da morte que se trata. A visibilidade é o feito do escalpelo, que rasga tecidos inertes e os compara, assim como as afecções e as malformações, para colocar em evidência o vestígio sensível do mal, a concretude carnal da doença.

Mas o olhar não cessa nunca de se fazer presente para projetar sua luz sobre o fato, e a história da medicina será, por um lado, a história das mutações desse olhar. Com a radiografia ou os métodos atuais de diagnóstico por imagem, a eminência do olhar na constituição do conhecimento não diminuiu. O caráter performático dos aparelhos atinge hoje um alto grau de complexidade técnica, especialmente com a imagem por ressonância magnética nuclear (RMN), mas ela não suprime a mediação essencial do olhar. Henri Atlan, por exemplo, manifesta seu espanto perante um desvio sensorial que toma emprestado as vias da abstração, aquelas da realidade quântica, mas que deixa toda a sua soberania ao olhar. "Partimos do macroscópico perceptível pelos sentidos (aquele de um corte anatômico), para chegar ao mesmo macroscópico perceptível pelos sentidos (aquele da imagem após reconstrução digitalizada), mas depois de uma digressão pelo mundo das abstrações da física quântica, cujas relações com a realidade macroscópica são objeto de controvérsias filosóficas ainda perenes"[4]. Situação paradoxal: persegue-se a rejeição da evidência sensorial, cujo princípio Descartes é o primeiro moderno a estabelecer, mas, ao mesmo tempo, os métodos de imagem de ponta propõem ao olhar uma penetração maior no interior de zonas corporais até então inacessíveis e invisíveis. Realidade contraditória que se defende de abordagens unívocas.

---

4. ATLAN, H. "L'image RMN em médiatrice". *Prospective et Santé*, 33, 1985, p. 56.

10.3 Um imaginário da transparência

Uma genealogia da imagem científica se impõe, se quisermos compreender o imaginário sobre o qual ela repousa, e os riscos atuais que ela subentende. Do ponto de vista da história da medicina, os anatomistas são os primeiros, nos tratados que redigem, a oferecer uma figuração do interior do corpo, da conformação dos tecidos, dos ossos, de sua articulação com os músculos etc. Os olhos mergulham no corpo aberto, desobstruindo a melhor visibilidade, e a habilidade do artista restitui as formas postas a nu sob a conduta meticulosa do anatomista. Com este último, conforme nós vimos, o corpo está implicitamente dissociado da presença humana, estudado por ele mesmo como realidade autônoma.

Da primeira imagem médica estabelecida sobre as pranchas gravadas àquela que conhecemos hoje, percebemos a permanência de um mesmo foco imaginário. Para melhor tratar o doente, desumaniza-se a doença (não no sentido moral, mas no sentido de um método). O saber anatômico consagra a autonomia do corpo e a suspensão do homem que ele não cessa, entretanto, de encarnar. Essa distinção de método e de essência transforma o homem em uma espécie de proprietário de seu corpo. Ela faz da doença não a herança da história singular de um homem situado e datado, mas a falha impessoal de uma função ou de um órgão indiferente ao homem senão em suas repercussões. As imagens médicas aprofundam hoje esse dualismo corpo-homem; elas procedem a uma suntuosa fragmentação do corpo, isolando os órgãos, as funções, e até mesmo as células ou as moléculas. Um universo se revela no seio do homem, mas por aí se encontra acentuado até a vertigem o dualismo constitutivo da medicina moderna. O sujeito desaparece sob os parâmetros biológicos que se lhe substituem. Sua doença lhe é estrangeira, mesmo se ele é realmente obrigado a "seguir" seu corpo à consulta médica e a acompanhá-lo por ocasião dos tratamentos aos quais ele é submetido. Enquanto homem, ele só está aí, em última instância, por acaso. Conforme dissemos repetidas vezes, a medicina de hoje trata menos doentes do que doenças. Nesse sentido, as novas imagens fixam ao mesmo tempo a força e a fraqueza da medicina. Elas contribuem com a logística que fornecem para acreditar a noção de um homem que não seria nada além de seu corpo, de uma doença confundida com sua localização anatômica e funcional, prelúdio de uma medicina que trata unicamente um órgão ou uma função lesada, identificando a doença a uma mera disfunção em um mecanismo corporal. É isso que defende, por exemplo, F. Dagognet, que impele ao seu termo a lógica da exclusão do homem para fora de sua doença, afastando mesmo a pessoa do médico, cujo pouco peso no âmbito do diagnóstico ele denuncia, ao contrário da apreciação, aos seus olhos objetiva, da técnica. "O médico, diz ele, com seus olhos atentos, sua mão e seu espírito, não vai tão longe quanto os sensores da usina hospitalar; ele tende a só poder desempenhar o papel de sentinela, e, por vezes, é mesmo capaz de soar o alarme sem motivo ou de não prevenir de um mal dissimulado que avança. Apenas a 'cidade médica' – em equipes e equipamentos pesados – pode assegurar e assumir a batalha pela cura"[5]. O homem continua a aparecer como uma espécie de apêndice impalpável de seu próprio corpo. Realidade mais espectral ainda do que as imagens desenhadas na tela. Confrontação espantosa à inquietante estranheza (*Umheimliche*): mostra-se ao doente os retratos de seu mal, e ele vê uma parte dele mesmo no espelho deformante da imagem médica: ele deveria reconhecer-se aí, e ele está disposto a fazê-lo, mas, no entanto, ele se

---

5. DAGOGNET, F. *La philosophie de l'image*. Paris: Vrin, 1986, p. 135.

sabe outra coisa que não esse emaranhado de carne e de osso, ou esse emaranhado de células que lhe apresentam, contudo, como lhe pertencendo. Vertigem do insólito e do familiar; do familiar incognoscível e do insólito inevitavelmente presente[6].

10.4 A depuração do imaginário do dentro

Dos tratados de anatomia às radiografias, da cintilografia à escanografia, da termografia à ultrassonografia ou às imagens por RMN, um imaginário da transparência abre o corpo humano a numerosas visibilidades, desvela-o por sua vez na escalada de um desfolhamento macabro. O desejo de saber da medicina é sustentado por um desejo de ver: atravessar o interior invisível do corpo, registrar-lhe imagens, nada deixar à sombra (i. é, inacessível ao olhar), nem acrescentar ao real um suplemento que só deve aos fantasmas e ao inconsciente do clínico. Do homem anatomizado de Vesalius às novas técnicas de diagnóstico por imagem, o tratamento da figura exposta do corpo segue a via de uma purificação do imaginário no seio mesmo da imagem. O despojamento das camadas fantasmáticas, que alteram o conteúdo científico, cresce ao longo do tempo. A projeção inconsciente sobre a figura era facilitada, até o século XIX, pela necessidade de uma reprodução artística dos esquemas nos tratados de anatomia ou de clínica. A possibilidade da reprodução fotográfica fecha a eclusa por onde passava esse acréscimo de sentido. Em 1868 aparece na França o

---

6. "Radiografias e mais radiografias. A imagem doentia e agitada de minhas pobres entranhas, impudicamente expostas à luz do dia. Discussões e interpretações, a propósito de suas menores reentrâncias. E ninguém pode compreender a dor, o desespero e a vergonha que me tomam, vendo-me assim reduzido a uma folha de celuloide" (TORGA, M. En franchise intérieure – Pages de journal 1933-1977. Paris: Aubier/Montaigne, 1982, p. 89).

Atlas clinique photographique des maladies de la peau, de A. Hardy e A. Montmeja, primeira obra a passar sem o trabalho do artista no registro das imagens.

Em 1895, Roentgen repete em seu laboratório as experiências de Crookes sobre os raios catódicos. Ele é confrontado à fluorescência inesperada de uma folha de cartão recoberta de um produto químico que se encontra aí por acaso. Roentgen, por um concurso de circunstâncias, acaba de pôr em evidência uma forma de energia radiante, invisível ao olhar do homem, cuja propriedade é a de atravessar objetos opacos aos raios luminosos. Introduzindo sua mão entre o feixe e a folha clareada, Roentgen pode distinguir a olho nu a ossatura de seus dedos. Ele acaba de descobrir os raios X, uma fonte de energia suscetível de transpor o limiar da pele para esclarecer o conteúdo cego do corpo. Roentgen se dá conta também de que a radiação provoca reações químicas, tais como a redução do brometo de prata de uma placa fotográfica fechada em uma caixa impermeável à luz. Ele consegue fotografar diversos objetos, estabelecendo o princípio da radiografia. Aplicada ao organismo do homem, a chapa faz ver fora do corpo o traço dos raios X, mais ou menos absorvidos pelos tecidos, segundo suas propriedades fisiológicas. A luminosidade é proporcional à absorção dos raios X. Um jogo de sombras e de luz desenha sobre a chapa a imagem dos órgãos. Não há qualquer suplemento imaginário no claro-escuro dessa escritura. O conteúdo da imagem é doravante uma transposição técnica que não tolera qualquer fantasia em seu registro. Em contrapartida, a apreciação do diagnóstico permanece sob a dependência da vista d'olhos do médico. Um sólido conhecimento anatômico e uma boa experiência das placas radiográficas se impõem na interpretação de chapas abstratas nas quais o corpo é reduzido a um hieróglifo de luz.

Pela primeira vez, a entrada no labirinto dos tecidos humanos não exige mais a condição necessária da morte do homem. Esse último é posto diante de seu próprio esqueleto sem se afastar de sua carne. A imagem do esfolado de Vesalius, contemplando pensativamente um crânio abandonado que ele segura em sua mão, cede lugar aos alunos internos do *Berghof* de Thomas Mann, passando seu tempo a trocar sua placa e a observar, com o mesmo recolhimento, seu "retrato interior". Já o uso simbólico de seu "radio" pelos doentes transborda de longe o uso "científico" que dele faz o médico.

A utilização da radioatividade (descoberta por Becquerel em 1898) melhora as técnicas de radiografia. Os trabalhos de Hevesy demonstram em 1913 a possibilidade de detectar, em um suporte fotográfico, o percurso, em um órgão, da fixação da radiação emitida por uma substância radioativa. Por volta do final dos anos de 1930, a cintilografia nasce da possibilidade de projetar contrastes radioativos no organismo para pôr em evidência as diferenças de concentração em raios gama (muito próximos dos raios X) e, por isso mesmo, de seguir visualmente processos metabólicos. Graças ao contraste ingerido pelo paciente, ou injetado em seu corpo, torna-se possível lançar um olhar sobre funções fisiológicas rebeldes ao exame radiológico. A captura ocular do invisível se alarga no interior mesmo dos órgãos, janelas internas são poupadas nas paredes inacessíveis da carne.

Outras técnicas vieram acrescentar-se a estas e submeter ao visual processos biológicos diluídos na espessura do corpo. Desde os anos de 1960, a panóplia das imagens médicas multiplicou suas incidências e aperfeiçoou seus utensílios de investigação graças ao apoio da física e da informática[7]. Puderam-se realizar imagens ele-

---

7. De transparência em transparência o corpo se muda em teatro biológico, iluminado por milhares de holofotes.

trônicas suscetíveis de ser digitalizadas e registradas em calculadoras. A rápida diminuição do custo de fabricação dessas últimas permitiu um uso generalizado dessas novas técnicas na instituição médica. O corpo está hoje virtualmente saturado de olhares aparelhados e analíticos. Todo processo orgânico é suscetível de uma apreensão ocular analógica ou digital. Numerosos gráficos, em uma escalada de eficácia, partilham entre eles a visualização do corpo. O espaço interior do homem está tão superexposto quanto seu espaço social.

Fixemos algumas imagens. O uso dos detectores eletrônicos de brilho aumentou a eficiência da radiografia, tornando possível a observação dinâmica de um órgão ou de uma região do corpo. Dessa vez, a duração entra na imagem. Podemos seguir em tempo real, na tela da televisão, após o tratamento pelo computador, o percurso de uma sonda, ou de um produto de contraste, no emaranhado dos tecidos. A fisiologia do órgão é visualmente acessível. A digitalização das imagens permite melhorar à vontade o contraste, selecionar as informações. Outro método, a tomografia, obtém imagens em corte de um órgão dado a partir de uma molécula marcada ou de um elemento radioativo introduzido do exterior no organismo. A reconstrução rápida dos cortes se faz pela mediação do computador a partir de uma série de projeções sob incidências diversas. As informações anatômicas fornecidas pela tomografia são mais precisas do que aquelas provenientes da radiografia. A imagem contrastada, nascida das diferenças de absorção dos raios X pelos tecidos, permite distinguir entre eles tecidos moles. Ela marca, por exemplo, diferentemente a matéria branca e a matéria cinza do encéfalo. O computador reconstitui à vontade, a partir dos planos transversais, dos cortes frontais ou sagitais. Tomógrafos de grande campo podem mesmo realizar cortes do corpo inteiro, e favorecer uma pesquisa diagnóstica no âmbito torácico e abdominal. A tomografia por emissão registra uma série de cortes simultâneos do mesmo órgão, ao contrário do tomógrafo por transmissão, que os fixa um a um. Esses métodos de visualização utilizam, no entanto, contrastes ionizantes, estranhos à química orgânica; eles submetem o sujeito a uma dose de radiação sensível (quatro ou cinco vezes superior àquela devida à radiografia)[8]. Em compensação, na tomografia por pósitrons, outra variante, o contraste já está presente na estrutura bioquímica do homem. O metabolismo das moléculas marcadas e assimiladas pelo paciente não se distingue daquele das moléculas orgânicas. Essa imagem permite, por exemplo, que se represente a atividade cerebral com uma grande precisão. Outro método, a ultrassonografia, não se serve tampouco dos raios ionizantes, suscetíveis, em dose elevada, e segundo a resistência do sujeito, de engendrar lesões nos tecidos. Ela repousa na projeção, no âmbito de uma região corporal, de ondas ultrassônicas oriundas de um quartzo piezelétrico. Em função das repercussões sobre as membranas, calculam-se as distâncias percorridas, transcodificando-as em uma tela de televisão. A partir dessa tradução, pode-se observar um órgão em movimento. A termografia, por sua vez, nota as diferenças de temperatura de uma região a outra do corpo. Sabendo que a emissão do calor é estável e peculiar a cada zona, ela estabelece uma carta orgânica fundada na temperatura superficial da pele. Os valores térmicos são analisados sob cores diferentes que informam acerca das diferenças, caracterizando a vascularização de uma zona dada. Toda anomalia

---

8. É preciso sublinhar, a esse respeito, os efeitos biológicos virtuais das radiações ionizantes (raios X e raios gama). Tais são efeitos sem limiar: existe uma probabilidade considerável de que a irradiação produza efeitos mutagênicos ou cancerígenos no paciente. Além disso, os efeitos da radiação são cumulativos. Ao contrário, na RMN e na ultrassonografia, há um limiar que permite, aquém dele, a inocuidade do exame.

é visualizada, e de certa forma iluminada, uma vez que ela enseja uma sinalização cromática logo perceptível. Última técnica surgida, a imagem por RMN (ressonância magnética nuclear) registra a distribuição da água nos tecidos submetendo o paciente a um campo magnético e analisando os sinais restituídos em resposta pelo corpo. Desenha assim os mapas do teor de água dos diferentes órgãos, sabendo que esse valor é igualmente específico de cada um. O tratamento pelo computador torna logo possível a detecção de irregularidades de funcionamento.

Trata-se aqui apenas de uma recensão sumária; nosso propósito não concerne a uma abordagem comparada das imagens contemporâneas, mas somente uma reflexão sobre o imaginário da transparência que preside à escalada incansável das técnicas de visualização. Feixes de luz atravessam o corpo; computadores o transpõem da carne à tela; a fisiologia dos órgãos se metamorfoseia em cifras; no exame de uma função selecionam-se as informações segundo sua utilidade; o diagnóstico do médico repousa mais em critérios quantitativos do que sobre uma apreciação pessoal. A vertente técnica da medicina clássica é levada ao seu cúmulo.

A partir da ruptura epistemológica nascida da *Fabrica*, assistimos a um deslizamento progressivo, mas infinitamente lento, da imagem-símbolo à imagem-signo[9]. Gradualmente a figura purifica-se, sempre mais restaurada ao concreto e sempre mais penetrante na apreensão do corpo. Passa-se da evocação à demonstração, do alusivo ao imperativo, por meio da preocupação com um

---

9. Entendemos aqui por símbolo uma figuração que atinge o objeto sem reduzi-lo à sua concretude, uma figuração fundada em um suplemento de sentido, isto é, "a epifania de um mistério" (cf. DURAND, G. *L'imagination symbolique*. Paris: PUF, 1964, p. 9). O signo remetendo a uma realidade identificável, presença registrada em sua concretude, representação funcional que procura um registro puro e simples.

controle rigoroso da transposição do objeto ao qual não se deve acrescentar nenhum suplemento de sentido estranho à sua natureza intrínseca. Toda imagem, dizia Bachelard, deve estar a ponto de se reduzir. "As imagens, como as línguas cozidas por Esopo, são algumas vezes boas e outras más, algumas vezes indispensáveis e outras prejudiciais, é preciso saber usá-las com mesura, enquanto elas forem boas, e livrar-se delas tão logo se tornem inúteis"[10]. A ciência segue seu caminho, que não é aquele da vida corrente, as imagens às quais aspira a segunda são severamente controladas pela primeira a partir de uma espécie de "psicanálise objetiva". Em alguns séculos, as imagens são pouco a pouco purificadas de todo traço de símbolo[11]. A reprodução técnica amenizando sempre mais a margem ínfima na qual a fantasia do pesquisador poderia se desenvolver. A imagem médica é hoje independente, em seu registro, do técnico que a controla. Os signos que ela utiliza são universais. O imaginário do dentro da imagem foi excluído. A esse respeito, as imagens múltiplas da Modernidade, *a fortiori* aquelas oriundas da trajetória científica, não são solidárias de um desenvolvimento do imaginário, como se as duas vias fossem resolutamente divergentes. Após a revogação de que ela foi objeto no século XVII, especialmente sob a pena de Descartes, a imaginação não mais interveio na pesquisa científica e filosófica, a não

---

10. BACHELARD, G. *L'activité racionaliste de la physique contemporaine*. Paris: UGE, 1951, p. 94.
11. Michel Foucault estudou em detalhe a mutação do olhar médico: "No começo do século XIX, os médicos descreveram aquilo que durante séculos havia ficado no limiar do visível e do enunciável; mas não é que eles tenham sido levados a perceber, após terem durante muito tempo especulado, ou a escutar mais a razão do que a imaginação; é que a relação do visível com o invisível, necessária a todo saber concreto, mudou de estrutura e fez aparecer sob o olhar e na linguagem aquilo que estava aquém e além de seu domínio" (FOUCAULT, M. *Naissance de la clinique*. Paris: PUF, 1963, p. VIII).

ser após uma inadvertência do pesquisador. O imaginário como via de conhecimento, a despeito do esforço dos surrealistas, jamais reencontrou sua vitalidade, nem desenvolveu as promessas que ela continha. E a imagem médica de ponta impele a exigência do signo ao seu termo, causando, pouco a pouco, um curto-circuito no papel do homem no registro da imagem. O rigor do saber científico se deve justamente a essa exigência. Na leitura das informações que a compõem, as coisas são certamente diferentes.

O procedimento científico visa, portanto, a erradicação do imaginário do dentro. Ele busca cuidadosamente a maior objetividade. A partir dessa recusa da distância, solidária de uma época, deixa-se decifrar um regime da imagem que restaure o efeito-signo, isto é, que cole ao real, o duplique, vise ocultar toda possibilidade de imaginário. A imagem médica se quer hoje uma espécie de "pronto-para-pensar" e de "pronto-para-utilizar". No serviço do diagnóstico ou da pesquisa, ela se põe como a prévia da ação. Ela organiza o real em vista de procedimentos racionais. Ela o converte segundo códigos suscetíveis de influenciar operações sobre ele. O condicionamento que ela opera nele se estabelece sobre parâmetros que esclarecem a ação do médico ou do pesquisador. A imagem científica se concebe como informação pura, desprovida de todo depósito metafórico, virgem de toda "imagem de fundo"[12]. A passagem do corpo à imagem, da carne ao monitor, se quer transposição sem distância, nem suplemento. E se a cópia se dá sob uma forma diferente do modelo, é que se trata então de um real livre das escórias que tornam a análise complicada. Por uma espécie de versão laicizada do gnosticismo, a imagem médica nascida das técnicas de ponta é o lugar no qual

---

12. "O conceito científico funciona tanto melhor quanto esteja privado de toda imagem de fundo" (BACHELARD, G. *Poétique de la rêverie*. Paris: PUF, 1960, p. 46).

o mundo se purifica de suas impurezas para se dar sob uma forma transmutada sob os auspícios de uma verdade enfim exibida[13]; ela cai no mundo vivido e íntimo, na esfera da ilusão, no mundo das Ideias, isto é, no mundo recomposto pela aliança da ciência e da técnica, tornando-se, então, o único verdadeiro. Com as imagens de síntese que se apresentam sem modelo, isto é, sem referente necessário além dela, a ciência faz, de certa maneira, a economia do mundo, simulando-o segundo seus parâmetros próprios, controlando assim todos os seus elementos constitutivos.

As novas imagens devem seu impulso originário a um percurso neoplatônico; elas se oferecem como as vias privilegiadas de acesso ao real. Certamente, elas vão aparentemente ao encontro das reticências de Platão, fazendo da imagem o vetor de seu inventário dos dados do mundo. Mas o ícone que Platão conhecia, ou mesmo aquele do tempo de Descartes, aquele que atiça sua desconfiança respectiva, está hoje bem distante. A Modernidade inventou bem outras, de regimes dessemelhantes. A rejeição da imagem por razões epistemológicas já não se mantém hoje. As imagens atuais do corpo perseguem a imperfeição do mundo para nele instalar a transparência e a coerência que o olho do médico, em seguida, afina, em saber e em operação concreta. Paradoxo de um olhar sem distância, portanto sem perda das informações visadas e sem in-

---

13. Como nas tradições gnósticas, o corpo herda de todos os anátemas que estigmatizam a matéria, mundo cego e imperfeito, que pode encontrar sua salvação e sua dignidade graças ao bom demiurgo nascido da aliança da ciência com a técnica. A preocupação em aproximar os dados biológicos o máximo possível, de suprimir toda distância, traduz-se na profusão de aparelhos de imagens ou nas "estreias" cirúrgicas ou biotecnológicas. As noções de "máquinas do corpo" ou de "mecanismo corporal" etc., dificilmente estão sob a égide de uma metáfora; são analogias sempre mais justas. A natureza imperfeita do corpo, na medida em que é penetrada por dispositivos tecnológicos, chama sempre mais o nome de máquina corporal, como se ganhasse cada vez em confiabilidade.

vasão de fantasias estranhas à busca. Imagem que seria como uma fatia cortada do mundo, uma transposição que seria ainda mais justa do que o real do qual ela é cópia. Real purificado, extraída a escória que o obscurecia[14].

10.5 O imaginário do fora

Toda imagem, mesmo aquela tornada mais asséptica, a mais rigorosamente sujeitada ao signo, suscita no homem um apelo do imaginário. Como se a privação do sentido não pudesse senão provocar a resposta do devaneio, da mesma maneira que os muros das cidades funcionais convidam os grafites. Mesmo separado de toda "imagem de fundo", despojado de sua espessura, reduzido à pura informação, a imagem favorece a deriva, incita ao desvio. Tratando-se do corpo e de suas imagens, um símbolo explosivo aparece no esqueleto, figura da anatomia tornada asséptica, suporte de cursos edificantes sobre a constituição do homem, e, ao mesmo tempo, figura arquetípica dos pesadelos ou do terror. O mesmo vale para o esfolado, as chapas de raios X ou as imagens contemporâneas da termografia ou da arteriografia, por exemplo. Imagens na interface do científico e do tenebroso. Quando Hans Castorp vê pela primeira vez seu corpo através da "anatomia luminosa", ele experimenta o choque do homem vivo que se descobre sob os traços de um morto: "Ele olha sua própria tumba. Essa futura necessidade da decomposição, ele a vive prefigurada pela força da luz, a carne na qual ele vivia, decomposta, aniquilada, dissolvida, em uma neblina inexistente. E, no meio disso, o esque-

---

14. Uma aproximação irônica, sem dúvida, se impõe aqui. Lembremos a definição que Claude Lévi-Strauss oferece do mito. "O modo do discurso ou o valor da fórmula *Traduttore traditore* tende praticamente a zero". *Anthroplogie structurale*. Paris: Plon, 1958, p. 232.

leto da mão direita, montado com todo o cuidado"[15]. As imagens desprovidas de imaginário no interior podem suscitar naqueles que as percebem os movimentos fantasmáticos mais surpreendentes. O imaginário que fugiu de dentro da imagem ressurge com força do lado de fora pelo uso que dela faz o observador. Esses são, no entanto, os mesmos conteúdos, mas em um contexto dessemelhante. A ultrassonografia também é um rico observatório de sonho suscitado por uma imagem que, entretanto, não significa o sensível a não ser de muito longe, e de maneira muito abstrata, por meio de uma aparelhagem eletrônica e da necessária mediação do ultrassonografista para esclarecer o conteúdo.

No filme de Bernard Martino[16], uma mulher ultrassonografada descobre, com emoção, o seu bebê: ela pode senti-lo com sua mão, com sua cinestesia, mas esse conhecimento íntimo e corporal permanece, inicialmente, sem efeito. Falta-lhe o choque da imagem, a recomposição, conquanto abstrata, do feto na tela do monitor; é preciso a pulsação do coração da criança transcodificada (portanto não o coração vivo de seu filho, mas seu signo), para que a emoção nasça nela, e para que, pela primeira vez, ela se sinta mãe. O abalo do imaginário é então tão grande que ela diz, às lágrimas, que "agora ela não é mais dela". Não é uma intuição corporal consolidada em um devaneio íntimo que a assegura da presença nela de seu filho, mas a mediação do monitor do aparelho de ultrassom. A imagem mental não agiu por ela mesma, foi preciso que essa mulher tivesse uma prova tangível que só a técnica poderia lhe oferecer, e não seu próprio corpo, como se a visualização do ultrassom fosse a prótese de um imaginário e de uma sensorialidade por um instante enfraquecidas. Percebemos nesse exemplo que a imagem

---

15. MANN, T. *La montagne magique*. Paris: Fayard, 1961, p. 243.
16. MARTINO, B. *Le bébé est une personne*. [s.l.]: TF1, [s.d.].

mental vem após a ultrassonografia como se ela aguardasse pela autorização. De fato, o caráter de signo puro da imagem é realçado em símbolo pelo imaginário da mulher (especialmente com o uso da palavra "coração" para designar o ponto pulsante da tela). A carga simbólica da palavra irradia então sua afetividade à imagem abstrata desenhada na tela. Pode-se mesmo dizer aqui que o signo, apropriado pelo ator, transforma-se em símbolo. Uma dupla metamorfose se opera: no momento do contato, a imagem muda a mulher ao mesmo tempo em que a mulher muda a imagem. A privação imaginária, que se mantinha de ambas as partes do objeto, apaga-se então ao ar livre do devaneio. O homem jamais reage à objetividade das coisas: é a significação que ele atribui a elas que determina seu comportamento.

A metáfora da imagem é como que esmagada pela preocupação com a cientificidade, que exige o maior despojamento, mas o contato com a consciência do ator libera esta desse constrangimento. O símbolo retoma sua ascendência sobre o signo, mas somente neste universo impalpável e íntimo da consciência. Aí repetem-se a distância, o segredo e o indizível. Disso nenhuma coleta concebível. No olhar ingênuo do ator, a imagem cientificamente mais controlada foge por toda parte de sua hemorragia de sonho.

Esse suplemento trazido pelo imaginário, esse deslocamento que transfere para um monitor, graças ao computador, a realidade da criança que está para nascer, essa confusão entre o objeto e seu simulacro, é espetacularmente designada no fato de a maior parte dos casais que vêm ao exame ultrassonográfico voltar para suas casas com uma polaroide dessa imagem. A primeira, talvez, a entrar no álbum de fotos consagrado à criança.

No plano clínico, a radiografia ou a confrontação a um dos métodos de diagnóstico por imagem pode dar ao doente a prova da inocuidade de seu mal, amenizar a angústia, e até mesmo a fixação hipocondríaca que favorecia o sintoma. Postos perante uma chapa, aos seus olhos sem significação, mas guiado pela palavra do médico, o paciente acalma seus receios e situa seu mal às suas justas proporções. A imagem tem então uma função de apaziguamento, ela é um contraimaginário (objeto contrafóbico, diz a psicanálise). Tal é seu funcionamento mais frequente.

No entanto, por vezes, o retrato do interior tornado visível do corpo mostra ao médico que seu doente "não tem nada", contrariamente às alegações deste último, que reclama de diversos males. A oposição então é clara entre a doença do médico e aquela do paciente. A prova objetiva do mal não sendo fornecida (pela imagem médica), o sofrimento é imputado à fantasia doentia do paciente. É um doente imaginário. Conhecemos a esse respeito o número considerável de pacientes que reclamam de males que a medicina não pode diagnosticar. Doenças ditas "funcionais", sinistroses etc.

Mas o paciente, por sua vez, ao contrário do médico, pode se confortar no sentimento de sua doença observando uma chapa cujos códigos de leitura ele não possui, e que ele apreende somente com seus fantasmas, em busca da confirmação visível daquilo de que ele sofre. A decifração da chapa presta então a visões radicalmente diferentes. O imaginário do paciente, em socorro de seus males, vem endossar na chapa a materialidade de seu mal. O médico, a partir de outro imaginário, aquele da ciência, vê na normalidade da chapa o signo da boa saúde de seu paciente. Por conseguinte ele pode reconhecer o sofrimento, buscando apreciá-lo com outros meios de diagnóstico, dentre os quais a palavra, a escuta, ou mesmo o não levá-lo a sério. Neste último caso, é frequente que o paciente, com seu envelope de radiografias sob o braço, bata em outras portas até que outro médico entenda o sofrimento manifestado por ele.

Divergência de imaginário e de conhecimento, sustentada por dois códigos de leitura. Nesse sentido, a radiografia, ou qualquer outra imagem, pode funcionar à maneira de um teste projetivo. Quando ele é percebido pelo paciente, o retrato de seu mal se dá à maneira de uma prancha de Rorschach.

Podemos tomar em *A montanha mágica*, de Thomas Mann, outro exemplo da vitalização imaginária de uma imagem, no entanto, aparentemente neutra, cientificamente despojada de todo floreio e mesmo de toda humanidade. Hans Castorp vive em um transtorno profundo sua primeira experiência com a radiografia. Behrens, o médico-chefe desse sanatório de Davor-Platz, sem dúvida introduziu, ele mesmo, a deriva imaginária falando negligentemente do retrato "interior" que ele deveria tirar do jovem engenheiro. E a espera deste na sala destinada às radiografias evoca a tensão de uma experiência religiosa na qual o arrombamento dos limites do corpo equivale a um desnudamento do ser. Hans Castorp está emocionado, um pouco febril. "Até o presente, jamais se havia sondado dessa maneira a vida interior de seu organismo" (p. 234). Behrens se compraz em destilar a ambiguidade em torno das chapas que ele vai tirar: "Em um instante, nós o teremos visto em transparência [...]. Eu acho que você tem medo, Castorp, de nos abrir seu interior". É quase uma linguagem mística que ele utiliza quando fala da "anatomia pela luz". E o próprio exame é marcado por um aspecto solene, quase litúrgico, ao qual a leitura ulterior da chapa nada fica a dever (p. 240).

Essa analogia, que dá à apreensão do interior do corpo o sentido de uma apreensão do ser, é acentuada pela atitude clínica de Behrens, que deduz, do estado dos órgãos do jovem, diversos episódios de sua infância, à maneira de um visionário. Mais ainda, a chapa radiográfica funciona de um extremo ao outro do romance como alguma coisa de mais íntimo e de mais essencial do que um retrato. Há, antes de qualquer coisa, a "galeria privada" de Behrens, um alinhamento de placas representando fragmentos de membros de diferentes doentes. Os rostos pintados pelas cores parecem obsoletos perante a pintura de luz que se apreende do retrato "interior". O rosto perde sua eminência ontológica, ele deixa de ser a fonte mais íntima da identidade do homem. Com efeito, ele nunca é mais do que a realeza de um mundo de aparências orgânicas. Ele nunca atinge a profundidade e a intimidade desse rosto interior ao qual a radiografia dá acesso. E Behrens, jovial, assume ares de entendido, de fotógrafo profissional, quando pergunta a Hans Castorp: "Um sorrisinho, por favor", antes de iniciar o dispositivo técnico. Este último arruma cuidadosamente em um portfólio a pequena placa de vidro emoldurada por uma faixa de papel preto "como um documento de identidade, de certa forma" (p. 267).

A superioridade da imagem interior do corpo sobre o rosto é bem marcada no pedido de Castorp a Clawdia Chauchat, que ele ama: "Eu já vi seu retrato exterior, gostaria muito mais de seu retrato interior". Clawdia cede ao seu desejo. Esse retrato sem rosto, que "revelou a ossatura delicada de seu torso, envolvido, com uma transparência espectral, pelas formas de sua carne, assim como os órgãos da cavidade de seu tórax". A pequena placa de vidro, Hans consagra-lhe um culto na ausência de Clawdia, provisoriamente de retorno ao seu país natal. "Quantas vezes o contemplou e o pressionou sobre seus lábios, durante o tempo que se passou desde então" (p. 381).

Vemos a erotização de que são objeto as chapas. Assim, o ciúme de Hans é aguçado quando ele imagina Clawdia logo à mercê dos aparelhos radiográficos de Behrens. Este último recentemente fez seu retrato: "Ele reproduziu sua aparência exterior sobre uma tela por meio de óleo e de cores". Isso Hans aceita, "mas agora, na penumbra, ele dirigia sobre ela os raios luminosos que lhe descobririam o interior do corpo". O próprio Behrens parece partilhar esse imaginário. Um dia, comentando o retrato de Clawdia, ele diz a Hans, não sem malícia, espantado com a qualidade do registro da pele sobre a tela, que sua profissão lhe oferece um "discreto conhecimento do interior" (p. 286)[17].

O imaginário da transparência, que convoca o fantasma da alma na imagem espectral do corpo, não desarma hoje; nós o reencontramos mesmo sob a pena de um epistemólogo tão erudito quanto François Dagognet. Este sonha com um saber quase absoluto, suscetível de deduzir da observação dos processos metabólicos (e sem outro desvio) o percurso do pensamento de um paciente. Eis a imaginação do futuro aos olhos do médico e do filósofo: "Por que não, amanhã, a radiografia das almas e de seus transtornos? Sabemos diagnosticar a mentira ou a astúcia ou a inautenticidade. Com efeito, para enganar, é preciso acionar uma energia ou um dispositivo que reprima o verdadeiro ou o controle, vigie-o o bastante para que ele não atravesse a barreira e, portanto, não se revele. Mas essa complicação psicocerebral, que bipolariza a atividade central, provoca um dispêndio energético quase celular. Pode-se surpreendê-lo. Assim como o aparelho de escaneamento mostra o cérebro que trabalha ou aquele que dorme, da mesma forma logo poderemos distinguir aquele que responde por automatismo ou aquele que reflete ou complica suas condutas ideativas"[18]. O cientista, à

---

17. O anúncio da descoberta dos raios X desencadeia logo uma vaga de fantasmas que ilustra bem esse imaginário da transparência, o suplemento posto em movimento pelo dispositivo radiográfico. Assim um jornal de Nova York anuncia que os raios X são utilizados para enviar os esquemas anatômicos diretamente no cérebro dos estudantes. "Fotografia da alma" clama um erudito da época, que afirma ter realizado centenas dessas placas. Algumas amostras em SQUIRE, L.F. *Principes de radiologie*. Paris: Maloine, 1979.

18. DAGOGNET, F. "L'image au regard de l'épistémologue". *Prospective et santé*. Op. cit., p. 9.

espreita das "imagens de fundo", persegue as pequenas presas, mas não vê as grandes peças desfilarem diante de seus olhos.

10.6 O saber e o ver

Há um mito fundador no uso rigoroso da imagem médica. Um mito no sentido soreliano do termo, isto é, uma imagem-força que cristaliza uma energia epistemológica e técnica. Há uma identificação entre o saber e o ver, como se a verdade última do corpo não fosse alcançada senão com a última molécula perseguida pela câmera. Ideia que uma medicina absoluta se perfila atrás da performatividade dos aparelhos de visualização, favorecendo um saber extremo sobre os processos orgânicos e um diagnóstico sem falha. Mas o avanço das técnicas não provoca forçosamente um aumento de eficácia no tratamento dos doentes. Ao contrário mesmo, a medicina moderna está em crise. Crise interior, vinda da dúvida de numerosos médicos que receiam que essa "corrida armamentista" não se faça em detrimento dos doentes e da crise de confiança por parte do público, que já não reconhece aí sua experiência, e se encontra sempre mais estrangeiro aos seus procedimentos. Paradoxalmente, é a medicina hiperespecializada que está sendo hoje contestada em nome de seu aspecto iatrogênico, de sua natureza "agressiva", da passividade na qual ela mergulha seus pacientes, das questões éticas que ela suscita, colocando a sociedade perante o fato realizado, do esoterismo que cultiva e dos resultados que são frequentemente afastados das esperanças que faz nascer. O recurso massivo às medicinas ditas "suaves" é uma crítica em ato oriunda dos usuários em busca de uma relação mais personalizada com o médico, a partir de uma recusa da técnica e da medicação anônimas. Na constituição de seu saber, conforme dissemos, a medicina ocidental colocou o homem entre parênteses para interessar-se apenas por seu corpo. O saber médico é anatômico e fisiológico. Ele oculta o sujeito, sua história pessoal, sua relação íntima com o desejo, a angústia ou a morte; ela negligencia a trama relacional na qual se insere, para considerar apenas o "mecanismo corporal". Não se trata de um saber sobre o homem. Considerando o doente como o detalhe de uma alteração que toca essencialmente o organismo, e não o ser do homem, a medicina moderna permanece fiel ao dualismo vesaliano. E a medicina nuclear hipertecnicizada, com seus aparelhos de imagens, leva a dissociação ao seu mais alto nível de alheamento.

François Dagognet anuncia o fim de uma medicina relacional (justamente aquela que os usuários precisam). Ele afirma que, "graças às novas tecnologias medicinais, o médico deverá renunciar aos seus papéis arcaicos de confidente, sacerdote consolador, ou mesmo de simples observador atento. Os aparelhos de imagem levam a melhor"[19]. Se ele contenta-se apenas com essas informações, e considera as palavras de seu paciente como negligenciáveis e imprecisas em vista daquilo que lhe informam as imagens, se ele não domina o saber como um meio, mas como um fim, se ele contenta-se em tornar-se o decifrador hiperespecializado dos utensílios de diagnóstico que utiliza, o médico afasta-se do doente, objetiva mais a doença, desconectando-a da aventura singular e dos parâmetros próprios do paciente. Ele não prioriza mais sua qualidade de presença, sua humanidade ou suas intuições, apoiadas sobre um bom conhecimento do doente, mas delega poderes a técnicas que fragmentam o corpo e nada dizem do doente. O tratamento das informações substitui o tratamento do doente, em lugar de ser uma etapa deste: medicina de órgãos e não medicina do homem. Censurava-se à medicina por ser uma mecânica do

---

19. Ibid., p. 9.

corpo (Augusto Comte dizia, de forma parecida, que o médico era o veterinário do corpo humano) mais do que a terapêutica de um sujeito. Dessa vez, quando os mecânicos procedem a diagnósticos eletrônicos dos motores dos automóveis, o médico pregado aos seus terminais, fascinado pela digitalização de um órgão ou de uma função, corre o risco de tornar a metáfora ainda mais precisa. Nesse sentido, pode-se ainda evocar François Dagognet em apoio dessa tentação técnica da medicina moderna: "Conhecemos a tese que defendemos, tão amplamente partilhada e difundida: a medicina como o fruto de técnicas pictóricas, destinada a circunscrever e a visualizar o transtorno. Justamente porque trabalha para esclarecer, ela vive não mais de sombras, nem de palavras, mas de imagens"[20]. A doença, nessa posição extrema (e imaginária), já não é, afinal, assunto do doente, e tampouco do médico. Quando um grande número de médicos interroga-se sobre seu ofício e se dá conta da necessidade de uma consideração dos dados sociológicos e psicológicos da relação terapêutica, esforçam-se por uma abordagem menos dilacerante de seu paciente, a tentação técnica que oculta esse questionamento faz-se ainda mais viva no outro polo. A profissão médica está hoje em uma fase de pesquisa, de síntese, de interrogação. É em torno do simbólico e do corpo que se determinam os riscos.

O todo é mais do que a soma de suas partes; o corpo, que dá rosto ao homem e enraíza sua presença, não é uma coleção de órgãos. Da mesma forma, o homem é algo mais do que seu corpo. As novas imagens, mesmo se são úteis, aumentam por vezes o distanciamento entre a medicina e os usuários, fornecendo ao cuidador (hesita-se, então, em chamá-lo assim) os meios técnicos de uma extrema fragmentação do organismo. O recurso às téc-

---

20. DAGOGNET, F. *La philosophie de l'image*. Op. cit., p. 114.

nicas de ponta acentua a distância entre o médico possuidor de um saber esotérico, que frequentemente lhe repugna partilhar (e que se torna sempre mais abstrato para o profano), e um usuário despossuído de todo saber sobre ele mesmo, por definição estrangeiro às significações que o atravessam e que ele está destinado a não compreender.

Falamos de sociedade dual para caracterizar velocidades e riscos opondo-se dorso a dorso no mundo contemporâneo. Podemos também falar de uma medicina dual orientada segundo direções inversas. Uma medicina que aposta cada vez mais na técnica e na racionalidade de seus métodos, eventualmente apelando para instrumentos sofisticados, tanto na pesquisa diagnóstica quanto no tratamento das doenças, em que a troca com o doente é puramente acessória. Por outro lado, mas em outra vertente, uma paisagem diversificada: uma medicina mais à altura do homem, atenta antes ao doente do que à doença, esforçando-se em tratar do homem antes que do órgão; o leque das "medicinas suaves", nas quais o médico privilegia igualmente o contato e métodos menos "agressivos", estas são medicinas testadas, mas que repousam em outras lógicas que não aquelas da medicina clássica, e, finalmente, os curandeiros tradicionais, que mantêm vivos hoje antigos saberes sobre o corpo que a racionalidade, notadamente médica, jamais conseguiu sufocar, e que conhecem hoje uma renovação de vitalidade social. De um lado, uma medicina que aposta na eficácia técnica e racional; de outro, medicinas que, além das técnicas que operam, repousam em grande medida sobre a eficácia simbólica[21].

---

21. Falamos aqui antes de uma oposição de tendência, na medida em que mesmo a medicina mais técnica não pode ocultar totalmente no espírito do doente o jogo do símbolo, e na medida também em que as outras medicinas recorrem a técnicas que se presumem agir por sua própria eficácia.

10.7 A imagética mental: o olhar do imaginário

A medicina despojou a imagem de todo além, de toda subjetividade. Ela fez de seu exercício um uso racional, apostando na eficácia das técnicas e dos saberes onde toda fantasia é nociva. Entretanto, a partir do recurso metódico às imagens mentais, doentes reencontram hoje o poder de seu imaginário e utilizam seus recursos para reencontrar o caminho da cura. E são com frequência doentes gravemente acometidos, por vezes em fase terminal de um câncer. Com a ajuda de um terapeuta (ou sozinho), o doente visualiza, à sua maneira, o transtorno orgânico que o faz sofrer e elabora, por meio de um cenário inventado por ele mesmo, seu avanço progressivo em direção à cura. Por vezes ele borda uma trama imaginária a partir das técnicas empregadas em sua cura. Ele desvia de seu uso racional as chapas que o médico lhe entregou, ou as imagens de síntese vistas na tela, e que objetivam sua doença, tomando-as como fonte de suas próprias imagens. As imagens técnicas deixam então de ser visões fragmentadas para tornarem-se imagens vivas (vivificadas) nas quais o doente está presente enquanto sujeito[22].

O corpo, assim sonhado, reencontra sua dimensão simbólica. Ele não é mais tomado ao pé da letra de sua matéria, mas no movimento, ao mesmo tempo social e íntimo, do símbolo. Extraindo dessa energia, cuja jazida está entranhada no mais inapreensível do imaginário do homem, o paciente mobiliza nele as forças da cura. O mais frequentemente, a imagem mental é considerada como um método adjuvante, potencializando as técnicas médi-

---

22. Nós falamos aqui antes de uma oposição de tendência, na mesma medida em que, mesmo a medicina mais técnica, não pode ocultar totalmente no espírito do doente o jogo do símbolo, e na medida também em que os outros médicos recorrem a técnicas que se presumem poder agir por sua própria eficácia.

cas empregadas em paralelo (radioterapias, quimioterapias etc.). Kostoglotov, um dos doentes do *Pavillon des cancéreux*, de Soljenitsyne, recorre intensamente a esse procedimento: "Efetivamente ele estava melhor, esticou-se de bom grado sob os raios, e, mais, aplicava-se mentalmente em convencer suas células doentes de que as estávamos aniquilando, e que elas estavam, por assim dizer, *kaputt*"[23]. A aposta das imagens mentais efetua-se pela necessidade que o doente tem de participar ativamente no processo de sua cura e de inscrever-se perante seu sofrimento em uma atitude de esperança inventiva e não mais na espera passiva de uma cura vinda diretamente do exterior. Animado por uma "vontade de sorte" (G. Bataille), o paciente (o termo é revelador da visão médica clássica) desaparece; tornado ator, ele faz o aprendizado da autonomia, reencontra uma criatividade interior, frequentemente abandonada após a infância. As técnicas de visualização médica enquadram no seu objetivo a matéria do corpo e esquecem em veias de símbolo que a vida, a dor, a alegria ou a morte lhe dão. Elas requerem do sujeito uma espécie de brancura de silêncio, de ausência. Interessa-se menos pelo homem do que pelos processos dos quais ele é a aposta. Ao contrário, as imagens mentais inscrevem o sujeito no cerne de sua doença, à maneira de um desafio que se tentou vencer. E ela impulsiona fortemente as figuras do imaginário. Sonhando com sua convalescência, os olhos abertos sobre as imagens, combatendo gradualmente, contra uma doença transferida não para um monitor, mas para o espaço sem lugar nem tempo de seu imaginário, o doente retoma o gosto pela vida. Ele enraíza a esperança da cura próxima em uma prática cotidiana de imagens (aliada, por outro lado, ao relaxamento). E o homem vive menos a natureza

---

23. SOLJENITSYNE, A. *Le pavillon des cancéreux*. Paris: Julliard, 1968, p. 106.

objetiva dos fatos do que o significado que eles lhe oferecem. Além do corpo anatomofisiológico, o doente reata com a via do símbolo por onde se constrói toda eficácia quando se trata de curar. Ele reencontra sua unidade de homem.

Esquadrinhado por um feixe de técnicas, malgrado os milhares de olhos que percorrem o labirinto que ele oferece ao olhar, o corpo não entrega seu segredo, e tampouco finalmente se desvela às inúmeras teorias médicas ou psicológicas que procuram delimitá-lo. Demasiadamente próximos dele, sem dúvida, os olhos do dentro, que a engenhosidade técnica sustenta, ainda esclarecem somente aparências é preciso ir mais longe, explorar sempre outros tecidos. Mas o fio de Ariadne que conduz ao centro do labirinto e o desvela não está alhures? Mais ainda, existe um fio de Ariadne?

11 A VIA DA SUSPEITA

O CORPO E A MODERNIDADE

11.1 A via da suspeita

Duas vias, aparentemente divergentes, traduzem as intenções da Modernidade sobre o corpo do homem. De um lado, a via da suspeita e da eliminação por causa de seu fraco rendimento informativo, de sua fragilidade, de sua gravidade, de sua falta de resistência. Visão moderna e laicizada da *ensomatose*, o corpo é então, em uma perspectiva quase gnóstica, a parte maldita da condição humana, parte que a técnica e a ciência felizmente concordam em remodelar, refazer, "imaterializar", para, de certa forma, livrar o homem de seu embaraçoso enraizamento de carne.

Por outro lado, ao contrário, como uma maneira de resistência, a salvação pelo corpo a partir da exaltação de seu sentimento, a modelagem da sua aparência, a busca da melhor sedução possível, a obsessão pela forma, pelo bem-estar, a preocupação em permanecer jovem. Um florescente mercado, que faz do corpo seu objeto privilegiado, desenvolveu-se nesses últimos anos em torno dos cosméticos, dos cuidados estéticos, das salas de ginástica, dos tratamentos de emagrecimento, da manutenção da forma, da busca do bem-estar ou do desenvolvimento das terapias corporais.

Em ambos os casos, o corpo está dissociado do homem que ele encarna e é considerado como um em-si. Ele deixa de ser a estirpe identificadora indissolúvel do homem ao qual dá vida. Uma espécie de divisão ontológica os opõe. Além disso, as imagens da publicidade, que sublinham o imperativo da forma, da preocupação consigo etc., frequentemente fragmentam em sua demonstração a unidade do corpo. Fragmentação que espelha a fragmentação do sujeito na Modernidade e ilustra a acuidade da cisão. Quer se trate do corpo como parte maldita ou como via de salvação substituindo-se à alma em uma sociedade laicizada, opera-se a mesma distinção, que coloca o homem em posição de exterioridade perante seu próprio corpo. A versão moderna do dualismo opõe o homem ao seu corpo, e não mais, como outrora, a alma ou o espírito a um corpo.

Podemos nos perguntar se a cultura erudita, desde o fim do Renascimento, não é animada pelo fantasma de livrar-se deste dado ambivalente, inapreensível, precário que é o corpo. Fantasma que se choca contra a evidência que a desaparição deste último também realiza aquela do homem. Mas o recurso ao mecanismo para pensar o corpo é, a esse respeito, uma espécie de exorcismo. Se o corpo fosse realmente uma máquina, ele escaparia do envelhecimento, da fragilidade e da morte. Perante a máquina, o corpo humano é apenas fraqueza. O apagamento ritualizado do corpo humano, que conhecemos hoje, não prepara para um escamoteamento puro e simples de sua presença? Ao desenvolver-se, a tecnociência não cessou de rejeitar a esfera propriamente corporal da condição humana. Mas como suprimir o corpo, ou torná-lo mais eficiente pela substituição de alguns de seus elementos, sem ao mesmo tempo alterar a presença humana? Até onde é possível impelir a disjunção entre o homem e seu corpo? O corpo é um membro supranumerário do homem?

A história do corpo no interior do mundo ocidental escreve-se desde o Renascimento com um empreendimento sempre crescente no espelho tecnocientífico que o distinguiu do homem e o reduziu a uma versão insólita do mecanismo. Quando a dimensão simbólica retira-se do corpo, dele resta apenas um conjunto de engrenagens, um agenciamento técnico de funções substituíveis. O que estrutura então a existência do corpo não é mais a irredutibilidade do sentido, mas a permutabilidade dos elementos e das funções que asseguram seu ordenamento.

Isolado abstratamente do homem à maneira de um objeto, esvaziado de seu caráter simbólico, o corpo também o é de sua dimensão axiológica. Ele é ainda despojado de seu halo imaginário. Ele é o envoltório acessório de uma presença, envoltório cujo conjunto de caracteres tomba sob a égide da "comensurabilidade dos elementos e da determinabilidade do todo", cifra da condição pós-moderna, segundo J.-F. Lyotard. Os progressos técnicos e científicos, com o vazio axiológico que eles drenam, fizeram do corpo humano uma mercadoria ou uma coisa como outra qualquer. As formulações mecanicistas dos filósofos do século XVII e do século XVIII assumem muito tempo depois uma singular realidade. Estas anteciparam uma objetivação do corpo que não cessou de se estender na práxis social. Eles foram os primeiros a tornar imagináveis os procedimentos de tecnicização do corpo que se desenvolvem hoje. O corpo humano chega agora, tendo de qualquer maneira perdido a aura desde Vesalius, à "era de sua reprodutibilidade técnica".

11.2 O corpo em peças avulsas

Quanto mais o corpo, considerado como virtualmente distinto do homem que ele encarna, perde seu valor moral, mais aumenta seu valor técnico e mercantil. O corpo é uma matéria rara. Hoje as realizações da medicina e da biologia (transplante de órgãos, transfusão de sangue, prótese, manipulações genéticas, procriação assistida etc.) abriram o caminho para práticas novas pelas quais se anuncia um futuro próspero. Elas deram ao corpo o valor de um objeto de preço inestimável em vista da demanda. As necessidades de órgãos e de substâncias humanas os convidam a, pelo menos, quatro usos: a pesquisa médica e biológica, que utiliza numerosos materiais humanos; a fabricação de produtos farmacêuticos; os transplantes, que os progressos da cirurgia tornam mais frequentes e mais diversificados; e, enfim, os usos tradicionais das faculdades de medicina (dissecções etc.). O corpo é decomposto em seus elementos, submetido à razão analítica. Vance Packard pensa assim que "a produção, a venda, a instalação e o serviço pós-venda de peças humanas avulsas têm chances de se tornar a indústria que conhecerá o crescimento mais rápido no mundo. Em termos de cifras de negócios, ela vai fazer concorrência à indústria das peças avulsas para automóveis [...]. Haverá catálogos de peças avulsas nos hospitais, exatamente como nas lojas de autopeças"[1]. Em numerosos países, de maneira oficial ou clandestina para os Estados que decretaram a ilegalidade da venda de órgãos ou de sangue por doadores vivos, indivíduos indigentes oferecem partes de seu corpo (rim, olho, testículo etc.) a receptadores em troca de mantimentos que lhes permitam uma oportunidade de alimentar sua família. Na Índia, um exemplo entre outros, homens e mulheres vendem o rim a clínicas privadas. Em última instância, as camadas populares tornam-se os viveiros de órgãos (ou de sangue) das camadas privilegiadas ou dos nacionais de países mais favorecidos. É conhecida a importância da venda de sangue para certas populações desfavorecidas do Terceiro Mundo, que não dispõem de qualquer outro

---

1. PACKARD, V. L'homme remodelé. [s.l.]: Calmann-Lévy, 1978, p. 283. Sobre a retirada e o transplante de órgãos, os problemas éticos, legais, sociais etc. cf. LE BRETON, D. La chair à vif: usages médicaux et mondains du corps humain. Paris: Métailié, 1993, cap. 6 e 7.

meio de subsistência. A demanda por sangue é considerável nos países desenvolvidos, e aqueles que não o recolhem suficientemente junto aos seus cidadãos devem importá-lo do estrangeiro. Malgrado as resistências ao comércio de componentes humanos, o sangue se beneficia de uma ampla liberdade de circulação, ao contrário de outras circunstâncias. Mas, aí também, pode-se facilmente perceber o sentido unilateral da troca, indo dos países mais pobres aos mais ricos. Comércio também de esperma, de urina, de suor e de pele. Comércio de fetos para experimentações farmacêuticas ou para a fabricação de produtos de beleza. Na Índia, comércio de crânios e de esqueletos humanos destinados a alimentar a pesquisa médica dos laboratórios ocidentais. "Entre quinze e vinte mil esqueletos e cinquenta mil crânios e ossaturas diversas são limpos, desengordurados, embranquecidos, classificados e empacotados aqui [Patna] antes de seguir, a cada ano, o caminho das universidades e dos laboratórios ocidentais" (Patrice Claude, *Le Monde*). Países adquirentes: Estados Unidos, Reino Unido, França, Alemanha, Japão, Israel, Hong-Kong etc. Com a pesquisa anatômica, a medicina realizou uma primeira ruptura antropológica, reivindicando, ao encontro das resistências populares, o direito de fazer dos despojos humanos um puro objeto, podendo produzir conhecimento graças ao seu desmantelamento metódico. O cadáver muda-se em "belo exemplar da máquina humana". Com as retiradas e os transplantes de órgãos, pela segunda vez na história da medicina o *status* do corpo humano é objeto de um intenso debate e de práticas que em parte dividem o discurso social, constrangendo cada um a uma difícil tomada de posição. Com efeito, entre o médico e o paciente candidato ao transplante se interpõe, de um modo problemático, outro homem, ainda vivo e com boa saúde no momento da prescrição, mas cuja morte é esperada para tornar o transplante possível. O questionamento acerca dos transplantes não deixa de ser assombrado pela proveniência humana do enxerto.

Casos de consciência, por vezes de grande acuidade, nascem no doente e em sua família, ou naquela do doador, já traumatizada pela morte de seu próximo, e tendo que dar, com urgência, uma resposta à questão da retirada dos órgãos. As consequências humanas desse recurso frequentemente necessário são consideráveis, uma vez que elas fazem do ser mesmo do homem um material entre outros. O corpo humano torna-se um objeto disponível, uma jazida que somente a raridade e os riscos médicos implicados distinguem dos outros objetos. Em nome da vida (segundo a fórmula consagrada), para salvar a existência de doentes, o mundo ocidental inventa uma forma inédita de canibalismo. O corpo humano, objeto dessas transferências, é aí como uma espécie de *alter ego*: ele permanece signo do homem, mas já não é inteiramente o homem, na medida em que são legítimos sobre ele procedimentos que seriam socialmente percebidos como inaceitáveis se concernissem ao homem e não a um corpo dissociado. A divisão que distingue provisoriamente o homem de seu corpo protege de uma interrogação perigosa.

Tal é também a imagem do cadáver, objeto da retirada: não o consideramos mais como um homem, porquanto subtraímos nele aquilo que contribui para seu ser. É preciso, a partir de então, considerá-lo como o signo de nada. Mas, por outro lado, prestar-lhe ainda uma sombra de humanidade, uma vez que tal órgão retirado vai entrar, por sua vez, no ser de outro indivíduo.

A humanidade está fragmentada, a vida assume as aparências de um poder mecânico. O corpo, fragmentado em seus componentes, tomba sob a lei da conversibilidade e da troca generalizada tanto mais facilmente quanto a questão antropológica seja ocultada. Cada ator, doador ou receptor, se vê promovido, segundo as circunstâncias, em nível de prótese potencial[2]. É nossa concepção de homem que é aqui profundamente remanejada. O corpo, nessa perspectiva, não é mais inteiramente o rosto da identidade humana, mas uma coleção de órgãos, um ter, uma espécie de veículo do qual se serve o homem e cujas peças são intercambiáveis com outras de mesma natureza, mediante uma condição de biocompatibilidade entre tecidos. O dualismo que sustenta a medicina moderna é aqui claramente nomeado.

É claro que a retirada e o transplante de órgãos são humanamente justificáveis quando há, ainda em vida, um acordo do doador, uma vontade do receptor, e as condições médicas e psicológicas reunidas para um transplante favorável.

A maioria dos países elaborou uma legislação em torno das retiradas de órgãos nos defuntos. O respeito da vontade deste último, expressa enquanto ainda vive, está o mais frequentemente no cerne das disposições adotadas (assim a Lei de Bioética, de 29 de julho de 1994, na França). O que testemunha bem as divergências de opiniões nas sociedades ocidentais quanto à utilização instrumental do corpo humano *post mortem*. O corpo permanece assim uma matéria rara, porque ele é protegido pelas resistências conscientes (mas também inconscientes) de uma grande parte da comunidade social. Essas práticas, que não representam para os cirurgiões e os médicos senão dificuldades técnicas, em contrapartida continuam a atormentar o homem comum. O interesse dos primeiros é, portanto, o de dissociar mais explicitamente ainda os vínculos entre o homem e seu corpo, e de acreditar em uma visão instrumental deste último.

---

2. Nos Estados Unidos, querelas são suscitadas nos hospitais para limitar os transplantes de órgãos apenas aos cidadãos americanos. "Americanos morrem, faltam órgãos, diz o dirigente de um centro hospitalar, como, em boa consciência, poderíamos oferecê-los a estrangeiros?" (*Le Monde*, 16-17/06/1985).

Na prática, entretanto, a rejeição orgânica ou psicológica é frequente. Infinitamente raras são as contribuições médicas que mencionam os problemas psicológicos, chegando, às vezes, até a psicose, que numerosos transplantados e doadores vivos conhecem[3]. Certamente de natureza diferente segundo o órgão transplantado e, sobretudo, as condições humanas do transplante. As obras sobre os transplantes, sempre laudatórias, silenciam acerca delas, suscitando nos usuários o sentimento de que, na prática cirúrgica, não há mais dificuldades em transportar um órgão do que em trocar uma peça defeituosa no motor de um carro. Mas à biocompatibilidade dos tecidos é preciso acrescentar uma psicocompatibilidade entre o objeto do transplante e o doente, noção mais difícil de definir, que ilustra justamente a impossibilidade antropológica de se conceber o homem como uma máquina. Resta igualmente por saber se as rejeições de transplante não são as incidências orgânicas de uma recusa de outra ordem, mais profunda, que põe em operação as instâncias pré-conscientes e inconscientes do sujeito.

Fazer do corpo humano (portanto, em última análise, do homem do qual ele é indiscernível) um meio para outros corpos (logo, outros indivíduos), mesmo quando se trata de salvar a vida de um ferido ou de um paciente, enfraquece certamente a axiologia social. O recurso à noção de solidariedade, as campanhas de sensibilização para a doação de órgãos, que se multiplicam, traduzem de modo claro que as coisas não acontecem espontaneamente, que uma resistência surda se deixa ouvir. A transfusão sanguínea abre-nos hoje um precedente bem-integrado nas sensibilidades ocidentais. Entretanto, o sangue transfundido não tem as mesmas incidências no âmbito da imagem do corpo que um

---

3. LE BRETON, D. *La chair à vif...* Op. cit., cap. 6.

órgão transplantado. Mesmo se o imaginário do sangue é forte nas mentalidades ocidentais, o fato de sua renovação engendrar, no máximo, um mal-estar provisório no receptor, provavelmente apagado pelo fato de dever sua vida à transfusão. Além do mais, a organização social que cerca a doação de sangue contribui para banalizar seu uso médico. Os problemas éticos são aí quase inexistentes em nossas sociedades, uma vez que o sangue é objeto de uma doação, e renova-se rapidamente, sem alterar a saúde do doador. As retiradas de órgãos são de outra ordem. A integração feliz da transfusão sanguínea em nossas sociedades não pressagia, portanto, necessariamente a integração unânime da retirada e do transplante de órgãos.

Realização lógica de um saber biomédico centrado na anatomofisiologia, apostando no corpo e não no homem. Os resultados são diversamente apreciáveis. Frequentemente, com efeito, necessário e eficaz, mas sempre sob a dependência da filosofia do médico, de seu estilo de autoridade, se ele for chefe de um serviço hospitalar. O que causa, aos olhos do observador, efeitos terapêuticos muito diferentes de um serviço ao outro, porque a medicina não é uma ciência exata, mas, essencialmente, uma arte de curar, fundada em um saber rigoroso e em uma atitude compreensiva em relação ao doente. É por causa dessa partilha das competências, dessas orientações deontológicas tão diferentes de um médico ao outro, que é possível falar da ambivalência da medicina moderna. Essa ambivalência é aquela da Modernidade. A medicina ocidental está profundamente impregnada dos valores do tempo, sua tecnicidade, suas *performances* são chamadas pela ambiência de um momento. A maneira como ela trata, as doenças sobre as quais ela mostra sua eficácia relativa (e seus fracassos relativos) são aquelas da Modernidade (cânceres, Aids, doenças do coração etc.). Não é uma medicina que toma o tempo do homem, como a medicina oriental, que se amolda ao ritmo do doente, busca tratá-lo em seu conjunto, enquanto sujeito, e não no nível do sintoma. É uma medicina no ritmo da Modernidade, com sua eficácia brutal, que substitui o ritmo do homem por seu próprio ritmo, e que, além disso, é essencialmente uma medicina da urgência, mesmo se não seja mais do que isso.

Aliás, é preciso sublinhar a negação da morte sobre a qual se funda a medicina ocidental: expandindo sempre os limites da vida, ela provisoriamente põe a morte em xeque, mas frequentemente traz mais anos à vida que vida aos anos. E, ao mesmo tempo, ela faz sempre mais da morte um fato inaceitável que é preciso combater. Ela também torna difícil o luto de si mesmo na espera de um prazo fatal, ou o luto dos próximos; ela suscita a culpabilidade daqueles que não puderam estar presentes no hospital na ocasião do falecimento. A medicina nos desaprende a morrer, faz da morte uma alteridade absoluta, que nada vincula à condição humana. Suscitando uma luta obstinada contra um dado antropológico essencial da vida coletiva, por uma repressão neurótica que não se pode iludir, a medicina multiplica a morte na vida: os serviços hospitalares de longo e médio prazos, as condições de existência que é preciso às vezes aceitar para "curar", a maneira como envelhecem e morrem numerosos internos nos asilos o demonstram claramente. Porque se recusa a ver a morte com os olhos abertos, a medicina é assombrada por ela. E ainda desenraíza os usuários de sua relação íntima com o morrer, fazendo desse processo um fracasso impensável de seus empreendimentos.

Durante muito tempo a morte foi o fim da vida, a inércia definitiva de um homem que o médico se limitava a constatar. Aquele não podia nada para suspender o último suspiro do moribundo e, para este último, as coisas também eram claras. Morrer era uma verdade evidente. Os progressos atuais da medicina no domínio da reanimação perturbaram esses dados. Com as técnicas de reanimação, o médico não é mais somente o notário da morte, ele é aquele que rege suas condições, que controla sua duração, e aquele que, em último lugar, toma a decisão de fixar-lhe a hora: "[Em nosso serviço] a morte verdadeira é considerada como alguma coisa possivelmente reversível"[4]. Sua influência sobre o corpo do doente é uma influência sobre o doente, mesmo se justamente seu profissionalismo diz respeito menos ao homem doente do que às suas deficiências orgânicas. Os serviços de reanimação são lugares onde se realiza de maneira concreta o tema do homem-máquina e da dualidade, homem por um lado, posto entre parênteses, e corpo, de outro lado, que suscita a atenção maníaca das equipes. Uma enfermeira o testemunha com toda transparência:

> Após vários anos passados em reanimação, para mim o doente tornou-se... uma máquina; uma máquina cujos parâmetros medimos, checamos a temperatura, aferimos a pressão: de fato, vigiamos para que essa máquina funcione bem. Vigiamos para que o respirador esteja bem regulado, o alarme funcione, a fim de que haja água no umidificador. Se me tivessem dito isso no início... eu teria dito: "Mas é abominável, isso que ela diz", mas eu, eu o sinto assim. Agora eu meço os parâmetros de uma máquina de um doente[5].

As técnicas de reanimação são necessárias, mas seu poder, e justamente o fato de que elas não visam uma máquina, ou simplesmente um corpo, mas um homem, suscitam questões éticas inevitáveis. Se elas salvam tantas vidas, também privam doentes de sua agonia e os levam a morrer no extremo desconforto dos meios pelos quais se busca, a qualquer preço, mantê-los em vida. Nessas

---

4. GILBERT, C. "Service de réanimation de l'hôpital Bichat". In: MARTINO, B. *Voyages au bout de la vie*. [s.l.]: Balland, 1987, p. 127.
5. MARTINO, B. *Voyages au bout de la vie*. Op. cit., p. 117.

condições coloca-se frequentemente a questão da dignidade. Um exemplo entre outros:

> É verdade que geralmente falta dignidade à morte, mas falta-lhe ainda mais quando se tem um cateter de Foley na uretra, ligado a um dreno, uma intravenosa permanente, uma colostomia cercada de curativos e de tubos enfiados na cavidade infectada que cerca a colostomia, um tubo endotraqueal ligado a um aspirador de Bennet, fixado no rosto com a ajuda de um esparadrapo, um tubo nasogástrico para a alimentação igualmente colado no rosto, e todos os membros amarrados. Eis como um dos meus amigos morreu. Quando dois dias antes do fim eu fui vê-lo, tive dificuldade de me aproximar de seu leito por causa de todos os aparelhos que o cercavam... Mas também, certamente, ele não podia falar, e quando levantou a mão, dei-me conta de que ela estava amarrada por uma correia[6].

Redução técnica da morte que, desde então, deixa de ser a conclusão definitiva de uma existência para tornar-se um negócio estritamente médico. *The respirator is turned off*, essa é, segundo Jean Ziegler, uma das expressões decisivas da morte moderna.

O doente nessas condições é um resto. Mas é porque permanece irredutivelmente presente (além de seu organismo, que se beneficia de todos os cuidados) enquanto um sopro de vida o atravessa, a medicina é sempre confrontada a riscos éticos consideráveis. Responsabilidade que lhe advém de maneira inesperada, uma vez que apenas os processos orgânicos lhe competem, não o *anthropos*. Medem-se perfeitamente essas carências no sistema hospitalar indigente perante a função nova que lhe é incumbida hoje, quando a maior parte dos ocidentais morre no hospital, aquela do acompanhamento do doente no fim da vida, isto é, desse resto insistente

---

6. Testemunho citado por SCOTT, R. *Le corps, notre proprieté*. Pascal: Balland, 1982, p. 164.

que faz corpo ao seu sofrimento, mas sem reduzir-se a ser apenas isso: o mistério de cada homem como presa de sua dor.

11.3 Modelos humanos quase perfeitos

Quando, em um serviço de reanimação, o cérebro de um doente não está mais em condições de funcionar (estado vegetativo crônico), então é um corpo ainda em funcionamento que se torna resto. O sujeito é volatilizado, mesmo se ele nunca mais poderá pensar ou simplesmente levantar-se de seu leito no hospital. A questão antropológica também é aí espantosa, talvez impossível de se colocar de tão embaralhadas que estão as referências. Os pacientes (ou melhor, as estátuas) não existem senão por obra das técnicas de reanimação, que mantêm "artificialmente" a "vida". E seu número aumenta ao mesmo tempo em que esses últimos se aperfeiçoam. Outro rosto da reanimação. Percebe-se aí também o quanto a medicina é, antes de tudo, aquela do corpo, e o quanto o paciente é o refém de seu corpo. Desmaterialização do sujeito, satelitização do corpo. A morte é mantida em suspensão, mas a vida continua a irrigar uma coleção de órgãos deficientes substituídos por múltiplos aparelhos.

Que não haja aí senão corpos sem homem, medalha paradoxalmente sem reverso, alguns médicos o sustentaram, e reivindicaram poder fazer experiências com esses pacientes em estado vegetativo crônico. A. Milhaud, no CHU de Amiens, testou assim uma operação de transfusão de sangue por via óssea em um doente mergulhado há três anos em um coma profundo. Tentativa sem ligação com o estado do sujeito, não terapêutica, puramente experimental, sem o conhecimento da família e, com certeza, do doente (*Le Monde*, 28/11/1985). Para Milhaud, trata-se aí de "modelos humanos quase perfeitos, que constituem intermediários entre o animal e o homem"[7]. Graças à sua autoridade moral, o Comitê Nacional de Ética, por enquanto, pôs um termo a essas práticas; entretanto, não se pode negar que esse gênero de procedimento seja inteiramente lógico no interior do sistema médico, por meio de sua aposta no corpo. Uma medicina técnica culmina na criação desses estados vegetativos crônicos com os quais não se sabe o que fazer, dos quais ignora-se tudo, e que mantêm nos próximos a irresolução do luto. Alhures, nos Estados Unidos, propõem-se francamente criar bancos de doadores, isto é, de seres humanos a meio caminho entre a vida e a morte, tornados desqualificados no plano antropológico: mortos porque seu cérebro deixou de funcionar, mas disponíveis por anos como reservatórios de órgãos, graças aos aparelhos que os mantêm em vida[8]. Avatar da fratura da unidade humana, e do vazio axiológico que toca o corpo ocidental desde o século XVII. Resultado lógico de uma concepção mecanicista de seu funcionamento e de sua realidade: o corpo torna-se um quebra-cabeças, ou, antes, uma versão complicada do papel de mecânico.

Dissociado do sujeito, o corpo humano é promovido a um reino intermediário entre o animal e o homem, é uma nova espécie. O obstinado trabalho terapêutico, ou as inúmeras questões éticas suscitadas hoje pelo avanço das ciências da vida, são os pontos

---

7. Ele justifica sua ação com argumentos econômicos (custo elevado de hospitalização do doente em estado vegetativo crônico). Como sublinha J.-Y. Nau: "Uma estranha e paradoxal conduta... uma vez que ela se opõe à eutanásia e entende 'rentabilizar' essa oposição. Uma conduta perturbadora também, uma vez que ela postula que o estado vegetativo crônico corresponde à morte, mesmo quando ele permitiria estudar e utilizar as propriedades do vivo". NAUS, J.Y. "Les comateux sont-ils des cobayes?" *Le Monde*, jan./1987.

8. PACKARD, V. *L'homme remodele*. Op. cit., p. 288-289. • GAYLIN, W. "Harvesting the Dead". *Harper's magazine*, n. 249, 1974. • MAY, W. "Attitudes Toward the Newly Dead". *The Hasting Center Studies*, vol. 1, 1973, p. 5. • LE BRETON, D. *La chair à vif...* Op. cit., p. 309ss.

de desembocadura de um saber biológico e médico centrado na anatomopatologia. É porque a medicina não é orientada para o doente enquanto sujeito que a irredutível presença deste último faz-se às vezes sentir cruelmente, e aparece como um obstáculo à continuação dos tratamentos. A questão antropológica surge subitamente com a força de um retorno do reprimido a montante das dificuldades pelas quais ela não é percebida a jusante. As retiradas e os transplantes de órgãos, o uso de materiais humanos para fins de pesquisa etc., fazem do homem um meio para o homem. Uma brecha é aberta. Questionar hoje a ética da pesquisa nas ciências da vida equivale a reintroduzir o homem, mas após, quando as realizações já estão presentes.

11.4 Gravidezes fora da mulher

O corpo humano, da concepção à morte (e mesmo *post mortem*), está sob o controle da medicina. Da concepção *in vitro* à retirada de órgãos, a medicina e a biotecnologia revezam os processos orgânicos; elas os orientam segundo sua vontade. Longe de somente estudá-los e acompanhá-los, elas os modelam. A suspeita que toca o corpo não poupa a fecundação; depois da gestação e do parto, que deixaram de pertencer completamente à ordem do corpo para serem medicados, as biotecnologias perturbaram igualmente o ciclo da reprodução. Ao acaso da concepção e da gestação, opõem-se então uma medicina do desejo, das intervenções nos genes, nos embriões, e até mesmo no feto, dissociam-se os diferentes tempos da maternidade em sequências manipuláveis cujo domínio se procura. Trabalho de homem, não de mulheres, como se houvesse aí, depois de séculos, um resultado visando transferir para as mãos do homem um processo que lhe escapa organicamente. Nostalgia perturbadora do homem, que introduziu na concepção da criança a interferência da técnica até controlar, de uma extremidade à outra, o processo da gestação, provocando em outro lugar, que não o corpo da mulher, e sob seu controle, o encontro entre o óvulo e o espermatozoide. Y. Knibielher percebeu perfeitamente a suspeita que pesa também sobre a mulher. "O ideal dos ginecologistas, escreve ela, não pode ser senão o de afastar essa mulher, estorvante, e de aceder, o quanto antes, à gestação *in vitro*. Esse tipo de fecundação já é banal, logo saberemos prolongar a vida do embrião *in vitro* até a gestação completa. Não é somente ficção-científica: equipes de pesquisadores estão agora mesmo em competição para atingir esse objetivo. A maternidade que constituía, ainda no século XX, a especificidade do sexo feminino, o saber próximo, sua dignidade própria, está se fragmentando, se dispersando, caindo inteiramente sob o controle médico e social"[9]. A ectogênese (i. é, a maturação do feto integralmente em proveta) está na ordem do dia. Gestação cientificamente controlada, isto é, reunindo as condições da melhor saúde e da melhor higiene possível para a criança que vai nascer. Cientistas e médicos não contêm sua admiração perante "esse progresso técnico fabuloso" que será um dia "a gravidez artificial com uma placenta e uma incubadora artificiais"[10]. O desgosto implícito da maternidade, esse medo do corpo, que leva à tentativa de controlar tecnicamente seu processo, leva a pensar que um dia talvez crianças poderão nascer nessas condições. A. Huxley já o havia intuído. Os habitantes de seu *Brave New World* evocam com horror o tempo em que os humanos eram "vivíparos". Sob vários aspectos esse relato, publicado em 1932, parece uma premonição dos avanços da biotecnologia.

---

9. KNIBIELHER, Y. "La maternité sous contrôle". *Le Monde*, 19/04/1985.
10. E. Papiernik. Entrevista para *Vital*, 70, jul./1976.

Groddeck forneceu outrora belas análises da nostalgia do homem pelo parto. Esse desejo mais ou menos enterrado, e que encontra simbolicamente (pela criação artística, entre outras) ou ritualmente (assim a gravidez psicológica) uma via de derivação. Groddeck via esse princípio tão enraizado no homem que ele sugeria mesmo reverter a proposição freudiana: A mulher não é um homem castrado, perseguida pela inveja do pênis, ao contrário, é o homem que é uma mulher deficiente, perseguido pelo desejo inconsciente de dar à luz. Mas a ciência não se ilude, ela toma esse desejo ao pé da letra e se empenha em realizá-lo. Já se fala em implantar embriões na parede abdominal do homem acompanhado medicamente, que daria à luz em seguida por cesariana. René Frydman declarava recentemente, em uma entrevista, que logo a coisa seria tecnicamente possível. É nosso imaginário do homem e da mulher que então voaria aos pedaços. Tocamos nas raízes da identidade humana, e, antes de tudo, na necessidade que cada ser humano tem de se reconhecer homem ou mulher, e de perceber o outro em sua diferença. A experiência mostra que o possível é um critério fundador da prática científica. O que é possível deve ser realizado, ainda que por causa da luta obstinada a que se entregam os laboratórios de pesquisa ou as equipes médicas em busca das "estreias"[11].

11.5 A procriação sem sexualidade

Da mesma forma que o corpo é considerado como um conjunto de peças, a maior parte delas substituíveis, as diferentes sequências orgânicas que definem a maternidade estão, por sua vez,

---

11. Recordemos, a esse respeito, as questões fundamentais da ética hoje, tais como as recorda Georges Canguilhem: "Tudo é possível, todo possível é desejável, todo desejável é permitido? Permitido para quem e por quê?" (*Journées annuelles d'éthique, rapport* 1984).

dissociadas, reconstituídas pela intervenção médica e às vezes prolongadas no seio de outro corpo, quando uma mulher aceita ser o meio pelo qual outra mulher pode ter um filho, isto é, faz-se a prótese viva durante meses de uma vontade de ter filho que não é a sua, e admite-se paralelamente fazer da criança por nascer uma coisa como outra qualquer, objeto de uma transação. Uma lógica analítica distingue as fases da maternidade e estabelece sua permutabilidade, o domínio possível de cada uma delas. Hoje o nascimento de uma criança já não é somente a obra de um desejo, com os riscos de um encontro sexual entre dois parceiros, a vida já não começa somente na profundeza do corpo humano, mas nas provetas da fecundação *in vitro*, a partir do projeto de domínio de uma equipe médica e da vontade do casal de ter um filho. Os meios são numerosos, um casal pode receber a doação de um óvulo, recorrer a um banco de esperma; o óvulo fecundado pode ser transferido para o útero de outra mulher, que pode, até mesmo, ser a avó da criança por nascer (referência àquela mulher sul-africana que aceita trazer os filhos genéticos de sua filha e de seu genro). Ou mesmo uma mãe hospedeira, que tenha alugado seu útero, pode trazer o filho de outra mulher e entregá-lo, quando de seu nascimento, aos seus pais genéticos. Um embrião obtido *in vitro* pode ser congelado durante anos, e até mesmo séculos; seu desenvolvimento pode ser suspenso e reativado à vontade. Corpo-objeto, fragmentado segundo um esquema mecanicista e reconstruído por meio de um projeto de domínio que não leva em conta, em nenhum momento, a dimensão simbólica da parentalidade e do desejo de ter filho, e não interroga a esterilidade senão em sua vertente orgânica: o corpo-obstáculo, defeituoso. Uma medicina que às vezes diz o como da esterilidade, mas raramente o porquê (ligado, talvez, à história de um dos cônjuges, à história do casal e, portanto, pertencendo a outra lógica que não aquela da medicina). Nesse sentido, sabendo que numerosas esterilidades são de origem psíquica, por meio de uma indução orgânica[12], a intervenção médica força o corpo sem resolver a dificuldade humana que se encontra talvez subjacente. A criança é dissociada da sexualidade, dissociada do desejo do casal (o desejo é tornado vontade), dissociada do corpo da mulher (tornado antes o veículo mais ou menos reticente da vinda ao mundo do filho). Pode-se ter hoje em dia uma mãe de sessenta anos ou mais, ou mesmo nascer de uma mulher virgem, manifestando seu desprezo pelos homens. A criança torna-se coisa, mercadoria. A parentalidade explode, ela é instrumentalizada. Uma criança pode ter hoje dois pais e três mães (um pai genético e um pai social; uma mãe genética, uma uterina e outra social). A afiliação simbólica da criança, pelo menos de um não dito, de um silêncio acerca de sua origem, que pesará mais pesadamente sobre ela, também está fragmentada, e as referências essenciais de sua identidade pessoal estão embaralhadas em uma trama genealógica. Como se a questão de origem fosse sem importância para a constituição da identidade humana. Ultrapassa-se um risco antropológico cujo alcance ninguém pode imaginar, uma vez que está revestido pelo imprevisível de uma história pessoal. Contrariamente aos outros objetos, a criança-mercadoria, e, sobretudo, seu desenvolvimento ulterior, nunca estão garantidos.

A dispersão do corpo também traduz aquela do simbólico. Assimilado a um conjunto de peças e de operações substituíveis, o corpo já não faz sentido, ele funciona. Ou mesmo, ele testemunha uma pane, ele se constitui obstáculo. A maternidade fragmentada, caída sob a égide da vontade e da técnica, tampouco faz mais sentido. Permanece, e isso é essencial, o investimento possível dos interessados, que podem reintroduzir o sentido de outra maneira,

---

12. Cf., p. ex., PARSEVAL, G.D. *La part du père*. Paris: Seuil, 1982.

após um transplante de órgão, a colocação de uma prótese ou o recurso à procriação assistida. Mas, nesse último caso, permanece a criança que não é o ator da operação, mas seu objeto. Os pais às vezes também têm dificuldade de se encontrar no termo das manipulações médicas das quais foram objeto: sexualidade com hora marcada em vista dos exames médicos do dia, sexualidade finalizada, culpa engendrada por essa esterilidade permanentemente cuidada durante o tempo de tratamento, incapacidade de fazer o luto da criança impossível por causa da contínua renovação da esperança nascida da aparição de novas técnicas ou de novas tentativas; anos de existência unicamente consagrados a uma vontade de ter filho, muito dissabor para uma taxa de sucesso bastante baixa[13]. Sofrimentos inéditos são cultivados em casais ou indivíduos estéreis que não podem aceitar sua condição, uma vez que é *possível* livrar-se dela.

11.6 O útero ocasional

Nos Estados Unidos, uma empresa atinada explora um mercado considerável, avaliado segundo ela em cinquenta ou sessenta mil casais por ano. Trata-se, segundo o modelo de uma inseminação correntemente praticada na criação de bovinos, de transferir o embrião de uma mulher voluntária para uma mulher receptora depois da inseminação da primeira pelo esperma do marido da segunda, após um tratamento médico apropriado para harmonizar o ciclo das duas mulheres. Revezamento mecânico entre dois corpos, essa transferência de embrião é equivalente, para a mulher, da inseminação artificial com o esperma de um doador para o

---

13. TESTART, J. (org.). *Le magasin des enfants*. Paris: [s.e.], 1994 [Col. Folio].

homem. Fragmentação da maternidade em sequências estranhas, mas tecnicamente agenciadas. Outros casais não hesitam em recorrer a mães de aluguel.

Numerosos países admitem implicitamente o recurso de casais estéreis a mães substitutas. Mediante uma remuneração, mulheres aceitam ser inseminadas com o esperma do marido de outra mulher, levar a gravidez a termo, e devolver, quando do nascimento, a criança ao casal na origem da demanda. Nesta operação pode-se dizer que a criança e sua mãe são provisoriamente despojadas de sua humanidade, uma e outra, mercadorias, próteses. A mãe de aluguel dissocia-se de seu corpo, do qual ela faz um meio (dissocia-se também de seus sentimentos pessoais), faz-se máquina de dispensar criança. Ela oferece ao casal demandador o mais íntimo de seu ser sem sempre medir as consequências de seu ato sobre ela e sobre a criança. O que, aliás, é impossível. A escolha de uma mãe de aluguel é um ato de vontade que desconhece o inconsciente e o que pode movimentar em uma mulher o fato de ela trazer em si uma criança. Ele desconhece também as consequências para a criança da dificuldade que ela terá em estabelecer sua origem e em se situar perante as circunstâncias particulares de sua vinda ao mundo.

A relação estabelecida entre a mãe de aluguel e o casal que aluga seus serviços não é igual. A primeira (assim como o indivíduo que vende um de seus órgãos) está em uma posição material precária, que a constrange a negociar uma parte dela mesma que, no entanto, estrutura sua identidade de ser humano. As funções orgânicas e os componentes do corpo não são mercadorias, mesmo se o poder da imagem mecânica do corpo leva a que se acredite nessa ideia. O homem não possui seu corpo, ele é seu corpo. A venda de um órgão ou a locação de seu útero por alguns dias ou pelo tempo de uma gravidez não são comércios ordinários. A pessoa não se destaca de uma parte de seu ter, mas de uma parte do seu ser. Não se pode fazer, em seguida, com que aquilo que aconteceu não tivesse acontecido, não se pode voltar no tempo para opor-se à retirada de seu órgão, para anular um transplante ou retomar a criança. A relação do homem com seu corpo é tecida no imaginário e no simbólico, o corpo não é um mecanismo. Não se o pode tocar sem movimentar forças psicológicas enraizadas no mais íntimo do sujeito, sem solicitar o inconsciente, isto é, as fundações da identidade pessoal. Para o doador, como para o receptor, permanece o aspecto imprevisível das consequências que sucedem à realização do contrato. Há, além disso, em numerosas mães de aluguel, uma psicologia particular que sobredetermina mais ou menos inconscientemente sua escolha[14]. São frequentemente mulheres vulneráveis. A culpa, a depressão sucedem-se por vezes à entrega da criança. Outras se revoltam e querem guardar o bebê. Tribunais americanos, antes mesmo do parto, já destituíram a mãe de todo direito sobre a criança a nascer, privilegiando, portanto, a vontade de ter um filho do casal demandador e o contrato ao invés da gestação. Uma mulher pode, portanto, dar à luz uma criança sem ser legalmente sua mãe. Além da possível aflição da mãe de aluguel, no momento de separar-se da criança, resta a própria criança, criança prótese da impossibilidade de conceber de outro casal, refém de uma transação cujas consequências sobre sua vida futura não é hoje possível medir. Um peso secreto pesará sobre sua origem, o silêncio acerca desta, ou a verdade, não parecem nem a um nem ao outro em benefício da criança. Nem, aliás, em benefício dos pais, que vão durante muito tempo se interrogar (e não sem caso de consciência) sobre qual atitude assumir (encontra-se já esse empecilho em

---

14. São mulheres animadas por um desejo de reparação, tendo vivido às vezes a perda de uma criança por aborto ou abandono, ou sob o desespero da solidão etc. Cf., a esse respeito, D'ADLER, M.A. & TEULADE, M. Op. cit., p. 68.

procedimentos de fecundação *in vitro*). Há também o precedente que inscreve no campo social o tema da criança-mercadoria, do parentesco destruído, da genealogia fragmentada e que acredita ainda junto ao público a noção mecânica do corpo (e, portanto, da vida humana). Certos aspectos do individualismo ("eu quero um filho meu") encontram na medicina técnica um encorajamento impensável, há alguns anos ainda, que lhe reforça o caráter. Podemos nos perguntar, com Catherine Labrusse-Riou, como pode ser "que médicos tão vigilantes na apreciação dos riscos fisiológicos ou biológicos sejam tão pouco conscientes dos riscos psicossociais ligados à fragmentação dos elementos do parentesco, à ruptura do tempo linear da vida (congelamento prolongado de gametas e de embriões), e à perda das referências simbólicas, que lembram que todo poder, e todo desejo, não são *a priori* de direito"[15].

A redução técnica do homem exclusivamente ao seu corpo, respondendo a leis mecânicas, abstrai do imaginário, do simbólico e, portanto, da história de cada indivíduo. Esse aplainamento frequentemente choca as sensibilidades coletivas, isto é, a axiologia social. Essa redução minimiza antecipadamente a espessura propriamente humana desde a intervenção médica corretiva, e ela não pode evitar ser confrontada com o retorno de seu reprimido. Ela também está submetida a um questionamento ético rigoroso por parte de diversas instâncias da sociedade (mas depois, quando as realizações acontecem). Mais obscuramente, depois da intervenção médica, o receptor (e o doador, se estiver vivo) se debate(m) no silêncio de sua vida pessoal (aquela precisamente que a medicina não considera mais ser de sua competência: quer se trate de um órgão, ou de uma criança, os problemas não estão muito

---

15. LABRUSSE-RIOU, C. "Les procréations artificielles: um défi pour le droit". *Ethique médicale de l'homme*. Op. cit., p. 68.

afastados). Uma antropologia residual preside a esses empreendimentos. A dimensão simbólica é excluída, a unidade residual está fragmentada nela, o corpo dissociado do sujeito está reduzido ao grau de objeto manipulável, submetido a projetos de domínio que fazem da biologia humana um conjunto de dados mecânicos, desprovidos de valor enquanto tais, mas, em compensação, essenciais enquanto meio.

As questões éticas transbordam o quadro dessa obra; entretanto, lembremos que em setembro de 1986 Jacques Testart, um dos melhores especialistas em fecundação *in vitro* e no congelamento de embriões humanos, exprimiu sua inquietação perante a evolução das pesquisas em seu domínio e propôs uma moratória:

> Eu não quero fazer certas coisas. Minha última [façanha] terá sido o congelamento de embriões humanos, eu não irei mais longe [...]. Eu sei que minha posição é ultraminoritária no mundo científico [...] a lógica da pesquisa aplica se mesmo àquilo que ainda está privado do odor do progresso, mas não se o pode aplicar àquilo que já tem o gosto de um enorme perigo para o homem. Eu reivindico também uma lógica da não descoberta, uma ética da não pesquisa. Que deixemos de fingir acreditar que a pesquisa será neutra, apenas suas aplicações sendo qualificadas como boas ou más.

Jacques Testart recusa-se a continuar suas experiências sobre o ovo humano: "Não sabemos ainda estabelecer o sexo do embrião humano, mas eu não duvido por sequer um instante que o conseguiremos. No início, essa técnica será proposta como um progresso médico para todas as doenças hereditárias ligadas ao sexo; depois veremos rapidamente as pessoas virem para a fecundação *in vitro* para escolher o sexo da criança que vai nascer. Então alguém deverá implantar embriões por encomenda. Aqueles que não forem utilizados não colocarão problemas, uma vez que, enfim, não se tratará senão de um aborto *in vitro*. A menos que não se ceda esses embriões a outros [...]"[16].

Os métodos de diagnóstico em proveta no embrião estão na ordem do dia. Eles permitiriam triar os embriões sadios dos outros (?), indesejáveis por tal ou tal razão. A partir daí é realizável, como o sublinha Testart, a escolha do sexo do embrião. Por motivos médicos, antes de tudo (p. ex., doenças hereditárias, que só atingem os meninos: a hemofilia é um exemplo disso). Doravante o caminho estaria livre para favorecer a escolha do sexo por conveniência pessoal. Isso seria o coroamento lógico da indução médica da reprodução humana: de domínio em domínio, a parentalidade seria transformada em uma operação técnica inteiramente sob controle e a criança, de um extremo ao outro do processo, um estrito objeto. E isso tanto mais porque, sem dúvida, em breve será possível modificar seu patrimônio genético.

Clínicas americanas que praticam a inseminação artificial já propõem a seleção do sexo da criança. O resultado não é sempre garantido, mas a probabilidade é grande. O diagnóstico do sexo no embrião será, por sua vez, acertado. Uma demanda a esse respeito existe. As consequências sociais são imprevisíveis. Elas afetam, em contrapartida, a axiologia social.

A Índia nos fornece hoje um exemplo do uso das novas técnicas de diagnóstico no sentido da eliminação rápida do embrião de um sexo não desejado. As técnicas mais modernas vêm em auxílio das tradições ancoradas de longa data. A amniocentese (análise das amostras de líquido amniótico por ocasião da gravidez a fim de

---

16. TESTART, J. *Le Monde*, 10/09/1986. Jacques Testart teria podido citar contra os engenheiros genéticos uma reflexão de Romain Gary em *Charge d'âme*: "Nos anos de 1960, a maior contribuição que um físico nuclear poderia trazer à humanidade era abster-se de toda contribuição". Cf. tb. TESTART, J. *Le désir du gène*. Paris: Champ/Flammarion, 1994.

perceber eventuais anomalias genéticas a partir de um estudo cromossômico de células do feto) é utilizada na Índia para determinar o sexo do filho que está para nascer. Se a criança for um menino, tudo vai bem. Se tratar-se de uma menina, a maior parte das mulheres recorre imediatamente ao aborto, frequentemente em uma sala contígua àquela onde se desenrolou a amniocentese. O exame cromossômico é negligenciado; a maior parte das clínicas, aliás, não dispõem do material. Da amniocentese permanece apenas a possibilidade de determinar o sexo do embrião. Clínicas especializadas exclusivamente na amniocentese e no aborto nascem assim até nos lugares mais pobres, lá onde nunca se havia visto o menor dispensário. O dote relativamente considerável que o pai deve pagar para casar sua filha está na origem do recurso a esse procedimento que permite, no ovo, de certa maneira, suprimir essa obrigação esmagadora. Richard Garcia, em um artigo no Le Monde, cita o testemunho de um médico de Bumbai, que declara: "Desde 1975, minha clínica praticou 400 mil abortos consecutivos aos exames de pré-seleção e, nos últimos mil, houve apenas um feto homem"[17]. A maior parte do tempo faltam meios, os exames são, além disso, praticados em condições de segurança desfavoráveis; sem a orientação dos ultrassons, as retiradas de líquido amniótico se fazem tateando o útero, com o risco de ferir a mulher e a criança. Eis um exemplo proeminente do que não é um desvio da amniocentese, mas simplesmente o recurso inesperado a uma das possibilidades que ela oferece. Vê-se aí a imprevisibilidade do uso social das melhores soluções. A descoberta de cada nova resposta para problemas humanos pontuais confronta, em contrapartida, dificuldades de outra ordem, porque nada da vida individual e social existe isoladamente, tudo constitui sistema, enreda-se, e nunca

---

17. GARCIA, R. Le Monde, 27/04/1988.

as boas intenções (nem a vontade) são inteiramente soberanas. E porque o mundo é infinitamente mais complexo e imprevisível do que o desejam as tecnociências.

11.7 O feto contra sua mãe

Os procedimentos de diagnósticos por imagem (ecografia, fetoscopia) ou de amniocentese permitem detectar lesões congênitas do feto. Intervenções cirúrgicas *in útero* podem, por vezes, corrigir essas deficiências (p. ex., a hidrocefalia). Um vazio jurídico e social deixa o campo livre a deslizes espantosos, que suscitam, entre outras, a questão do estatuto do corpo na definição do *anthropos*. Se o feto é considerado doente (primeiro motivo inédito), a mãe aparece como o receptáculo que é preciso contornar a fim de atingi-lo. A decisão da mãe é aparentemente soberana para que o médico possa aceder ao feto e empreender um tratamento.

Os Estados Unidos conhecem, desde alguns anos, uma situação insólita na qual os médicos colocam-se, eles próprios, como autoridade suprema, e apelam a cortes de justiça para constranger legalmente as mulheres grávidas, relutantes a esse respeito, a sofrer intervenções médicas ou cirúrgicas destinadas a proteger o feto. Pode-se forçá-las a partos prematuros por cesariana se não houver outra possibilidade de tratamento. Um conflito de fato nasce nessas circunstâncias entre a mãe e a criança que ela traz consigo. A maternidade é, portanto, dissociada, e a mãe percebida como o continente do feto. O isolamento da gestação do ser da mãe permite a redefinição jurídica do vínculo mãe-feto.

A noção de *wrongful life* (vida prejudicial) permite opor potencialmente uma criança nascida deficiente aos médicos que acompanharam a gravidez de sua mãe ou à própria mãe, se esta recusou alguma intervenção *in utero* que teria podido lhe valer uma vida melhor. A criança reivindica "o direito de bem nascer" que se apoia na recíproca do "direito de não nascer", se as condições de existência que a esperam devem ser alteradas. Se os médicos cometeram erros de diagnóstico ou imperícia cujo traço prejudicial a criança porta, ela tem o direito de solicitar indenização por danos morais a este. Se é a recusa de sua mãe que a privou do direito fundamental de ser bem-nascida, ela pode se voltar contra ela: "Ao contrário, se essa intervenção tivesse sido consentida, diz E. Aziza-Shuster, mas não surtisse os resultados esperados, a criança seriamente deficiente teria direitos de indenização por danos morais contra sua mãe. A criança argumenta que se a intervenção não tivesse acontecido, ela não teria sobrevivido para fazer a experiência de uma vida trágica. A criança afirma que ela tem o direito de não nascer. A morte teria sido preferível a uma vida no sofrimento e na dor"[18]. O tratamento possível *in utero*, a fragmentação e a perda de aura da maternidade abrem comportas cujas consequências morais, sociais, psicológicas ou jurídicas são imprevisíveis.

11.8 Um risco antropológico maior?

O homem reduzido ao seu corpo, o corpo, ele mesmo, instrumentalizado, o reprimido inevitavelmente retorna de uma forma ou de outra. A espessura humana permanece presente, ainda que sob a forma da doença, da depressão, da recusa ou do acidente, ou simplesmente do inesperado. Todas as sociedades humanas são feitas de uma mistura indecisa de provável e imprevisível, de uma parte considerável de imprevisível. Da mesma forma as condutas

---

18. AZIZA-SHUSTER, E. "Le traitement *in utero:* les libertés individuelles en question". *Ethique médicale et droits de l'homme.* Op. cit., p. 91-92. Para a redação desse parágrafo nos apoiamos neste artigo, que mostra uma situação por enquanto bastante peculiar aos Estados Unidos.

do ser humano. Um risco antropológico dessas práticas é camuflado não somente no âmbito do sistema de valores, mas igualmente no plano psicológico e social. Também neste aspecto J. Testart fixa bem a dificuldade: "Quanto mais se apresentam soluções, mais se abre o caminho para problemas novos [...]. No dia em que soubermos fazer à vontade um menino ou uma menina, teremos criado um novo sofrimento, aquele de não poder ter um filho do sexo desejado". De uma aceitabilidade social a outra perante o fato realizado, cada passo adiante modifica o limiar de tolerância do campo social. A cada vez, demandas individuais novas são favorecidas, mesmo se as práticas que as encorajam encontram resistências no plano coletivo e perturbam o sistema de valores.

A procriação assistida produz uma vontade de ingerência sobre todas as sequências da reprodução humana. O acaso é banido dela. O sagrado igualmente, visto que ele implica o secreto, nunca está estritamente ligado à vontade do homem. Não se decide o sagrado; ele se impõe nos riscos da relação com o mundo. Poderíamos aqui retomar as análises clássicas de W. Benjamim sobre o porvir da obra de arte na era de sua reprodutibilidade técnica. Assim como o inapreensível da obra, sua unicidade é desvalorizada em troca de sua reprodução técnica. A criança (ou o corpo humano) submetida a manipulações técnicas, a uma preocupação de domínio que culmina em sua modelização, também ela perde sua aura, mais ainda o parentesco. O filho-mercadoria, objeto de uma construção voluntária, de uma fabricação de sua intimidade, perde seu encantamento. As análises de M. Weber sobre o desencantamento do mundo são hoje adaptáveis ao corpo (desde Vesalius), talvez já ao parentesco, e um dia, sem dúvida, à criança e à maternidade. Todos os elementos já estão presentes para favorecer essa evolução. Nós estamos no início de um processo, mas este trata de valores centrais. A transferência desses dados da ordem simbólica para a ordem da técnica e da vontade não acontecerá sem uma repercussão sensível no nível antropológico. Inelutável, uma eclusa se abre lentamente, ela libera forças que podem transtornar profundamente a condição humana ou diluir-se com o tempo graças a novas sensibilidades sociais. É claro que estamos em um período de transição.

11.9 A casca do homem

A clonagem leva às últimas consequências a lógica do corpo *alter ego*, que refere o sujeito às suas meras características genéticas, isto é, uma parte indefinível de seu corpo contida em cada uma das células, mas que conteria em germe o sujeito. A clonagem é uma versão moderna do imaginário do duplo. É a célula, espelho em devir do doador. Em certo imaginário biológico (presente na sociobiologia e no sonho do clone) o sujeito é apenas o epifenômeno, o simulacro de seu corpo. O homem torna-se ele mesmo sua própria prótese, ele pode sonhar com sua capilarização ao infinito. Pesquisadores trabalham neste tema. V. Packard inscreve essa prática em um porvir pouco distante. A reprodução humana por clonagem, à maneira da plantação vegetal de mudas, é um procedimento técnico que também repousa sobre a ocultação do corpo, e, notadamente, da sexualidade. Os riscos do encontro sexual entre o homem e a mulher são suprimidos. Reprodução limpa, em laboratório e em proveta, efeito de uma maestria. Criança em decalque, *alter ego* mais jovem, reflexo de um narcisismo realizado[19] dos quais nos perguntamos qual efeito poderá ter sobre a criança nascida nessas

---

19. A eugenia (assim como o racismo, do qual é uma extensão não declarada) é uma ideologia do corpo querendo fazer do homem um puro produto de seu corpo, esquecendo que o próprio homem, por seu contato com outrem, forma seu corpo e aquilo que ele é. Nós não nos deteremos aqui na eugenia, nem no racismo, que merecem análises à parte.

condições. Mas, ao mesmo tempo, visão ingênua do mundo que identifica o homem com seu programa genético e esquece que estas são as condições de existência do sujeito, os riscos de seus encontros e de suas influências que modelam sua identidade. Nesse sentido, jamais o clone parecerá outra coisa que não apenas fisicamente com o seu doador. O que será uma pálida consolação para livrar o clone de seu ressentimento em relação às suas origens. A clonagem está ainda longe. É seu imaginário que nos interessa, que postula a igualdade de uma criança com seu patrimônio genético. Ideologia do corpo. O homem é mais do que seu corpo, do qual ele não pode se distinguir antropologicamente, assim como o homem é mais do que seu programa genético. Precisamente porque o homem não é uma máquina que desenvolve as possibilidades contidas em suas engrenagens. A história de cada homem é única e inesgotável. A clonagem, certamente, foi igualmente associada à eugenia. Não se clonará o que quer que seja. Nesse sentido, as palavras de J. Lederberg, biólogo americano, prêmio Nobel: "Se um indivíduo superior – e provavelmente um genótipo – é identificado, por que não o copiar diretamente ao invés de correr todos os riscos aí compreendidos, aqueles da determinação do sexo, inclusive nos riscos da recombinação"; ou ainda: "Teríamos pelo menos o prazer de poder controlar se um segundo Einstein ultrapassaria ou não o primeiro"[20]. Esperemos ao menos que a cópia genética de Einstein partilhe o sentimento de Lederberg.

Existem outras versões do homem-máquina que reduzem o homem a uma casca, na superfície concretamente observável de seu comportamento físico. O ser do homem é analisado segundo o modo do ter um corpo e comportamentos observáveis, decompo-

---

20. As citações foram obtidas de LEACH, G. *Les biocrates*. Paris: Seuil, 1970, p. 121 e 124.

níveis e modificáveis desde que se conheça o princípio que os comanda. A dimensão simbólica é rejeitada em função de sua textura inapreensível, impossível de quantificar, enquanto tal. A apropriação do sentido que é própria do homem é negada em proveito de análises sequenciais de seu comportamento. O behaviorismo nos fornece um primeiro exemplo dessa engenharia do comportamento. Nos Estados Unidos, o ofício de "descondicionador" é muito popular e lucrativo. A noção fetichizada de condicionamento economiza uma elucidação dos motivos que, por exemplo, impelem numerosos jovens americanos em direção às seitas, à droga ou à fuga. Postula-se que uma série infinita de condicionamentos e de reforços abaliza a existência cotidiana de cada indivíduo. O comportamento é uma espécie de emanação de superfície do corpo, um conjunto de gestos, de sensações buscadas, fixadas por um primeiro condicionamento e reforçadas em seguida por cada uma das repetições da mesma sequência. É, portanto, fácil, para aqueles que defendem o behaviorismo, contraporem um modelo do comportamento repudiado em um ator, "descondicioná-lo" com um programa adequado, e "recondicioná-lo" a condutas de acordo com as normas sociais. Protocolos de modificação de comportamento são elaborados para intervir junto aos marginais de toda sorte. Os engenheiros do comportamento behavioristas se vinculam assim à normalização dos homossexuais. O sujeito cujo comportamento os condicionadores desejam "retificar" está instalado no cerne de um dispositivo técnico, seus órgãos genitais estão ligados a fios elétricos. A primeira etapa do tratamento é dita "aversiva". Projetam-se para o homem fotos supostamente capazes de excitá-lo sexualmente. Ao mesmo tempo, ele recebe, a cada indício de excitação, choques elétricos cuidadosamente dosados nas partes genitais. O sentimento do prazer deve ser substituído por aquele do desgosto, da dor. No curso de uma segunda fase, eles apresentam ao homem fotos de mulheres lascivas, sem choques elétricos. A sexualidade é, portanto, reduzida a um processo mecânico. Os behavioristas operam da mesma maneira que um mecânico age sobre o motor de um carro para melhorar suas *performances*. Trata-se aí também de imaterializar o sujeito e de intervir mecanicamente em seu corpo para modificar seu comportamento. Os behavioristas agem sobre o hiper-real. Eles recriam a vida *in abstrato* de maneira provisória. Mas sua empresa, em certos sujeitos, pode ir longe demais. Ela ilustra a mesma tentação demiúrgica que nos exemplos precedentes. Perante a imperfeição do homem, a imprevisibilidade de suas condutas, a *ensomatose*, trata-se de reconstruí-lo segundo outro modelo. Com modos de emprego bem diferentes segundo os setores de aplicação, mas com o fio condutor da imperfeição de origem e da necessária remodelação do homem.

A psicofarmacologia, que busca modificar o humor do sujeito por meio de uma ação bioquímica, também testemunha um aplainamento do homem: as emoções e as *performances* são modeladas pelos produtos ingeridos. Os franceses são os primeiros consumidores mundiais de antidepressivos. A dor, a fadiga, a aflição e a insônia são apagadas quimicamente, elas já não são interrogadas acerca da significação que revestem no seio de uma economia individual. Um uso banalizado desses produtos, como frequentemente acontece, faz com que o sujeito perca o sentido de seus limites. Em lugar de modificar certos dados de sua existência, ele força a tolerância de seu corpo. Numerosos indivíduos perdem assim sua relação íntima com eles mesmos. O corpo é assimilado a uma máquina, e seus sintomas (a fadiga, a insônia, a depressão) analisados como disfunções químicas reversíveis. As emoções do homem são elevadas à dignidade (científica) de reações químicas.

José Delgado trabalha simultaneamente em cérebros humanos e animais. Ele modela sequências de comportamento graças a estímulos elétricos ou químicos efetuados a distância no âmbito de certas zonas cerebrais. Ele pode assim modificar o humor do animal, tornar dócil um animal agressivo, desencadear uma atividade motora, perturbar comportamentos específicos etc. No homem, os resultados parecem mais irrisórios. Segundo V. Packard, estimulando-se zonas motoras do cérebro de seres humanos, José Delgado e seus colaboradores conseguiram obter apenas sons vocálicos prolongados. Sobre o princípio do empreendimento de delgado, outro pesquisador, Robert Heath, equipou "doentes mentais" julgados agressivos e perigosos com um dispositivo elétrico regulador que permite ao doente modificar ele próprio seu humor se sentir necessidade[21].

Um cientista citado por V. Packard formula claramente o sonho do homem-máquina, do homem cartesiano que não quer ser outra coisa senão aquilo que ele pensa ser, para que somente a vontade seja soberana: "Pode-se facilmente imaginar que no futuro pessoas portem eletrodos autoestimulantes (isso poderia mesmo se tornar a coisa da moda) que as tornariam sexualmente potentes a todo o momento, permitiriam dormir ou permanecer acordadas segundo suas necessidades, diminuiriam seu apetite se eles desejassem perder peso, ou as manteriam tranquilas quando elas estivessem enraivecidas"[22].

Outrora imaterial, a memória é hoje o objeto de pesquisas neurobiológicas singulares. Segundo certas hipóteses, sendo moleculares os fundamentos da memória não seria impossível transferir as lembranças de um ator para outro. Laboratórios trabalham nesse

---

21. PACKARD, V. *L'homme remodele*. Op. cit., p. 56.
22. Ibid., p. 70. Lembramo-nos do "órgão do humor", que condiciona à vontade o comportamento afetivo, segundo a duração de sua escolha, no grande livro DICK, P.K. *Blade Runner*. [s.n.t.] [Col. J'ai lu].

sentido nos Estados Unidos. A memória talvez seja um dia uma prótese. Segundo seus meios e sua imaginação, os homens poderão ter implantadas lembranças escolhidas em catálogos muito detalhados. Problemas espinhosos para os psicanalistas: longe de ser o produto da experiência e das circunstâncias da infância, o homem inventaria a seu bel-prazer, segundo seu humor, de maneira provisória, sua experiência e seu passado. A preocupação em viver inúmeras experiências humanas com toda segurança poderia ser empregada sem obstáculo. Todo homem poderia percorrer à vontade as virtualidades de sua condição. O passado seria o produto do futuro, dos arrependimentos do sujeito, de seu gosto, da experimentação. As lembranças seriam a matéria-prima de um projeto, de uma intenção. O escoamento do tempo teria, enfim, sua revanche.

Eis algumas orientações de pesquisa à vontade científica, das quais o corpo é um objeto de predileção. As ações humanas são, para os behavioristas, simples agenciamentos de reflexos condicionados. Alhures, as emoções são assimiladas a reações químicas. Para outros, são impulsos elétricos que comandam o conjunto das condutas individuais. Fora mesmo de uma antropologia mínima, esses engenheiros do comportamento reivindicam cada um o privilégio da elucidação do móbile que determina a ação humana. Cada uma dessas abordagens é exclusiva em relação às outras, mas o desacordo que reina de um laboratório a outro não entrava absolutamente a continuação das investigações. Tampouco o luxo dos aparelhos e protocolos que são necessários para se conseguir controlar em sua superfície uma sequência ínfima do comportamento que o indivíduo realiza naturalmente mil vezes por dia. Esses trabalhos se relativizam mutuamente. O único acordo entre esses procedimentos contraditórios consiste na rejeição da dimensão simbólica. A condição humana já não é considerada como criação de sentido, lá onde indiferentemente uma fórmula química, uma equação, um código genético, um impulso elétrico ou um condicionamento permitem fazer sua economia. Outro traço comum, a noção de um corpo (de um homem) como instrumento maleável cujas ações ou funcionamento se podem orientar. Um aplainamento que continua a obra de desencantamento que caminha com a Modernidade. "O que há de inconveniente nas teorias modernas do comportamento, diz Hannah Arendt, não é que elas sejam falsas, mas que podem se tornar verdadeiras. O que elas são constitui a melhor conceituação possível de certas tendências inéditas da sociedade moderna"[23].

11.10 Máquina ou organismo

Um dicionário de lugares-comuns poderia definir o termo "corpo" como: "uma maravilhosa máquina". Inúmeros são os títulos de artigos ou de livros que não hesitam em recorrer a essa imagem. Não se compara a máquina ao corpo, compara-se o corpo à máquina. A comparação não pode ir senão nesse sentido, é o mecanismo que, paradoxalmente, dá ao corpo suas cartas de nobreza, signo incontestável da origem do valor para a Modernidade. O que equivale a subordinar o corpo à máquina. Da maravilhosa máquina o discurso passa rápido à fragilidade que a caracteriza. A máquina, máquina e meia. Se o corpo é uma "maravilhosa" máquina, ele não merece inteiramente o título. Ele se usa, sua precariedade o expõe a danos irreversíveis, e, sobretudo, ele não tem a permanência da máquina a morte é o preço pago pela perfeição, o simbólico aquele pago pela sensorialidade. O prazer e a dor são os atributos da carne, eles implicam o risco assumido pela morte e pelo simbolismo

---

23. ARENDT, H. *Condition de l'homme moderne*. [s.l.]: Calmann-Lévy, 1961, p. 363.

social. A máquina é uniforme, estável, ela não sente nada porque ela escapa da morte e do símbolo.

A prótese corrige as modalidades do vivo, melhora suas *performances*, reforça sua resistência, inscreve sequências de eternidade na precariedade que é a sua, corrige em seus detalhes o avanço inelutável da morte no organismo (lembramos que, para Bichat, o homem morre em detalhe). O corpo humano se torna um laboratório no qual se realizam numerosas intervenções destinadas a acoplar o orgânico e o mecânico. Para aumentar-lhe a *performance*, busca-se implantar microprocessadores no cérebro, a fim de dar imediatamente ao sujeito acesso a bancos de dados. Aliás, um dos clichês recentes faz do cérebro o "computador" do homem (esquece-se aí também um dado elementar da antropologia: não é o cérebro que pensa, é o homem). Cada vez mais a técnica é capaz de substituir o orgânico, de aumentar as *performances* do corpo e de dar parcialmente razão à filosofia mecanicista ilustrada por Descartes, ou a medicina iatromante de seu tempo. Para conter as deficiências devidas à doença, ao acidente, à velhice, os cirurgiões dispõem hoje de um espantoso repertório de próteses (aparelhos artificiais que substituem um órgão ou uma função orgânica) e de órteses (que vêm reforçar um órgão ou uma função lesada). Bioquímicos e imunologistas trabalham juntos na criação de substâncias biocompatíveis. A fábrica do corpo humano entra na era de sua reprodutibilidade industrial. "E este, pedaço por pedaço: porque uma definição do corpo o põe em pedaços. Ela o desloca, o dissocia no alfabeto de seus componentes (forças, alavancas, filtros, bombas, circuitos, correntes, processos etc.). Um agenciamento de objetos parciais, de unidades discretas, de fantasmas, definidos e circunscritos por um corte funcionalista e estruturável, tal é o corpo operacional"[24].

---

24. GUILLOU, M. "Le corps et lapareil". *Traverses*, n. 14-15, abr./1979, p. 135.

A fragmentação do corpo já não é somente um dos sintomas da esquizofrenia, ela torna-se a rotina de serviços de medicina que devem escolher entre a prótese ou o transplante para salvar seu doente. O corpo é mudado em quebra-cabeça, em elementos disponíveis e na maior parte permutáveis com os materiais técnicos. Próteses de joelhos, de ombros, de dedos, de quadris, de numerosos outros ossos e articulações, próteses sensoriais (especialmente auditivas e visuais); a miniaturização e a informática cada vez mais utilizadas permitem, com resultados desiguais segundo os déficits, a indivíduos portadores de deficiência sensorial ou física recorrer a próteses dirigidas por microprocessadores que respondem às solicitações do sistema nervoso central. Aparelho de assistência destinado a substituir uma fisiologia defeituosa: válvulas cardíacas, marca-passos, hemodiálise, diálise peritoneal, cateteres, corações e pulmões artificiais etc. Biomateriais: sangue, pele artificial etc.

Os resultados são desiguais, frequentemente remarcáveis, suscitando limitações mais ou menos toleradas pelo sujeito: rim artificial, por exemplo. Eles são, por vezes, sem dano, e permitem ao sujeito reencontrar, ao termo da intervenção, um uso normal de sua vida. Outros suscitam uma dependência contínua da máquina[25].

---

25. Aí também a metáfora mecânica encontra seus limites. O escoramento mecânico do corpo simula a vida. Ele não é vida. O sexo artificial é uma ilustração que pretende resolver tecnicamente os problemas de impotência masculina: "No interior do membro, no canal urogenital, conecta-se ao sistema vascular um tubo de plástico ligado, na entrada, a uma pequena bomba manual implantada no saco testicular e, na saída, à válvula do corpo cavernoso. O doente aciona, ele mesmo, a bomba, que infla o circuito de plástico. Obtêm-se uma rigidez do pênis que se aproxima, sem se igualar, a uma intumescência normal. Um dispositivo mais aperfeiçoado, mas também mais perigoso, consiste em conectar o tubo diretamente no sistema vascular, a entrada na artéria, a saída na válvula. O homem aperta um botão para telecomandar sua ereção" (BADER, J.-M. "L'homme aux pièces rapportées". *Sciences et Vie*, 845, fev./1988.

"O homem com prótese, diz Michel Guillou, está sempre em demonstração: a prótese é da ordem do desempenho [...] o homem com prótese, qualquer que ela seja, está condenado à verificação ostentatória: mostrar e se mostrar que ele (homem) e ela (prótese), ele e ela conjuntamente, funcionam. Confirmar que a conexão e o conluio de suas competências dão mesmo ensejo, continuamente, ao desempenho (o cotidiano todo inteiro é convertido em desempenho) [...]. O homem assistido experimenta assim menos sua relação com o mundo do que ele experimenta espetacularmente sua própria funcionalidade [...]". A assimilação mecânica do corpo, com efeito, não protege o homem aparelhado da angústia nascida de sua hibridização com um corpo estranho. "Nele, diz ainda Michel Guillou, anima-se a marionete dócil de uma medicina tecnológica triunfante: ele depende de seu fio, de sua pilha, de sua regulagem, de sua verificação permanente." O homem aparelhado é uma espécie de refém da máquina e daqueles que conhecem seu funcionamento. Ele deve integrar à imagem de seu corpo uma matéria paradoxal, nascida do impossível luto de um órgão, ao mesmo tempo marcando seu desaparecimento e sua substituição. Assim como o transplante do órgão, a integração da prótese necessita de um remanejamento dos investimentos no corpo e especialmente da imagem que o sujeito forja de si mesmo. Ausente essa mudança de regime, se não for feito o luto do órgão perdido e se o corpo estranho não é assimilado, a existência torna-se um universo de medo onde a própria vida se perde na incapacidade de tolerar uma perda parcial que dissimula mal o objeto que ela preenche. A prótese pode tornar-se a lembrança insistente de uma estranheza que quer fazer corpo sem consegui-lo. Assim como os transplantes de órgãos suscitam a necessidade, não somente de uma biocompatibilidade entre o doador e o receptor, mas também de uma psicocompatibilidade não menos essencial do transplante e daquele que o recebe, a aparelhagem do vivo suscita naquele que aceita seu augúrio uma capacidade moral de acolher em si um corpo estranho, de feitura técnica, cujo bom estado de funcionamento será preciso verificar regularmente. As crises de identidade são uma das consequências possíveis do transtorno da integridade corporal ou das modificações plásticas no corpo.

A fenomenologia ontem (Merleau-Ponty), a antropologia hoje, mostram-nos que o corpo é a condição do homem, o lugar de sua identidade, o que se lhe arranca ou o que se lhe acrescenta modifica sua relação com o mundo de maneira mais ou menos previsível. Nesse sentido, uma intervenção de algumas horas no corpo para um transplante ou uma prótese pode afetar uma existência inteira segundo a história do sujeito, sua capacidade moral de fazer o luto de uma parte de si e de integrar um corpo estranho. Não se trata de modificar um ser mecânico e de subtrair uma peça defeituosa em um motor; trata-se de modificar o ser orgânico do homem.

Conforme dissemos, se o corpo fosse realmente uma máquina, ele escaparia do envelhecimento, da precariedade e da morte. Todas as "peças" que o comporiam então poderiam ser modificadas, retificadas, substituídas em caso de defeito, trocadas por outras com melhor desempenho. Como o relógio, o corpo marcaria o tempo, mas não seria afetado por ele. Seria um testemunho dele, bem protegido em sua neutralidade e não mais a vítima. Tal é o fantasma subjacente a numerosas pesquisas e práticas que se estendem tanto mais quanto a negação da morte e a obsessão com a segurança crescem e se reforçam mutuamente.

O homem biônico, em sua pura técnica e seu projeto de domínio integral, é quase realizado pelo astronauta, cujas funções orgânicas, mesmo as mais elementares, são todas aparelhadas. E o mais frequentemente, o próprio homem inteiramente revestido de seu escafandro. Os movimentos mais imperceptíveis do corpo dão lugar a um controle sutil, gráficos, questionamentos. Homem transparente, sem identidade, inteiramente aparelhado. Uma espécie de sonho ancestral dos engenheiros realiza-se aí, antecipado outrora pelo famoso espartilho de Aquapendente (1619) que se propunha inserir o homem, da cabeça aos pés, em uma armadura metálica suscetível de casar sua forma e seus movimentos. O homem biônico, o ciborgue, anuncia-se talvez no horizonte de um futuro pouco distante: resto humano amontoado de próteses, estimuladores, pilhas, microprocessadores, substituindo as funções fisiológicas ou os órgãos com um desempenho insuficiente[26]. Para as orientações técnicas e científicas da Modernidade, o corpo humano é um esboço, um rascunho cujos desempenhos é preciso controlar e melhorar. Ou mesmo suprimi-lo para uma melhor funcionalidade. Corpo supranumerário, ao qual o homem deve sua precariedade, e que importa tornar impermeável ao envelhecimento ou à morte, ao sofrimento ou à doença.

---

26. Uma fábula de P. K. Dick ironiza essa situação: "Virá talvez o dia em que um ser humano que tiver atirado em um robô saindo das usinas da *General Electric* verá, para seu grande espanto, esse último verter sangue e lágrimas. E o robô moribundo, por sua vez, poderia atirar no homem, e para seu maior espanto, cf. um filete de fumaça cinza elevar-se da bomba elétrica que ele pensava ser o coração palpitante do homem. Eis o que seria um grande momento de verdade para todos os dois" (DICK, P.K. "L'homme et l'androïde". In: EIZYKMAN, B. *Insciencefiction*. Keyserling: [s.e.], 1979, p. 66. Em *Blade Runner*, P.K. Dick forneceu uma amplitude impressionante a esse tema de um apagamento progressivo das fronteiras entre o homem e o androide.

ÍNDICE

Sumário, 5
Introdução, 7

1. O inapreensível do corpo, 15
   1.1 O mistério do corpo, 15
   1.2 "Vocês nos trouxeram o corpo", 18
   1.3 Polissemia do corpo, 26

2. As fontes de uma representação moderna do corpo – O homem anatomizado, 35
   2.1 O corpo popular, 35
   2.2 Uma antropologia cósmica, 39
   2.3 As relíquias, 44
   2.4 O corpo intocável, 46
   2.5 Nascimento do indivíduo, 48
   2.6 Invenção do rosto, 50
   2.7 O avanço do individualismo, 53
   2.8 O corpo, fator de individuação, 55
   2.9 O homem anatomizado, 56
   2.10 Leonardo da Vinci e Vesalius, 60
   2.11 A fábrica de Vesalius, 64
   2.12 O corpo como resto, 73

3 Às fontes de uma representação moderna do corpo – O corpo-máquina, 77
   3.1 A revolução galileana, 77
   3.2 O corpo na filosofia cartesiana, 82
   3.3 O corpo supranumerário, 88
   3.4 O animal-máquina, 92
   3.5 O corpo segundo o modelo da máquina, 94
   3.6 Uma "anatomia política", 96
   3.7 Aberturas, 98

4 Hoje, o corpo..., 101
   4.1 O saber biomédico, 101
   4.2 Os saberes populares do corpo hoje, 102
   4.3 O manto de Arlequim, 107
   4.4 Uma comunidade perdida?, 109

5 Uma estesia da vida cotidiana, 111
   5.1 Cotidiano e conhecimento, 111
   5.2 O corpo em situação extrema: um desvio para o cotidiano, 116
   5.3 A respiração sensorial do cotidiano, 121
   5.4 A dominância do olhar, 125
   5.5 Os lugares onde se vive, 130
   5.6 Ruídos, 133
   5.7 Odores, 137

6 Apagamento ritualizado ou integração do corpo, 149
   6.1 O corpo presente/ausente, 149
   6.2 Os ritos de apagamento, 155
   6.3 O corpo exposto, 161

6.4 O corpo escamoteado, 165
6.5 As ambiguidades da "liberação do corpo", 170

7 O envelhecimento intolerável – O corpo desfeito, 173
7.1 O corpo indesejável, 173
7.2 O envelhecimento, 176
7.3 Imagens do corpo, 179
7.4 O olhar do outro, 182

8 O homem e seu duplo – O corpo alter ego, 185
8.1 Um novo imaginário do corpo, 185
8.2 O corpo, marca do indivíduo, 187
8.3 O corpo alter ego, 192
8.4 O corpo supranumerário, 198
8.5 Do inapreensível do mundo moderno ao inapreensível do corpo, 202
8.6 Categorias sociais, 206
8.7 O segredo do corpo, 209

9 Medicina e medicinas: de uma concepção do corpo a concepções do homem, 215
9.1 Estado dos lugares, 215
9.2 Crise da instituição médica, 219
9.3 Saber sobre o homem, saber sobre o organismo, 221
9.4 Uma antropologia residual, 222
9.5 A eficácia simbólica, 225
9.6 A eficácia médica, 228
9.7 O efeito placebo, 230
9.8 Outras medicinas, outras antropologias, 233
9.9 O curandeiro e a Modernidade, 236

10 Os hieróglifos de luz: da imagética médica ao imaginário do corpo, 241
    10.1 Um mundo tornado imagem, 241
    10.2 O corpo posto em evidência, 244
    10.3 Um imaginário da transparência, 247
    10.4 A depuração do imaginário do dentro, 249
    10.5 O imaginário do fora, 258
    10.6 O saber e o ver, 265
    10.7 A imagética mental: o olhar do imaginário, 269

11 A via da suspeita – O corpo e a Modernidade, 273
    11.1 A via da suspeita, 273
    11.2 O corpo em peças avulsas, 275
    11.3 Modelos humanos quase perfeitos, 285
    11.4 Gravidezes fora da mulher, 287
    11.5 A procriação sem sexualidade, 289
    11.6 O útero ocasional, 292
    11.7 O feto contra sua mãe, 299
    11.8 Um risco antropológico maior?, 300
    11.9 A casca do homem, 302
    11.10 Máquina ou organismo, 308

Conecte-se conosco:

 facebook.com/editoravozes

 @editoravozes

 @editora_vozes

 youtube.com/editoravozes

 +55 24 2233-9033

www.vozes.com.br

Conheça nossas lojas:

www.livrariavozes.com.br

Belo Horizonte – Brasília – Campinas – Cuiabá – Curitiba
Fortaleza – Juiz de Fora – Petrópolis – Recife – São Paulo

EDITORA VOZES LTDA.
Rua Frei Luís, 100 – Centro – Cep 25689-900 – Petrópolis, RJ
Tel.: (24) 2233-9000 – E-mail: vendas@vozes.com.br